Georg von Wallwitz

MR. SMITH
UND DAS PARADIES

Die Erfindung des Wohlstands

BERENBERG

VORSATZ

Was ist der Wohlstand? Für das Zeitalter der Aufklärung war die Antwort noch einfach. Als wohlhabend galt, wer materielle Unabhängigkeit in Form von Ländereien, Gold und Schuldscheinen erlangt und möglichst mehr davon hatte als der Nächste. Aber nicht für alle Menschen hat es sich als machbar erwiesen, diesen Zustand zu erreichen. Allgemein ergab sich das Problem, dass jede Generation, wenn sie verwirklicht hatte, was ihre Vorgänger unter Wohlstand verstanden, sich selbst unwohl fühlte und weiter wollte, oder zurück, oder anderswohin. Jede Epoche entwickelte eine andere Vorstellung vom guten und satten Leben.

Die Ökonomie als moderne Wissenschaft war ursprünglich angetreten, die Mittel und Wege zur Erreichung des Wohlstands zu erforschen. Offiziell begann die Geschichte mit Adam Smiths *Wealth of Nations*, einem großartigen Vorhaben, dem es bei aller gedanklichen Tiefe nicht an konkreten Vorschlägen mangelte, wie dieses Ziel möglichst bequem zu erreichen sei. Da aber die Vorstellungen vom Wohlstand sich mit der Zeit und der Mode änderten, musste die Ökonomie sich immer wieder von der Wurzel her neu erfinden, wollte sie noch gehört werden. Das Thema blieb nur dem Namen nach gleich.

Damit erging es ihr ähnlich wie der Literatur und der Philosophie, die seit jeher von der Liebe, vom Guten, vom Schönen und von Gott handelten und doch alle fünfzig Jahre etwas anderes darunter verstanden. Genau genommen war sie denselben Moden und derselben Weltauffassung unterworfen wie diese, sang vom selben Blatt und traf häufig sogar denselben Ton. Die Ökonomen verfolgten meist dieselben Anliegen, von denen auch die *gens de lettres* zur selben Zeit handelten, nur mit ganz verschiedenem Anspruch. Nicht weniger als die Literatur wird die Ökonomie zu einer Reflexion ihrer Zeit und ist dabei veränderlich wie ein alternder Spiegel, dessen blinde Stellen ihn selbst zu einem Gemälde machen.

Wenn der Ausspruch Clemenceaus, wonach der Krieg zu wichtig sei, um den Generälen überlassen zu werden, richtig ist und sich auf die Ökonomie übertragen lässt – also etwa: Die Wirtschaft ist viel zu wichtig, um sie den Ökonomen zu überlassen –, so liegt es nahe, sie von ihren Rändern, und namentlich aus dem Blickwinkel der dezidiert weichen Disziplinen und der schönen Literatur zu betrachten. Leider empfinden sich deren Vertreter jedoch zu oft als Schöngeister und raffen sich nicht auf, der Bedeutung der Ökonomie für das Leben auf den Grund zu gehen. Nur bei großen Gelegenheiten wie der Finanzkrise der Jahre 2008 und 2009 wachen sie aus ihrem finanziellen Schlummer auf, finden kompliziert, was sie sehen, klagen kurz, drehen sich auf die Seite, und schließen wieder die Augen. Die britische Königin sah sich damals, anlässlich eines Besuchs in der *London School of Economics*, zu der Frage veranlasst, warum die Ökonomen vor dieser Episode so dramatisch falsch lagen und nicht rechtzeitig vor dem drohenden Unheil warnten. Niemand verlangte von ihnen die pünktliche Vorhersage einer Rezession. Aber warum, so der eigentliche Vorwurf, hatten sie nicht die Phantasie aufgebracht, eine Weltwirtschaftskrise historischen Ausmaßes zu wittern oder sich auch nur eine Welt vorzustellen, in der die liquidesten Märkte, in London und New York, plötzlich vertrockneten? Die Königin hat damals als Antwort nur eine Reihe von Entschuldigungen bekommen (ungute Gruppendynamik, falsche Daten, unrealistische Annahmen, *fat tails*, zu viele Romane von Ayn Rand gelesen, etc.), die an sich interessant waren und ihr dennoch nicht weitergeholfen haben.

Besser wäre es vielleicht gewesen, in gebotener Kürze und Leichtigkeit zu beschreiben, wie die Ökonomie zu dem geworden ist, was sie heute darstellt, worin ihre größten Fortschritte bestehen, wie sie dabei immer Spiegel, Ausdruck und Kind ihrer Zeit blieb und weshalb diese sich also niemals mit gerechtem Zorn über sie beschweren kann. Das bleibt ein Vorrecht der Nachwelt. Und damit wollen wir beginnen.

Jedoch bei dir hemmt Frost nicht noch glühende Hitze
Je die Sucht nach Gewinn, nicht Feuer noch Meer oder Schwerter,
Gar nichts, gibt es nur keinen, der reicher als du etwa wäre.
HORAZ, SATIREN I, I, 38 ff.

VOLTAIRES PARADIES

Die Geschichte der modernen Ökonomie beginnt, wie so viele gute Geschichten, mit einer Rauferei und einer Demütigung. An dieser sehr besonderen Geburtsrauferei war auf der einen Seite Voltaire beteiligt und auf der anderen ein Chevalier de Rohan. Genau genommen ließ dieser seine Schergen prügeln, denn ihm selbst wäre es nie in den Sinn gekommen, seine Kräfte mit einem Parvenu wie Voltaire zu messen, der sich eben erst mit großer Energie eine gewisse marginale Stellung in der Gesellschaft erkämpft hatte. Hätten die beiden Kontrahenten zum Zeitpunkt ihres in Form und Inhalt eigentlich läppischen Ehrenhandels ein Ahnung gehabt, welche Entwicklung sie damit anstießen, wären jedenfalls beide, je nach ihren Anlagen und Fähigkeiten, tief ins Grübeln gekommen.

Voltaire war mit Anfang 30 bereits eine literarische Sensation. Eigentlich war er der Sohn eines braven und sparsamen Bürgers, der als mittlerer Beamter Ansehen und ein bescheidenes Vermögen erworben hatte. In dieses Milieu wollte Voltaire aber keinesfalls passen, denn er war der zweifellos ehrgeizigste Poet seines Jahrhunderts. Zu enden wie sein Bruder, der nach einer langweiligen Karriere den Posten des Vaters übernahm und noch dazu besonders fromm war – für Voltaire eine grauenvolle Vorstellung. Entsprechend herzlich war das Verhältnis zu seiner Familie. So setzte er, nachdem sein Talent früh entdeckt worden war, alles daran, als Schriftsteller zu reüssieren.

Die besten Familien Frankreichs bildeten damals eine kleine Clique, deren Leben in jeder Hinsicht unbeschwert war. Richelieu hatte dem Adel im 17. Jahrhundert nicht nur die Macht, sondern auch die Verantwortung genommen und den Staat ganz auf den König zugeschnitten. Geblieben waren die Privilegien und die finanziellen Mittel für ein sorgenfreies Auskommen. Die vom Staat gewünschte Distanz zur Realität ermöglichte es aber auch, das Leben ganz mit Klatsch und Albernheiten zu verbringen. Im Frankreich des 18. Jahrhunderts wurde die Kunst der (meistens üblen) Nachrede kultiviert wie niemals zuvor und danach. Esprit wurde eher geschätzt, wenn er charmant als wenn er tiefsinnig war, ein Bonmot wenn es nicht nur treffend, sondern auch verletzend war. Das Leben der oberen Zehntausend war raffiniert und dennoch etwas öde.

Derweil ging es Frankreich nicht gut. Der Handel war aufgrund der damals herrschenden ökonomischen Theorien der Physiokraten und Merkantilisten erstickt, das Steuerwesen korrupt und die Staatskasse leer. Durch eine mehr an den Bedürfnissen als an den Mitteln ausgerichtete Hofhaltung und das in letzter Zeit immer weniger ruhmreiche, aber darum nicht weniger kostspielige Militär hatte der Staat erhebliche Schulden gemacht. Der allgemeine Verfall betraf nicht minder die Kirche, deren Priester nur selten in der Lage waren, zu leben, was sie predigten. Sie hatte ihre Autorität verloren und musste sich von den Höflingen verspotten lassen. Die Bischöfe, die sie hervorbrachte, waren meist vom Schlage, aber selten vom Kaliber eines Richelieu.

In die gute Gesellschaft also strebte Voltaire und ließ alles hinter sich, was seine Herkunft verriet. Um seinen Stand vergessen zu machen, änderte er seinen bürgerlichen Namen, *Arouet*, in *de Voltaire*. Er hatte für einen frühen poetischen Triumph vom König eine jährliche Pension zugesprochen bekommen und verstand sich bestens mit Madame de Prie, der einflussreichen Mätresse des Prinzen von Condé. Sein Stil war glänzend, seine Themen der Zeit vollkommen angepasst und er langweilte nie, weder sich noch seine Gastgeber. Das Frankreich des 18. Jahrhunderts schätzte geistreiche Leute, denn es hatte eine Elite, die sich weder mit Politik (vom König unerwünscht) noch mit Ökonomie (zu unfein) und mit dem Krieg lediglich wie mit einem Abenteuerspiel beschäftigte. Ihr blieb nur die furchtbare Langeweile bei Hofe, die Hinwendung zu einer Religion, die in einem beklagenswerten Zustand war, oder die Beschäftigung mit schöner Literatur. Wirklich aufregend war nur Letzteres, denn die französische Sprache eröffnete den Zugang zur ganzen europäischen Kultur. Wer auf sich hielt, sprach und schrieb auf Französisch (die Sprache der Wissenschaft war allerdings nach wie vor Latein), französische Moden waren der *dernier cri* von Sankt Petersburg bis Lissabon und auf den Bühnen des Kontinents galten die Stücke von Racine und Corneille als das Maß der Dinge, während Shakespeare ein toter Hund war.

1726 wurde Voltaire plötzlich aus der Bahn geschossen durch eine Geschichte, die sehr häufig und in vielen Versionen erzählt worden ist. Auslöser war eine spitze Bemerkung gegenüber dem bereits erwähnten Chevalier de Rohan-Chabot, einem eitlen und etwas blöden Abkömmling einer der wichtigsten Familien Frankreichs, der in die Geschichte der Aufklärung so gut passt wie Pontius Pilatus ins Glaubensbekenntnis. Rohan hatte den ehrgeizigen Poeten herablassend gefragt, wie er denn nun heiße, Arouet oder Voltaire? Der war um eine boshafte Antwort nicht verlegen und erwiderte, »was auch immer mein Name ist, ich weiß seine Ehre zu bewahren.« Humor ist selten unabhängig vom sozialen Status und diese Bemerkung war zu viel in einem ehrpusseligen Zeitalter, in dem Familien wie den Rohans der Stolz auf ihre Vergangenheit das Wichtigste war. Der Chevalier grollte und sann auf Rache. Dabei fiel ihm aber nichts Originelles ein und beim nächsten Treffen, nach einer Aufführung in der Comédie-Française, in der Garderobe der berühmten Schauspielerin Adrienne Lecouvreur, wiederholte er einfach seine Frage. Voltaire ließ ihn mit der Bemerkung »der Chevalier hat seine Antwort bereits bekommen« abblitzen. Rohan wollte Voltaire nun verprügeln, aber die Lecouvreur fiel geistesgegenwärtig in Ohnmacht und die Affäre wurde abermals vertagt.

Rohan begab sich nun auf die nächste Eskalationsstufe, wiederum ohne Esprit, dafür aber effizient. Einige Tage später war Voltaire beim Herzog von Sully, einem Freund und Bewunderer, zum Abendessen eingeladen. Während des Essens – der Mensch wollte schon damals permanent erreichbar sein – wurde Voltaire herausgerufen, um persönlich die Nachricht eines Boten entgegenzunehmen. Vor dem Haus wartete aber kein Bote, sondern die Lakaien des Chevaliers, die nun vollendeten, was ihr Herr sich beinahe selbst getraut hätte. Sie verdroschen Voltaire. Rohan saß in einer Kutsche, schaute zu und gab Anweisungen. Er soll befohlen haben, Voltaires Kopf zu schonen, denn der könne immerhin noch für einiges Amüsement zu gebrauchen sein. »Was für ein gütiger Herr!«, riefen da die Zuschauer, die das Spektakel inzwischen angelockt hatte. Verletzt und erniedrigt kehrte Voltaire zu seinen Gastgebern zurück, die aber nichts von dem Vorfall wissen wollten. Wenn sich ein Schreiberling mit einem der Großen des Landes anlege, so die kühle Erwiderung von Sully, müsse er die Konsequenzen tragen und könne nicht erwarten, dass er Unterstützung aus dessen eigenem Stand finde.

Zu seiner Wut musste Voltaire entdecken, dass die ganze Pariser Gesellschaft Rohans Reaktion vollkommen normal und nachvollziehbar fand und sich niemand für ihn verwenden wollte. Also musste er sich selbst helfen und nahm Fechtunterricht, um seinen Feind zum Duell zu fordern. Das war aber mehr als ungeschickt, denn nicht nur Duelle, sondern auch Forderungen dazu waren verboten. So kam Voltaire in die Bastille, eines der angenehmeren Gefängnisse, wo er sich bereits gut auskannte. Er hatte dort seinen gefeierten *Ödipus* verfasst, als er zehn Jahre zuvor wegen einer Satire auf den Regenten Philipp von Orléans schon einmal einsaß. Diesmal war das Vergehen aber nicht so schlimm und Voltaire bereits ein berühmter Poet, sodass er nach einigen Wochen wieder freikam unter der Auflage, das Land zu verlassen. Hilflos und desillusioniert über Frankreich und seine Gesellschaft schiffte Voltaire sich im Jahr 1726 nach England ein. Für die Französische Aufklärung und Ökonomie wurde diese Reise zu einem

Wendepunkt und für die Monarchie zu einem ihrer wichtigsten Sargnägel –
was zu diesem Zeitpunkt aber weder Voltaire noch Rohan ahnen konnten.

In England musste Voltaire feststellen, dass er wider Erwarten mittellos
war. Der Bankier, auf dessen Wechsel er sich in London verlassen hatte,
war bankrott und seine Papiere wertlos. Voltaire war krank, einsam und
verzweifelt: »Ich war in einer Stadt, in der ich niemanden kannte ... In so
einer elenden Verfassung hatte ich auch nicht den Mut, mich an unseren
Botschafter zu wenden. Nie habe ich mich so elend befunden; aber mein
Schicksal ist es, alles Unglück zu durchleben.« Durch irgendeine, heute
nicht mehr nachvollziehbare Wendung des Schicksals fand er Aufnahme
bei einem gewissen Everard Fawkener, einem der interessanteren Kaufleute seiner Zeit, später Botschafter in Konstantinopel, dann Chef der britischen Post und schließlich, im Alter von 53 Jahren, noch Schwiegersohn
von General Churchill, einem Neffen des Herzogs von Marlborough. Dort
fing Voltaire sich und fand nach all den Demütigungen auch seinen Humor wieder. Vor allem aber lernte er – was in Frankreich unmöglich gewesen wäre –, einen Kaufmann zu respektieren oder sogar zu bewundern.
    Diese Klasse hatte er bislang mit der Arroganz betrachtet, wie sie
damals unter französischen Aristokraten üblich war. Der Staat brauchte
die Unternehmer, denn sie waren diejenigen, die am Ende den Handel
organisierten und die Waren produzierten, die das Leben erst angenehm
machten. Sie waren ebenso unverzichtbar wie die Bauern, Handwerker
oder Beamten, die man darum aber dennoch, als Mensch, als Persönlichkeit nicht wirklich ernst nehmen konnte. Das Leben der Kaufleute war in
Voltaires Augen fade, ohne Raffinesse, Extravaganz und Esprit. Es fand
in Kontoren statt, nicht auf Schlössern oder vergleichbaren Bühnen. Kein
Dichter von Format, und erst recht nicht mit den Ambitionen eines Voltaire, wäre auf die Idee gekommen, freiwillig die Nähe von Kaufleuten
oder Unternehmern zu suchen. Nur die äußerste Not ließ Voltaire die Be-
kanntschaft von Everard Fawkener machen.

Auslandsaufenthalte, wenn sie schlecht vorbereitet sind, können erhebliche Überraschungen bereithalten. Auch Voltaire kam, als er in der Obhut Fawkeners seine Balance wiedergefunden hatte, zunächst nicht aus dem Staunen heraus. Er lernte ein Land kennen, das seiner Heimat in allen politischen und sozialen Belangen weit voraus war – was Voltaire bislang ganz grundsätzlich nicht für möglich gehalten hatte. Seine Beobachtungen fasste er in einem Buch zusammen, das er als Sammlung von *Philosophischen Briefen* komponierte. Adressat waren die Daheimgebliebenen, die der festen Überzeugung waren, Frankreich und die französische Kultur seien die Krone der Zivilisation, auf die man nur mit Neid blicken könne und von welcher der Rest der Welt sich vieles – um nicht zu sagen: alles – abschauen könne. In den *Philosophischen Briefen* sah Voltaire es gerade umgekehrt. Frankreich war rückständig, verknöchert und verarmt, sowohl geistig als auch finanziell. England war die Zukunft, war dynamisch und, unbemerkt von den Franzosen, mächtig geworden. Die Hofhaltung mochte nicht an Versailles heranreichen, aber wozu auch? Was zählte, waren die politischen und ökonomischen Grundlagen, auf der eine Gesellschaft ruhte. In Frankreich waren diese morsch, in England fast ideal. Dies den Franzosen anschaulich aufzuschreiben, war Voltaires Absicht.

Die Macht der Kirche in England, so steht es in den Briefen, war nach den langen Jahren der mit großer Grausamkeit geführten Religionskriege geschwunden. Es herrschte religiöse Toleranz, über die man sich, bedachte man die Macht der Katholischen Kirche in Frankreich, nur wundern und freuen konnte: »Dies ist das Land der Sekten: *Multae sunt mansiones in domo patris mei.*[1] Ein Engländer spaziert als ein freier Mensch, auf welchem Weg es ihm beliebt, in den Himmel.« Es war ein Staat, der seine Angelegenheiten ohne Zutun der Geistlichkeit zu regeln versuchte. »Wenn in England nur eine Religion herrschte, so würde ihre unumschränkte Gewalt zu fürchten sein; wären es ihrer zwei, so würden sie sich einander die Kehle abschneiden; sie sind aber wohl an die dreißig und leben alle friedlich und glücklich.« Die Gesellschaft in England war offen und pluralistisch. Jeder konnte nach seiner Façon glücklich werden. Das war in Voltaires Augen die Grundlage einer zivilisierten Gesellschaft, die Frankreich so schmerzlich (für Außenstehende) abging.

Voltaire musste nicht nach England kommen, um vom Glauben abzufallen. Die Kirche war von jeher das Lieblingsziel seines Spottes. Was er dort lernte, war die segensreiche Rolle, die Händler, Kaufleute und Unternehmer spielten. »Man gehe auf die Börse in London, einen Platz, welcher ansehnlicher ist als manch ein Hofstaat, wo sich die Abgeordneten von allen Völkerschaften einfinden, um die Wohlfahrt der Menschen zu befördern. Hier treten der Jude, der Türke und der Christ miteinander in Unterhaltung, als wären sie Glaubensgenossen, und nennen nur denjenigen einen Ungläubigen, welcher bankrott ist. Hier vertraut der Presbyterianer dem Wiedertäufer, und der Anglikaner nimmt von dem Quäker Versprechungen entgegen. Beim Verlassen dieser friedfertigen und freien Versammlung gehen einige in ihre Synagogen, andere zum Trinken; jener lässt sich in einer großen Kufe im Namen des Vaters, durch den Sohn, im Heiligen Geist taufen; dieser lässt seinem Sohn die Vorhaut wegschneiden und murmelt über das Kind hinweg etliche hebräische Wörter, welche er selbst nicht versteht; wieder andere gehen in die Kirche und erwarten mit bedecktem Haupte eine göttliche Eingebung. Und alle sind vergnügt.« Die Börse beschäftigte und befriedete die Menschen, die sich normalerweise, und sei es aus alter Gewohnheit, an die Kehle gingen. Der Handel sozialisierte sie in einer Weise, wie es der Religion jedenfalls nie gelungen war, so sehr sie auch den Frieden und die Nächstenliebe gepredigt hatte. Auf dem Markt versuchte sich niemand in Brüderlichkeit und doch war sie das Ergebnis.

In England standen die Kaufleute in höchstem Ansehen und das Land war durch sie wohlgeordnet, frei und reich geworden. »Die Kaufmannschaft hat durch ihren mitgebrachten Reichtum die Engländer zu freien Leuten gemacht, und diese Freiheit hat zur Ausbreitung des Handels vieles wieder beigetragen, und somit gedieh der Staat zu seiner Größe. Die Kaufmannschaft war es, welche die Seemacht nach und nach empor brachte, wodurch sich die Engländer zu den Herren der See gemacht haben ... Alles dies erfüllt einen englischen Kaufmann billigerweise mit Stolz, so dass er sich nicht ohne Grund mit einem römischen Bürger in Vergleich setzen darf. So verschmäht auch der jüngere Bruder eines Pairs des Königreiches nicht, Handelsgeschäfte zu betreiben ... Als Mylord Oxford England regierte, betrieb sein jüngster Bruder eine Faktorei zu Aleppo, von wo er nicht zurück verlangte und woselbst er auch starb.« Die Engländer hatten erkannt, dass das Streben nach individuellem Wohlstand das Land weiter bringt als die Knute des Adels oder die Heilsversprechungen der Kirche. »In Frankreich kann jeder, der will, ein Marquis sein ... und einem Kaufmann auf seine gebieterische und verächtliche Art begegnen. Der Kaufmann hört so oft von seinem Berufe abschätzig sprechen, dass er töricht genug ist, bei solchen Reden schamrot zu werden. Dennoch weiß ich nicht, welcher von beiden einem Staate nützlicher ist: Der wohlgepuderte Herr, welcher genau sagen kann, wann der König aufsteht und wann er sich niederlegt, und welcher sich dadurch ein Ansehen verschaffen will, dass er in dem Vorzimmer eines Ministers die Rolle eines Sklaven spielt, oder der Kaufmann, der sein Land bereichert, in seiner Schreibstube Verhaltensbefehle nach Surat und nach Kairo schreibt und das Seinige zur Wohlfahrt der Welt beiträgt.«

Zu dieser Zeit lag in England die Industrielle Revolution in der Luft. Es bildeten sich zentrale Werkstätten, die vom Umland mit handwerklichen, meist noch in häuslicher Arbeit hergestellten Vorprodukten beliefert wurden. Daraus entwickelten sich Fabriken, die immer mehr und immer billiger produzierten. Voltaire erkannte sehr hellsichtig, dass dieser Entwicklung die Zukunft gehörte und dass der Staat gut beraten wäre, sich darauf einzustellen. Das galt auch für die Franzosen, wollten sie von den Engländern nicht endgültig abgehängt werden.

In Voltaires englischer Weltsicht musste die Politik ökonomisch werden. Die Ökonomie hörte damit auf, eine Randerscheinung und Lehre für brave Haus- und Landwirte zu sein. Sie wurde in den *Philosophischen Brie-*

fen zum ordnenden Element der Gesellschaft, welche sich den Wohlstand zum Ziel setzte und damit mehr erreichte als alle Gebete Frankreichs um das Paradies. Voltaire verheiratete die Ökonomie mit der Politik und schuf damit den Ausgangspunkt jener erstaunlichen Entwicklung, welche die aufgeklärte Welt ab der Mitte des 18. Jahrhunderts nahm. Indem die Ökonomie politisch wurde, war das Streben der Menschen nicht mehr auf das Jenseits, auf ein versprochenes Paradies ausgerichtet, sondern auf den Wohlstand im Diesseits. Das Paradies war nichts, worauf sich zu warten lohnte, wenn sich auf Erden ein guter, realer und vor allem sicherer Ersatz finden ließ.

Die Industrielle Revolution war ein ebenso politisches wie wirtschaftliches Projekt. Sie konnte nur gegen die Interessen der herrschenden Eliten stattfinden, denn sie bedeutete den Übergang von Macht und Wohlstand vom Adel auf das Bürgertum. Ohne Institutionen, die Eigentumsrechte durchsetzen, konnte kein Wohlstand wie in England entstehen – aber diese Institutionen schränkten die Macht des Königs ein. Ebenso wenig konnte Wohlstand ohne breiten Zugang zu den Märkten entstehen, durch den Konkurrenz und damit bürgerlicher Fleiß befeuert wurde. Das aber bedeutete Freiheit, Gleichheit und die Beschränkung von Privilegien, was dem alten Adel ebenfalls nicht schmecken konnte. Aber er nahm es hin. In England wurden die staatlichen Institutionen und die Ökonomie aufeinander abgestimmt, mit enormem Erfolg. Das ist die Zukunft, so schreibt Voltaire in seinen Briefen nach Hause, und wenn ihr nicht untergehen wollt, dann macht es wie die Engländer!

Die Ökonomie war auch vor Voltaire schon eine ehrwürdige Disziplin gewesen. Aristoteles etablierte sie als eine Lehre von der Hauswirtschaft, aber nach diesem vielversprechenden Beginn dümpelte sie unbeachtet durch zwei Jahrtausende. Im Barock entstand die eine oder andere ökonomische Schule, aber nichts von Bedeutung. Erst durch die Verbindung mit der Politik, wie sie in den *Philosophischen Briefen* ganz zwanglos und ohne große theoretische Fanfare geschah, fand die Ökonomie den Grund und die Stellung, wodurch sie zu dem wurde, was sie heute ist. Die Aufklärung bekam dadurch eine ganz eigene Disziplin, an der sie zwar oft genug verzweifelte, die ihr aber ein unverzichtbares Vehikel für die Verbreitung ihres Gedankenguts wurde. Der Wohlstand einer Nation war nun Teil der Frage nach der richtigen Regierung. Die *politische Ökonomie*, wie sie bald hieß, war nicht mehr nur, wie ihre Vorgängerdisziplinen, ein Glas, durch das die Gesellschaft betrachtet wurde, sondern ein Werkzeug, mit dem sie sich selbst veränderte. Den Beginn machte Voltaire und in diesem Sinne war sein Besuch in England »ein Wendepunkt in der Geschichte der Zivilisation«, wie Lytton Strachey ehrfurchtsvoll befand.

Voltaire blieb knapp drei Jahre in England. Nach seiner Rückkehr war er wild entschlossen, weder sozial noch finanziell jemals wieder in eine Lage zu geraten wie durch die Prügel der Lakaien Rohans. Sozial gelang ihm das nicht wirklich, er sehnte sich zeitlebens nach Paris und seiner hohlen, in Privilegien geborenen Gesellschaft. Als alter Mann kehrte er sogar in den Schoß der verhassten katholischen Kirche zurück, was auch immer er und der bekehrende Priester sich dabei gedacht haben mochten. Voltaire bewegte sich nach seinem Englandaufenthalt meist an den Grenzen des Machtbereichs der französischen Könige, in Belgien, in Lothringen, am Genfer See, immer in Rufweite von Paris, wo gehört zu werden am Ende doch das Einzige war, was zählte.

Finanziell wurde er hingegen bald sehr unabhängig. Zu seinem literarischen Ehrgeiz kam nun noch ein Geschick im Umgang mit Geld, das seiner sprachlichen Virtuosität fast gleichkam und so manchen Spekulanten an der Londoner Börse erbleichen ließ. Tatsächlich waren dort viele seiner Geschäftspartner froh, ihn gehen zu sehen, denn den Begriff des ehrbaren Kaufmanns hatte er nie verinnerlicht. Auch aus Preußen musste er sich sehr schnell entfernen, wegen eines unmanierlichen Betrugs mit sächsischen Staatsanleihen, bei dem sich zeigte, wie wenig zurückhaltend Voltaire war, wenn es darum ging, sich einen finanziellen Vorteil zu verschaffen.

In Voltaires Gehirn war das Prinzip der Gewinnmaximierung jedenfalls fest verankert. Er war geizig gegen alle außerhalb der engsten Familie, habgierig, verschlagen und, wenn es um Geld ging, gerne auch von Herzen unanständig. Auf diese Weise wurde er reich und leistete sich jeden Luxus, den seine Zeit zu bieten hatte. Er häufte Geld an, weil ihm das Geldanhäufen und das Geldherzeigen unendlichen Spaß machte und weil die Anerkennung, die es brachte, ihm stets das Wichtigste war. Er war ein Kapitalist im ursprünglichen Sinne, er häufte Kapital um seiner selbst willen an und wollte durch Zins und Investition noch reicher werden, unbelastet von der Frage, ob dies einen Sinn habe.

Formuliert man Voltaire etwas moderner, so ist er mit seiner Auffassung vom Wohlstand nicht weit entfernt von der heute gängigen Sichtweise. Heute würde er wohl sagen, der Wohlstand einer Nation bemesse sich in *stock keeping units* (SKU, Lagerbestandseinheiten), in denen Einzelhändler bemessen, was sie an Arten von Waren auf Vorrat haben. Wenn beispielsweise ein Händler fünf blaue und drei grüne Röcke auf Lager hat, so hat er zwei SKUs. Ein Land ist wohlhabend, wenn in seinen Läden viele SKUs angeboten werden, denn das bedeutet ja nicht nur, dass für jeden etwas Befriedigendes oder vielleicht sogar Glückbringendes dabei sein könnte, sondern auch, dass vermutlich eine Menge Vermögen da ist, die das Angebot erst anlockt. Und dann kann man vergleichen. Den Yanomami, einem von europäischen Einflüssen weitgehend unberührten Stamm zwischen Orinoco und Amazonas, rechnet Eric Beinhocker, Vordenker des McKinsey Global Institute, in seinem 2006 erschienenen (wohlinformierten und lesenswerten) Buch *The Origin of Wealth* vor, dass es bei ihnen mit der Warenvielfalt nicht weit her ist. Sie kommen über einige hundert, allenfalls tausend SKUs nicht hinaus. Der Stamm der New Yorker kann hingegen zwischen einigen zehn Milliarden von SKUs wählen. Einer Auswahl in der Größenordnung von 10^2 steht eine Angebotsvielfalt der Mächtigkeit 10^{10} gegenüber. Das ist Wohlstand! Voltaire würde applaudieren, wie er sich überhaupt in New York blendend gefühlt hätte. Wohlstand hat erreicht, wer die meisten Sachen hat. So sieht es jedes Kind auf dem Spielplatz, und auch wenn Voltaire und die heutigen Ökonomen es gewiss komplizierter ausdrücken würden, so würden sie den Kleinsten doch im Wesentlichen beipflichten.

Freudig stand Voltaire mit diesem Begriff des Wohlstands in offenem Gegensatz zu den beiden großen Gruppen von Tugendwächtern seiner Zeit. Auf der einen Seite befanden sich die christlichen Traditionalisten, die weltliche Reichtümer grundsätzlich gering achteten und den wahren Segen im Jenseits erwarteten. Auf der anderen Seite gab es die bürgerlichen Moralisten in calvinistischer Manier, die, etwa in Genf oder den Niederlanden, zwar eine Ader fürs Geldverdienen hatten, den Luxus aber ablehnten. Ihr Ideal war die Römische Republik, deren Untergang ganz offenkundig auf die allgemeine Verweichlichung und die Entfernung von den strengen Sitten der Gründerväter zurückzuführen war. In seinem Gedicht *Le Mondain* (»Der Weltling«) konstatiert Voltaire hingegen:

> *Ce temps profane est tout fait pour mes mœurs.*
> *J'aime le luxe, et même la mollesse,*
> *Tous les plaisirs, les arts de toute espèce,*
> *La propreté, le goût, les ornements:*
> *Tout honnête homme a de tels sentiments.*[2]

Er sah den Überfluss als die Mutter der Künste und konnte dem Naturzustand, wie er in dieser Zeit immer wieder romantisierend beschworen wurde, nichts abgewinnen. Er vermutete bei den Menschen im Urzustand nur mangelnde Körperhygiene und schlechte Manieren. »Es mangelte ihnen an Gewerbe und Wohlstand: Ist das Tugend? Es war pure Ignoranz.« Selbstredend wurde auch dieses Gedicht bald verboten.

In Voltaires Weltbild mehrten Kaufleute, Investoren, Spekulanten (oder wie auch immer man die Leute nennen wollte, die mit einem einigermaßen liquiden Kapitalstock umgingen) den Wohlstand des ganzen

Volkes, indem sie im Rahmen der Gesetze ihrem wirtschaftlichen Interesse nachgingen und Schiffe bauten, Fabriken organisierten und Handel trieben. Der Luxus der Reichen schaffte den Handwerkern und Dienern das Einkommen. Die Freiheit des Einzelnen, ungehindert von den Privilegien der Aristokraten und der Kirche seinen Geschäften nachzugehen, war es, was die Gesellschaft am Ende weiter brachte. Die Freiheit, reich zu werden, führte zur Steigerung des allgemeinen Wohlstandes und letztlich zum Wachstum der Kultur, der Künste und der Körperhygiene. Materieller Wohlstand und individuelle Freiheit waren die beiden Seiten derselben Münze, sie bedingten einander und bildeten zusammen die Grundlage des kulturellen Fortschritts, dessen Ziel die Süße, *la douceur*, der Zivilisation war.

Voltaire verfasste keine Politische Ökonomie, wie er überhaupt kein besonders systematischer Kopf war, aber sein politisches Denken trug seit seinem Aufenthalt in England immer das ökonomische Motiv in sich. Dieses Gesellschafts- und Menschenbild senkte er unauslöschlich in das Gedankengut der Aufklärung. Mehr als jeder andere trug er dazu bei, in den Köpfen der Menschen das Paradies durch den irdischen Wohlstand zu ersetzen. Mit ihm wurde die Ökonomie zum Ordnungsprinzip der Gesellschaft. Sie wurde das Mittel, die Fleischtöpfe, jenes neue Ziel der Sehnsucht, wirklich werden zu lassen. Mit der Verbindung von Ökonomie und Politik stieß Voltaire das Tor zum Bürgerlichen Zeitalter auf. Seit die Aufklärung der Ökonomie einen zentralen Ort eingeräumt hatte, konnte der Wohlstand sich entwickeln und zum Zeichen der europäischen Zivilisation werden.

So reißt jeden seine Leidenschaft hin
VERGIL, EKLOGEN II, 65

THEORIE UND PRAXIS DER VERARMUNG

Voltaires Einsichten liegen gut 250 Jahre zurück und sind eigentlich ganz einfach zu verstehen. Schafft die Privilegien und die Willkürherrschaft ab und setzt Verstand und Wissenschaft an ihre Stelle, lasst die Kaufleute in Frieden und Sicherheit wirtschaften, stellt die Tüchtigen über die Faulen, und das Land wird in Wohlstand erblühen. Und tatsächlich brachte die Verbindung von Ökonomie und Politik die Industrielle Revolution hervor, welche, nach einer längeren Elendsstrecke, den allgemeinen Wohlstand deutlich verbesserte. So klingt heute konsensfähig, was damals revolutionär war. Aber der Barock steckt uns noch tief in den Knochen, tiefer, als es die Vernunft wahrhaben möchte, und so sehnt sich der Einzelne nach wie vor nach einer Vorzugsbehandlung. Niemand, der in einer gefestigten Stellung ist, hat gerne Konkurrenz und freien Wettbewerb. Sie bedeuten nur vermehrte Anstrengung und verminderten Gewinn, nichts Schönes.

Die großen Krisen in Europa, den USA und Japan seit der Jahrtausendwende, welche noch in dem stolzen Bewusstsein begangen wurde, das Ende der Geschichte sei zum Greifen nah, haben viel mit lähmenden Partikularinteressen zu tun und sind gewissermaßen ein gelebtes Stück Barock. In jedem Land liegt das Problem etwas anders, aber überall hat es denselben Effekt. Privilegien entstehen ganz natürlich, und wenn sie einmal errichtet sind, wenn die Wenigen sich einmal daran gewöhnt haben, auf Kosten der Vielen zu leben, kostet jede Veränderung so viel Kraft wie eine Revolution. Sie werden schnell Teil einer Kultur, graben sich in die Lebensweise und die Erwartungen ein, denn kaum etwas hat so viel Beharrungsvermögen wie der Glaube an das eigene Erwähltsein. Ein Staat, der nicht Opfer einer Vetternwirtschaft werden möchte, muss daher starke und zentralisierte Institutionen haben, um sich gegen die schlechte Gesellschaft zu wehren. Bei aller Stärke muss er aber auch offen, durchlässig und gut kontrolliert sein, um nicht selbst zur Quelle von Privilegien zu werden. In dieser Balance, die stets neu gefunden werden muss, befinden sich nicht viele Gemeinwesen.

Die Aufklärung hat jedenfalls nicht das Ende der Privilegien gebracht, nirgendwo, allenfalls das Ende der gepuderten Perücken. In jedem Land, in jeder Gesellschaft entstehen jene unverdienten Vergünstigungen, die Voltaire angeprangert hatte. Der Mechanismus funktioniert heute, jenseits der Aufklärung, etwa folgendermaßen: Kleine Gruppen von Leuten, die viel zu gewinnen haben und die einander aus der Szene kennen, schließen sich gerne zusammen, wenn es darum geht, ihren Anteil am Kuchen noch zu vergrößern. Sind es nicht zu viele, verteilt sich die Beute auf eine geringere Anzahl von Mitjägern und für jeden Einzelnen lohnt sich der Einsatz. Man stelle sich etwa die sehr überschaubare Zahl der Firmen in der Private-Equity-Industrie vor, die gerne weniger Steuern zahlen würden. Für die großen Spieler kann das eine Ersparnis im hohen zweistelligen Millionen-Dollar-Bereich bedeuten, und für jeden von ihnen würde sich eine entsprechende Gesetzesänderung bezahlt machen, selbst wenn er die Lobbyarbeit vollständig selbst bezahlen müsste. Für die Gruppe insgesamt lohnt es sich allemal.

Gerne hängen sich dann auch noch die Anwälte dieser Firmen an das Projekt, denn sie wittern die Gelegenheit, ihre Honorare in (ebenfalls von der Steuer zu befreienden) Beteiligungen an den Private-Equity-Investitionen bezahlen zu lassen. So haben ein paar Wenige ein massives Interesse an einer kleinen Änderung des Gesetzes, wonach die Bezahlung der Private-Equity-Manager nicht mehr als Einkommen besteuert wird. Das Thema ist obskur genug, dass es einer breiten Öffentlichkeit verschlossen bleibt, und so finden sich genügend sympathische Abgeordnete, die das Vorhaben bald Gesetz werden lassen. Ans Licht kommt so eine Konstruktion eigentlich nur, wenn ein unvorsichtiges Mitglied der Community sich zu sehr aus dem Fenster lehnt, wie etwa der republikanische Präsidentschaftskandidat des Jahres 2012, Mitt Romney, dessen Steuersatz von 14 % einem allzu großen Teil der arbeitenden Bevölkerung nicht vermittelbar war.

Je größer die Gruppen, desto schwieriger sind sie auf eine Linie zu bringen. Die Hohe Schule ist hier die Gründung von Gewerkschaften. Massen von Menschen zu organisieren ist nicht einfach, weil es keine Golfclubs gibt, in denen sich ganze Belegschaften zu vertrauensbildenden Maßnahmen zurückziehen und diskret auf ein gemeinsames Vorgehen verständigen können. Und der Gewinn muss auf viele hungrige Mäuler verteilt werden, was für den Einzelnen oft nicht über ein Taschengeld hinaus geht. Jedes einzelne Mitglied riskiert den Verlust des Arbeitsplatzes und damit die Lebensgrundlage der Familie, hat aber auf der anderen Seite allenfalls eine sehr überschaubare Lohnerhöhung zu gewinnen. Viele Arbeiter kamen in der Gründungsphase der Gewerkschaftsbewegung schnell dahinter, dass ihr persönlicher Gewinn in keinem guten Verhältnis zum Risiko stand, und so waren die Streikführer (die sehr viel zu gewinnen hatten) im 19. Jahrhundert ganz wesentlich damit beschäftigt, immer paradiesischere Zustände zu versprechen und, wo es nottat, Streikbrecher mit Knüppeln von der Arbeit abzuhalten. Dem Einzelnen musste sein Interesse auf die eine oder andere Weise verdeutlicht werden.

Ist das Privileg erst einmal unter Dach und Fach, sehen die Insider zu, dass möglichst Wenige etwas davon haben. Es ist immer unerfreulich, einen Gewinn teilen zu müssen, sodass, wo immer Partikularinteressen durchgesetzt werden, auch ein natürlicher Hang zur Exklusivität entsteht. Gewerkschaften erstreiten Lohnabschlüsse und ein Arbeitsrecht, das diejenigen, die einen Job haben, vor denen schützt, die einen Job wollen. Ärzte halten unbedingt an einem Niederlassungsrecht fest, das sie vor Konkurrenz schützt. Bauern erhalten Prämien für das Stilllegen von Flächen, auch wenn sie darüber hinaus noch Subventionen erhalten, um auf genau diesen Flächen bestimmte Pflanzen zur Energiegewinnung anzubauen – und würden ähnliche Konstruktionen in anderen Branchen sicher merkwürdig finden.

Ob Gewerkschaftsboss, Bauernpräsident oder Private-Equity-Manager, sie spielen verschiedene Instrumente, aber nach denselben Noten. Sie setzen ihre Interessen auf Kosten der apathischen Masse durch, behaupten dabei mit großer Selbstverständlichkeit, nur das Gemeinwohl im Auge zu haben, und lähmen so die Gesellschaft. Sie verhindern Konkurrenz und gleichen Zugang zu Märkten und Institutionen, leiten die Geldströme so gut es eben geht in die eigenen Taschen und sorgen für immer kompliziertere Regulierungen mit immer mehr Ausnahmen, Sonderfällen und Vergünstigungen, bis ein Gewebe entstanden ist, in dem sich nur noch die Gewitzten zurecht finden. Aus den Gewitzten von heute werden die Privilegierten von morgen, die dann, wie Voltaire beklagt, indem sie sind, was sie sind, den wirtschaftlichen und gesellschaftlichen Fortschritt lahmlegen.

Je schwächer die Institutionen, desto barocker die Zustände, könnte man bei oberflächlicher Betrachtung der Eurozone meinen. Wo der Zentralstaat schwach ist, haben allerlei Interessengruppen die Möglichkeit, sich mit unverdienten Rechten zu versorgen oder, direkter, sich gleich an den öffentlichen Kassen zu bedienen. Der Staat wird dort nicht als gemeinschaftliches Projekt, als Agent der Interessen seiner Bürger, sondern als Mittel zur Ausbeutung begriffen. Ein Staatsbankrott hat daher in Lateineuropa für die eher staatsfern gesinnte Bürger, die aus langer Erfahrung wissen, wie sie für sich zu sorgen haben, lange nicht den Schrecken wie etwa für die Deutschen, die ohne ihren Staat oft nichts mit sich anzufangen wissen.

Die moderne Privilegienwirtschaft ist jedenfalls auch ein kulturelles Phänomen und keineswegs nur von den Institutionen abhängig. Ländern

wie Griechenland ist nicht damit geholfen, die Gesetze und den Staats-
aufbau Dänemarks zu übernehmen, dadurch würde dort nichts geändert.
Der griechische Staat, der ein beliebtes Beispiel für den europäischen Niedergang ist, hat bei weitem nicht die Gewalt über seine Bürger, wie es die
auf einer staatstragenden Tradition gegründeten Bürokratien des Nordens
haben. Es herrscht dort Barock ohne Absolutismus. Das gibt bestimmten
Gruppen die Möglichkeit, sich Pfründe zu verschaffen, sobald sie an der
Macht sind. Wenn also die Sozialisten die Regierung stellen, versorgen sie
ihre Parteigänger mit Jobs, etwa bei der Staatsbahn, so wie es zuvor die
Bürgerlichen mit ihren Freunden getan haben. So geht es bei staatlichen
Unternehmungen oder Bürokratien nicht so sehr um die Erreichung eines
äußeren Ziels, sondern vielmehr um die Versorgung der Insider auf Kos-
ten aller anderen.

Im Ergebnis standen 2009 bei der griechischen Staatsbahn einem
jährlichen Umsatz von € 174 Millionen Personalkosten in Höhe von € 290
Millionen gegenüber sowie allein € 422 Millionen an Zinszahlungen auf
den Schuldenberg von knapp acht Milliarden Euro. Ein durchschnittli-
cher Bahnangestellter verdiente € 65.000 im Jahr, vom Schrankenwärter
bis zum Lokomotivführer. Oder: In Griechenland konnten Männer mit 55
in Rente gehen und Frauen mit 50, wenn sie einen »mühevollen« Beruf
hatten. Als »mühevoll« waren etwa 600 Berufe klassifiziert, wie Friseur,
Radioansager, Kellner oder Musiker. Oder: Erst seit 2010 wurde ein unab-
hängiges nationales Statistikamt aufgebaut. Bis dahin kamen die Zahlen
zur Verschuldung, zur Wirtschaftsleistung etc. von einer Unterabteilung
im Finanzministerium und da wunderte es nicht, wenn sie vor und nach
jeder Wahl gründlich frisiert wurden. Oder: Nur ein Drittel aller Ärzte in
Griechenland zahlte überhaupt Steuern, der Rest verdiente, glaubte man
ihren Steuererklärungen, weniger als das steuerfreie Existenzminimum
von € 12.000 im Jahr. Das waren nicht mal 20 % des Lohns eines durchschnittlichen Eisenbahners. Griechenland war zu dieser Zeit das Land mit
der höchsten Quote von Selbständigen in Europa, was nicht verwundert,

wurden doch Unternehmer praktisch nicht besteuert – so hoch die Steuersätze auf dem Papier auch gewesen sein mögen. Und wenn einer doch mal zum Steuern zahlen herangezogen wurde, konnte er immer noch vor Gericht gehen, wo die Fälle bis zu 15 Jahre lang anhängig blieben. So lange bis irgendjemand, die Richter oder das Finanzamt, keine Lust mehr hatten. Oder: Die damalige französische Finanzministerin Lagarde vertraute 2010 ihrem griechischen Kollegen eine Liste mit den Namen von fast 2.000 griechischen Kunden bei der HSBC in Genf an. Von diesen sollte man ausstehende Steuern eintreiben, so die Hoffnung der Geldgeber Griechenlands aus der EU, und mit den Einnahmen die Finanzen des Landes sanieren. Frau Lagarde war wohl so diskret, die Liste nicht durchzugehen, denn sonst hätte es sie nicht wundern müssen, dass sie sofort verloren ging. Auf der Liste stand natürlich die Klientel der politischen Klasse, und die Sache verlief im Sand. In einem Land, in dem jeder irgendwie privilegiert ist und zu irgendeiner Klientel gehört, hat niemand Interesse an Veränderung und genießt vielmehr das Leben, so lange es gut geht. Der Staat wird von den Insidern als Mittel zur Bereicherung gesehen und von allen anderen als Dieb.

So wie in Griechenland verhält es sich in großen Teilen der Welt, nur weniger pittoresk und stiller. Die Aufklärung hat es nicht leicht, sie kann auch über viele Generationen erfolglos anrennen gegen das Heilige und Althergebrachte und ihr Versprechen von Wohlstand durch Verdienst und Effizienz kann so ungehört verhallen wie die Ankündigung des kommenden Messias durch den Rufer in der Wüste.

Das kulturelle Erstaunen, das Europa in seiner großen Krise erfasst, ist nicht neu, es ist ein Widerhall dessen, was Italien seit seiner Gründung vor 150 Jahren erlebt. Die französisch und österreichisch geprägten Norditaliener kannten mächtige Stadtstaaten mit durchsetzungsstarken Regierungen, waren von einer durchgehenden Rechtstradition geprägt, hatten (spätestens seit der Besetzung durch Napoleon) die Aufklärung mitgemacht und sich industrialisiert und verfielen irgendwie, man weiß nicht mehr warum, auf die Idee, dass die Italiener südlich Roms nicht grundsätzlich anders tickten als sie selbst. So lag die Idee nahe, das französische Staatsverständnis von Piemont aus über das ganze Land zu verbreiten und die Brüder in Kampanien, Sizilien, Kalabrien und Apulien aus ihrer selbstverschuldeten Unmündigkeit zu befreien. Wie naiv das war, wie wenig sich durch das Pathos der Befreiung, der Vernunft, der Effizienz ändert, ist das Thema von Giuseppe Tomasi di Lampedusas Roman *Der Leopard*. Dort sieht sich der Fürst, Symbol der Geschichte Siziliens, der aber gleichzeitig ein Mann der Wissenschaft und durch oberflächliche Anmutungen hindurchzuschauen gewohnt ist, mit der Machtübernahme des Nordens konfrontiert, der die Reform seines mittelalterlich gebliebenen Landes verspricht. Russo, der Vertreter der neuen Zeit, versichert dem Fürsten, »Glauben Sie mir, Exzellenz, alles wird besser werden. Die Männer, die ehrenhaft und geschickt sind, werden vorankommen. Das Übrige wird sein wie zuvor.« Der Fürst interpretiert das für den Süden: »Diese Leute, diese elenden kleinen Liberalen vom Lande, wollen nichts als die Möglichkeit, leichter zu profitieren. Schluss, Punkt.« Er, und mit ihm auch viele einfache Leute, sehen in der italienischen Einigung unter der Vorherrschaft Piemonts nur den Austausch der herrschenden Klasse, der alten Aristokratie, durch die Händler und Wucherer. Am Ende sieht der Sizilianer die Piemonteser nicht mit anderen Augen als zuvor schon die Griechen, die Römer, die Araber, die Normannen, das Haus Anjou, die Aragonesen, die Habsburger und die Bourbonen, die alle mit irgendwelchen neuen Ideen gekommen und nie geblieben waren. Die Kaufleute des Nordens, die nun eine neue Welt und Wohlstand versprechen, sind nicht besser und die Sizilianer werden ihre Lebensweise für sie nicht ändern. Die alte Ordnung wird bleiben, wie ein Harz alles verklebend, was von außen Einfluss auf den alten Stamm nehmen zu können meint. In dieser Welt kann die Aufklärung nur ganz anders ankommen, als sie einst gedacht war, denn sie findet keine Kultur vor, die ihr ein Mutterboden sein könnte.

Warum fällt es den Menschen so schwer, etwas zu ändern, auch wenn sie genau wissen, dass sie auf ihrem gegenwärtigen Kurs wirtschaftlich scheitern und moralisch nichts gewinnen werden? Anton Tschechow beschreibt in seinem *Kirschgarten* die Lähmung einer privilegierten Gesellschaft, die sich nicht ändern und nicht verzichten kann. Eine ehemals wohlhabende russische Adelsfamilie wird in dem Stück mit dem Ende ihrer finanziellen Ressourcen konfrontiert. Sie hat sehr lange sehr gut gelebt und sich nie Gedanken darüber gemacht, wo das Geld eigentlich herkommt. Ihr Lebensstandard war nicht etwa unelegant an die verfügbaren Ressourcen angepasst, das wäre ihnen vorgekommen wie ein zu lange getragener Konfirmationsanzug. Vielmehr erwarteten sie vom Schicksal die Bereitstellung alles dessen, was zu einem gelingenden Leben gehörte, wie etwa ein jahrelanger Aufenthalt in Paris und ein unverbauter Ausblick auf den Fluss. Die Stimme der Vernunft in diesem Stück gehört Lopachin, einem ehemaligen Knecht der Familie, der als Unternehmer zu Geld gekommen ist. Er hegt Sympathien für die alte Herrschaft und versucht ihr zweierlei klar zu machen: *Dass* sie vom Ruin bedroht ist und *wie* sie den drohenden Untergang abwenden kann. Sein Vorschlag lautet, den schönsten Teil des Geländes, den Kirschgarten, zu parzellieren und dort Sommerhäuschen für Städter zu bauen. Lopachin dringt aber weder mit dem einen noch mit dem anderen durch, denn die Familie klammert sich lieber an luftige Hoffnungen, als sich mit ödem Zahlenwerk und angeblicher wirtschaftlicher Notwendigkeit die Laune verderben zu lassen:

Gajew. Die Tante in Jaroslawl hat uns Geld versprochen – aber wann sie es schickt, und wieviel, kann ich noch nicht sagen.

Lopachin. Wieviel wird sie schicken? Hundert-, zweihunderttausend?

Ljubow Andrejewna. Nun, wenn's auch nur zehn- oder fünfzehntausend sind, ist uns schon geholfen.

Lopachin. Verzeihen sie, so leichtsinnige Herrschaften wie Sie, so unerfahrene, sonderbare Leute sind mir noch nie vorgekommen. Ich sage

Ihnen klipp und klar: Ihr Gut kommt unter den Hammer, und Sie tun, als sei das gar nichts.

Ljubow Andrejewna. Was sollen wir machen? So belehren Sie uns doch!

Lopachin. Tag für Tag gebe ich mir Mühe, Sie zu belehren. Tag für Tag rede und rede ich, immer ein und dasselbe. Sie sollen den Kirschgarten und das ganze Terrain am Flusse parzellieren und Sommerhäuschen darauf bauen, und zwar sofort, jetzt, in diesem Augenblick. Der Versteigerungstermin steht vor der Tür. Begreifen sie doch endlich! Sobald Sie sich erst mal zu der Parzellierung entschlossen haben, steht Ihnen so viel Geld zur Verfügung, wie Sie nur wollen, und Sie sind gerettet.

Ljubow Andrejewna. Sommerhäuschen, Sommergäste – das klingt so gewöhnlich, nehmen Sie mir's nicht übel.

Gajew. Ich bin ganz deiner Meinung.

Lopachin. Weinen möcht' ich, schreien, in Ohnmacht fallen, wenn ich das höre. Ich halt's nicht länger aus, Sie foltern mich zu Tode.

Es kommt, wie es kommen muss, es passiert nichts. Auf der Zwangsversteigerung kauft Lopachin selbst das Gut und tut dann das wirtschaftlich Sinnvolle. Der Kirschgarten wird abgeholzt. Am Ende hört man im Hintergrund die Sägen, welche die wunderschönen Bäumen, die aber leider keinen Ertrag bringen, aus dem Weg schaffen. So ergeht es Gesellschaften, in denen die Privilegien die Phantasie zerstört haben: Sie gehen eher unter, als sich zu reformieren. Das ist der tiefere Grund der schlechten Prognosen für das Europäische Projekt.

Das Spielfeld, das eine offene Gesellschaft und eine funktionierende Ökonomie benötigen, sollte ein perfekter Rasen sein und kommt doch selten über einen holprigen Bolzplatz hinaus. Umso kühner war die Idee des eitlen Voltaire, eine Welt von Verstand und Verdienst, Gleichheit und Gerechtigkeit zu imaginieren, in der das Paradies auf die Erde geholt und dort zur allgemeinen Wirklichkeit gemacht wurde. So etwas gab es nie und so etwas kann es wohl auch gar nicht geben, jedenfalls nicht solange der Mensch den Vorteil sucht und die Mühe scheut. Aber dem Utopisten ist das einerlei, er darf kühn über die träge Beharrungsfähigkeit der Menschen hinausgreifen und sich ausmalen, wie das hiesige Himmelreich aussehen könnte.

Ihr Italiener habt das Wechslergeschäft und die Banken erfunden; das verzeih'
euch Gott. Aber die Engländer erfanden die ökonomistische Gesellschaftslehre,
und das wird der Genius der Menschheit ihnen niemals verzeihen.

NAPHTA ZU SETTEMBRINI. IN: THOMAS MANN, DER ZAUBERBERG

DIE KINDERSTUBE DER ÖKONOMIE

Neben dem Truthahnessen zum Erntedankfest, im Gedanken an die Pilger-
väter von der Mayflower, haben die USA noch einen zweiten Gründungsmythos, der an langen Abenden am Kaminfeuer den jungen Leuten immer
wieder erzählt wird. Es ist die Geschichte der Kolonisten von Jamestown,
der ersten dauerhaft besiedelten englischen Kolonie in Nordamerika.

Den Engländern war es im 16. Jahrhundert nicht verborgen geblieben,
dass die Spanier erhebliche Reichtümer aus Süd- und Mittelamerika her-
ausholten. Das Geschäftsmodell war einfach. Die Spanier fingen die einheimischen Könige, versklavten mit diesem Pfand die Bevölkerung und
schickten sie in die Minen, um Gold und Silber für die spitzbärtigen neuen
Herren zu schürfen. Davon hatten die Spanier plötzlich so viel, dass es in
ganz Europa zu einer deutlichen Inflation kam, wodurch auch dieᲔნglän-
der auf die neuen Möglichkeiten aufmerksam wurden. Um auf dieselbe
Weise zu Reichtum zu kommen, wurde in London die Virginia Company
gegründet, die 1606 drei Schiffe ausrüstete und nach Nordamerika schickte. Der Norden war nicht die erste Wahl, aber die dicht bevölkerten und
wohlhabenden Teile des Kontinents waren schon von den Iberern besetzt,
so dass die Engländer zufrieden sein mussten mit dem, was noch zu haben war. Die Schiffe segelten also los, zur Chesapeake Bay und einen Fluss
hinauf, den sie nach ihrem König James nannten. Am 14. Mai 1607 gründe-
ten sie an einer günstigen Stelle eine Siedlung: Jamestown.

Sobald das Nötigste geregelt war, hielten die Kolonisten Ausschau nach einem geeigneten König, den man fangen könnte. Der Häuptling Wahunsunacock, der in dieser Gegend das Sagen hatte, wohnte nur etwa 20 Meilen entfernt in Werowocomoco, aber er war ein misstrauischer Knochen, der nicht daran dachte, sich einfach einsammeln zu lassen. Mit dieser Situation hatte niemand gerechnet und die Engländer waren ratlos. Es kam ihnen nicht in den Sinn, selbst Felder zu bestellen, um Vorräte für den Winter zu ernten. Niemand hatte je gehört, dass die Spanier selbst hätten arbeiten müssen, und niemand hatte England den Rücken gekehrt, um in der Neuen Welt mit der Plackerei von vorn zu beginnen. Also saßen sie da und warteten auf einen König, der nicht kam.

Im Winter wurden die Vorräte knapp. Die Schiffe waren zurück nach England gesegelt, um neue Siedler und Nahrungsmittel zu bringen, aber es war unklar, wann sie wiederkommen würden. Die Leitung der Kolonie hatte inzwischen John Smith übernommen, ein Glücksritter, der für die Engländer gegen die Holländer und für die Österreicher gegen die Türken gekämpft hatte (von Letzteren war er gefangen genommen und als Sklave verkauft worden, konnte sich aber befreien, indem er seinem Herrn die Kleider und das Pferd stahl und am hellen Tag, stolz wie ein Türke, nach Österreich zurück ritt). Smith organisierte den Handel mit den noch immer eher zurückhaltenden Indianern und beschaffte so die wichtigsten Lebensmittel. Bei einer seiner Expeditionen wurde er von Opechancanough, dem jüngeren Bruder des Häuptlings, gefangen genommen und nach Werowocomoco gebracht. Zwischenzeitlich sah es nicht gut aus für Smith, aber Pocahontas, die Tochter des Häuptlings, verliebte sich in ihn und erwirkte seine Freilassung. Auch dieser Aspekt darf in einem Gründungsmythos nicht fehlen.

John Smith dämmerte langsam, dass das spanische Modell nicht auf Nordamerika übertragbar war. Bei seinem Besuch in Werowocomoco hatte er feststellen müssen, dass die Indianer kein Gold hatten. »Ihr ganzer Reichtum besteht in Lebensmitteln«, notierte er enttäuscht in sein Tagebuch. Aber er war Realist und so versuchte er vorsichtig, die Kolonisten mit der Idee vertraut zu machen, selbst arbeiten zu müssen. Schließlich, als diese ungehalten reagierten und alles nichts half, erließ er ein Gesetz, wonach »he that will not worke shall not eat.« Nach lateinamerikanischem Traum sah das Unternehmen jedenfalls nicht mehr aus.

Die Kolonisten überlebten den Winter und die Schiffe brachten neue Vorräte und eine neue Idee aus London. Der Plan lautete nun, dem Häuptling zu schmeicheln, indem man ihn nach Jamestown einlud, um sich zu einer Art Vizekönig unter der Oberhoheit von James I. krönen zu lassen. Zu diesem Zweck hatte man aus England glitzernde Steine, Pyrit, mitgebracht, das man als Gold ausgeben wollte. Das war blendend ausgedacht, aber Wahunsunacock konnte mit diesem Vorschlag nichts anfangen. So sahen sich die Kolonisten gezwungen, zu ihm zu gehen, um ihn in seiner eigenen Stadt zu krönen. Das aber brachte das Fass zum Überlaufen. Wahunsunacock, sowieso schon genervt von den neuen Nachbarn, die andauernd etwas von ihm wollten, verjagte die Kolonisten und stellte auch alle Handelsbeziehungen ein. Nach diesem Fiasko kehrte Smith nach England zurück, und die Kolonisten hatten nichts mehr zu essen. Von den 500 Einwohnern, die Jamestown im Herbst 1609 hatte, erlebten nur 60 den nächsten März.

Es war nun an der Zeit, das Geschäftsmodell zu ändern. Wenn es schon nicht gelang, die Eingeborenen für sich arbeiten zu lassen, dann sollten wenigstens die Kolonisten etwas für die Virginia Company tun. Das Land wurde zum Eigentum der Firma erklärt. Die Kolonisten mussten wie in einer Kaserne zusammenleben. Es wurden Kolonnen von Arbeitern gebildet, die unter dem Befehl eines Firmenvertreters standen. Es wurden Gesetze erlassen, wonach mit dem Tode bestraft wurde, wer davonlaufen wollte, wer etwas stahl oder wer Nahrungsmittel oder sonstige Güter an Fremde verkaufte. Mit dieser Methode, die so ähnlich heute nur noch in Nordkorea praktiziert wird, hoffte man in London, doch noch etwas aus der Kolonie herauszuholen. Aber auch die Ausbeutung der eigenen Leute führte nicht zum Ziel. So viel die Todesstrafe auch angedroht wurde, so sehr kaserniert und gefordert und weggenommen wurde, das Unternehmen kam nicht in Schwung. Jamestown blieb elend und die Virginia Company machte Verlust.

Das ging so weiter bis 1618, als es erneut zu einem Strategiewechsel kam. Man wollte die lustlos gewordenen Kolonisten nun mit Anreizen zum arbeiten bringen. Jeder Siedler bekam das Haus, in dem er wohnte, geschenkt und 20 Hektar Land pro Kopf seiner Familie zur eigenen Bewirtschaftung. Die Dienstpflichten gegenüber der Virginia Company wurden gelöst. Es durfte unbeschränkt gehandelt werden und das Eigentum wurde garantiert. 1619 wurde eine Generalversammlung eingeführt, in der jeder erwachsene Mann ein Mitspracherecht über die Belange von Jamestown hatte und aus der eine Regierung hervorging, die sich tatsächlich um die Belange der Bevölkerung kümmerte.

Das Ergebnis dieser Reformen war die Geburt der modernen Demokratie und des eigenverantwortlichen Wirtschaftens auf dem Boden der später so genannten USA. Der Aufschwung, der unmittelbar folgte, stellte bald alles in den Schatten, was die Spanier vorzuweisen hatten – und war ganz anders als ursprünglich gedacht. Jamestown wurde – auch nach britischen Maßstäben – eine wohlhabende Stadt. Der Wohlstand stellte sich ein, sobald das Gemeinwesen so geordnet war, dass die Menschen durch eigene Arbeit ihren eigenen Nutzen verfolgen konnten. Seit sie nicht mehr durch Druck, sondern durch ein Ziel motiviert waren, taten sie plötzlich nicht mehr nur das Nötigste, sondern waren erfinderisch und fleißig. Allgemeiner Wohlstand, so die Lehre für die heutige Jugend, kommt nicht aus Gold- und Silberminen, sondern entsteht aus fleißiger, selbstbestimmter und selbständiger Arbeit zum eigenen Nutzen. Es hatte nur dreizehn bittere Jahre gedauert, um auf diese Idee zu kommen.

Solche Geschichten, die Anlass gaben, grundsätzlich über die Ordnung der Gesellschaft nachzudenken, waren im Umlauf, als Adam Smith begann, sich über die Menschen Gedanken zu machen. Er war Moralprofessor in Edinburgh und führte ein für Philosophen nicht untypisch langweiliges Leben. Sein Äußeres war wenig attraktiv – er hatte einen schleifenden Gang, einen wackelnden Kopf und, wie man sagt, Glupschaugen – aber sein Verstand war äußerst scharf. Er schaffte es zwar nicht, Frauen für sich zu interessieren (obwohl er sich mehreren Kandidatinnen erklärte), zog aber die Aufmerksamkeit der literarischen Salons seiner Zeit auf sich. Beides mag mit seinem zerstreuten Wesen zu tun haben (er vergaß wohl mitunter, sich morgens anzukleiden, und ging im Schlafrock auf die Straße) und seiner Tendenz zu wunderlich langen Selbstgesprächen.

Mit seinem ersten Buch, der *Theorie der Ethischen Gefühle* (1759), wurde er bekannt und bekam die Möglichkeit, seine Professur aufzugeben. Er wurde gut bezahlter Hauslehrer des minderjährigen Herzogs von Buccleuch und begleitete seinen Schüler auf eine dreijährige Bildungsreise durch Frankreich und die Schweiz. Diese Reise erweiterte seinen Horizont erheblich, denn er lernte nicht nur Voltaire in Genf kennen, sondern in Paris auch alle anderen wichtigen französischen Köpfe dieser Zeit. Den tiefsten Eindruck auf ihn machte François Quesnay, Leibarzt der Madame de Pompadour und führender Kopf der Physiokraten. Die Physiokraten waren eine hochmoderne Schule von Ökonomen, die davon ausgingen, dass der Wohlstand eines Landes in der Warenproduktion lag – im Gegensatz zur bis dahin herrschenden Meinung, dass er in der Menge von Gold und Silber liege, die ein Land besitze. Der Staat solle sich bei dieser Wertschöpfung so weit wie möglich heraushalten und eine Politik des *laisser-faire* verfolgen. Quesnay sah die eigentliche Wertschöpfung aber ausschließlich in der Landwirtschaft. Was Handwerker mit den Rohwaren machen, ist danach nur eine Manipulation, die keinen zusätzlichen Wert schafft. Auch wenn Smith sich selbst nicht als Physiokrat verstand, sah er sich doch tief in der Schuld von Quesnay. Nur sein Tod kurz vor der Veröffentlichung des *Wealth of Nations* verhinderte, dass Quesnay das Werk zugeeignet wurde.

Da es ihm in all den Jahren nicht gelang, das Französische fließend zu sprechen, gab es auf der Kavaliersreise viel Leerlauf und Smith begann, jenes zweite Buch zu schreiben, den 1776 veröffentlichten *Wohlstand der Nationen*. Mit diesem Buch wurde er schlagartig in ganz Europa für seinen wirtschaftlichen Sachverstand berühmt und zum Zollkommissar von Schottland berufen. Auch das war ein einträglicher Posten, den Smith mit großer Sorgfalt auszufüllen verstand.

Der *Wohlstand der Nationen* ist ein Buch, dem man anmerkt, dass es nicht unter Zeitdruck geschrieben ist. Smith verdaut darin die ganze ökonomische Literatur seiner Zeit, ergänzt, erweitert und systematisiert sie neu. Es ist abschreckend umfangreich – nicht weil die darin erklärte Theorie so kompliziert wäre, sondern weil Smith anscheinend alle Themen abdeckt, die ihm so durch den Kopf gehen, und oft mehr erzählt als argumentiert. Das Entstehen von Wohlstand ist eine bunte Geschichte und Smith illustriert sie mit einer Überfülle praktischer Beispiele. Er kommt gerne vom Hölzchen aufs Stöckchen. Seine Abschweifung zum Thema Silber füllt 75 Seiten. Er schreibt über Religion und die Soziologie der Moral, die Erziehung, die Ausbildung von Professoren, das Rechtswesen, die Jagd und die Geschichte des Kriegswesens.

The Wealth of Nations ist ein Buch, das auf philosophische Fragen ökonomische Antworten gibt. Smith fragt, was eine Gesellschaft zusammenhält, wenn die Menschen nicht von moralischen Gefühlen getrieben oder den Sitten und der Religion gezwungen werden – wie es offensichtlich immer mal vorkommt. Wenn die Menschen im Hafen von London oder auf der Straße in Paris einander begegnen und miteinander zu tun haben, ohne sich zu kennen: Wie kann es sein, dass beide ihr Eigeninteresse verfolgen und sich selbst der Nächste sind und dennoch gut miteinander auskommen? In fest gefügten Dorfgemeinschaften spielt die Sitte eine große Rolle, aber was passiert in einer Kolonie wie Jamestown, wo die Menschen einander nicht kennen, wo es keine Bräuche und Selbstverständlichkeiten gibt? Wie kommen Menschen zueinander, die kein gemeinsamer Zweck verbindet? Als Moralphilosoph interessiert sich Smith für die Weise, wie Menschen miteinander umgehen, wie eine Gesellschaft funktionieren sollte und wie sie tatsächlich funktioniert. Das war schon das Thema seiner *Theorie der Ethischen Gefühle*.

In Smiths Welt hält der Markt eine Gesellschaft von Unbekannten zusammen. Kolonisten und Indianer wollen nicht viel voneinander wissen (jedenfalls die Indianer nicht von den Kolonisten), haben keine gemeinsame Kultur und verfolgen keine gemeinsamen Ziele. Was sie dennoch zusammenbringt, ist der Handel. Er koordiniert, wie auch schon Voltaire an der Londoner Börse festgestellt hatte, Menschen unterschiedlichster Interessen. So heißt es im *Wohlstand der Nationen:* »Der Mensch ist fast permanent auf die Hilfe seiner Mitmenschen angewiesen und es ist sinnlos, sie von ihrem Wohlwollen zu erwarten. Er wird eher Erfolg haben, wenn er sich ihre Eigenliebe zu Nutze macht und ihnen zeigen kann, dass es in ihrem eigenen Interesse ist, für ihn zu tun, was er verlangt ... Nicht vom Wohlwollen des Metzgers, des Brauers, des Bäckers erwarten wir unser Abendessen, sondern von der Verfolgung ihres Eigeninteresses.« Es ist, wie man anmerken möchte, vermutlich auch besser, wenn der Bäcker aus eigenem Interesse backt und nicht aus moralischen, religiösen oder sonstigen seelischen Regungen. Besser für die Moral, die Religion und die Brötchen. So mehrt der eigennützige Bäcker den Wohlstand der Nation, auch wenn er es nicht vorhat.

Smith sieht, dass die Menschen an Orten wie Jamestown erst dann ernsthaft zu arbeiten anfangen, wenn sie Gewinne machen und behalten dürfen. Das Gewinnmotiv ermöglicht dort erst die wirtschaftliche Entwicklung. Bis zur Aufklärung kannte man es nur als Variante der unfrommen Gier und verbannte sie in denselben Giftschrank wie die Lust oder die Faulheit. Smith lässt sich davon nicht irritieren, nimmt es in Schutz, deutet und benennt es in *Eigeninteresse* um, domestiziert es und nimmt ihm damit den *haut goût*. Gewinn ist gut, denn er bringt die Menschen zum wechselseitigen Vorteil zusammen, so einfach ist das. Wie schwierig der Umgang damit in einem noch immer christlich geprägten Europa ist, zeigt sich beispielsweise bei Abraham Röntgen, dem großen Tischler der aufwändigsten Möbel Europas. In dessen Jahresabschlussrechnungen ist die Zeile, in der der Gewinn steht, mit »Segen« bezeichnet.

Für die Gesellschaft hat das Gewinnmotiv aber nur einen Sinn, wenn es Wettbewerb gibt. Die Konkurrenz sorgt dafür, dass der Unternehmer mit seinen Ressourcen sparsam umgeht und den Konsumenten niedrige Preise anbietet. Der Bäcker würde seine Brötchen gerne zu einem Preis anbieten, der über seinen Produktionskosten liegt. Das wird ihm aber nicht gelingen, denn wenn er es tut, kann sein Konkurrent ihn unterbieten und ihm die Kundschaft wegnehmen. Unter den Produktionskosten kann niemand seine Ware anbieten, denn dann wird er Pleite machen. Also werden über kurz oder lang alle Brötchen zu Produktionskosten angeboten.

Will der Bäcker reich werden, muss er entweder furchtbar viel arbeiten oder ein neues Geschäftsfeld aufmachen, wo es wenig oder keine Konkurrenz (und entsprechend höhere Margen) gibt. Er kann, in unserem Beispiel, Zuckerbäcker werden und für eine Weile Monopolpreise verlangen. Aber die Wettbewerber werden das mitkriegen und, wenn der Markt nicht durch irgendeinen fiesen politischen Trick abgeschottet ist, bald ebenfalls Kuchen und Keks anbieten. Und dann ist es wieder aus mit den schönen Gewinnen.

Der Markt sorgt nicht nur dafür, dass die Dinge angeboten werden, die gekauft werden, er sorgt auch für die richtige Menge. Wenn die Nachfrage nach Kuchen groß ist und die produzierte Menge übersteigt, dann wird der Zuckerbäcker kaum der Versuchung widerstehen können, höhere Preise zu verlangen. Sein hohes Einkommen lockt aber die Konkurrenz an, die nun ihrerseits die begehrte Ware herstellt. Das Geschäft bleibt nur so lange gut, bis auch dieser Markt gesättigt ist und kein außerordentlicher Gewinn mehr gemacht werden kann. Wenn es blöd läuft, wird zwischenzeitlich sogar mehr produziert als nachgefragt. Dann fallen die Preise, sogar unter die Produktionskosten. Es gibt Verluste und Pleiten und arbeitslose Zuckerbäcker, bis das Gleichgewicht sich wieder herstellt.

Damit ist grob umschrieben, wie ein Markt funktioniert. Smith erklärt, wie das Eigeninteresse die Menschen dazu bringt, die Produkte anzubieten, welche ihre Mitmenschen haben wollen. Er zeigt, warum sie dabei effizient vorgehen und ihre Waren zu möglichst niedrigen Preisen anbieten. Smith beschreibt den Markt als ein selbstregulierendes System, das automatisch hohe Gewinne oder Verluste durch Konkurrenz bzw. Pleiten korrigiert. Diese ungeplante, aber nur scheinbar chaotische Steuerung funktioniert, weil der Mensch in der Regel auf Anreize reagiert. Er rechnet sich seinen Nutzen aus und stellt dagegen, was er dafür aufgeben muss (d. h. die Kosten). Der Markt wirkt diskret im Hintergrund und muss nicht ins Bewusstsein vordringen: »Der Einzelne ... hat nicht vor, das öffentliche Interesse zu fördern, auch weiß er nicht, wie sehr er es fördert ... Er zielt nur auf seinen eigenen Gewinn ab und wird dabei, wie in vielen anderen Fällen auch, von einer unsichtbaren Hand dazu gebracht, einen Zweck zu verfolgen, der nicht Teil seines Vorhabens war. Auch ist es nicht immer schlecht für die Gesellschaft, dass es nicht Teil des Vorhabens war. Indem er sein eigenes verfolgt, fördert er häufig das Interesse der Gesellschaft viel effizienter, als wenn er es tatsächlich vorgehabt hätte.«

Adam Smith beschreibt, wie alle Ökonomen, seine Zeit. In der zweiten Hälfte des 18. Jahrhunderts gibt es wohl tatsächlich so etwas wie einen freien Markt. Die Preise und Löhne steigen und fallen mit Angebot und Nachfrage. Die Unternehmen sind klein und flexibel genug, um ihre Produktion schnell umzustellen. Smith hat eine eher dörfliche Ökonomie vor Augen, etwa wie im erwachsen gewordenen Jamestown, mit kleinen Handwerkern und Händlern, die sich in ehrlichem Wettbewerb miteinander befinden. Er kann aber auch damals schon beobachten, dass die Offenheit der Konkurrenz schnell bedroht ist. Oft gelingt es einigen wenigen, fabelhaft reich zu werden, indem sie das System zu ihren Gunsten unfair verändern. Händler haben immer die Tendenz, ihre Konkurrenten auszuschalten, um selbst einen außerordentlich hohen Gewinn zu machen, der wie »eine absurde Steuer auf den Mitbürgern lastet. Wenn irgendeine neue Gesetzgebung zur Regulierung des Handels von dieser Seite vorgeschlagen wird, so sollte mit äußerster Vorsicht zugehört werden und sie sollte erst nach genauer und langer Untersuchung, ... die vom Misstrauen geleitet wird, angenommen werden. Sie kommt von einer Gruppe von Männern, ... die generell ein Interesse hat, die Allgemeinheit zu täuschen und sogar zu unterdrücken ...« Der Staat muss aufpassen, dass er nicht von den Gewitzten übertölpelt wird, denn sonst liegt der Wohlstand plötzlich nur noch bei einigen wenigen zum Nachteil des ganzen Landes.

Wie das aussieht, kann Smith am Beispiel der Englischen Kolonie Barbados ablesen, wo 1680 eine Untersuchung der Verhältnisse stattgefunden hatte. Von den 60.000 Einwohnern sind 39.000 Sklaven aus Afrika und meistenteils Eigentum von 175 großen Plantagenbesitzern. Es gibt in Barbados freie Märkte und nach britischem Recht durchsetzbare Eigentumsansprüche. Wenn ein Zuckerrohrpflanzer Land oder Sklaven an einen anderen verkauft, kann er die Erfüllung des Geschäfts bei Gericht jederzeit einklagen. Die Gerichte sind äußerst kompetent in diesen Angelegenheiten, denn 29 von den 40 Richtern der Insel sind im Hauptberuf Großgrundbesitzer. Wie übrigens auch die acht höchstrangigen Soldaten. Obwohl Barbados einen freien Markt, wohlgeordnete Institutionen und milde Winter hat, kann sein Wohlstand nicht mit dem der Nordamerikaner mithalten. Es fehlt das Element der Partizipation. Wenn die Gewinne sowieso immer nur bei denselben 175 Mitbürgern landen, lohnt es sich für den Rest nicht wirklich, fleißig zu sein. Die Anreize müssen so gestaltet sein, dass es sich für diejenigen, die den Wohlstand erarbeiten sollen, auch lohnt. Ansonsten gilt der ebenso häufig richtige wie missbrauchte Spruch: »If you feed peanuts, you get monkeys.«

Die naheliegende Konsequenz ist, wie in Jamestown einen möglichst großen Teil der Bevölkerung an der Regierung zu beteiligen. So ist sichergestellt, dass der Staat für das Fortbestehen von Gewinnmotiv und Konkurrenz sorgt. Das ist der Punkt, an dem Demokratie und Marktwirtschaft zusammenhängen. Ein Wohlstand bringender, funktionierender und freier Markt kann auf Dauer nur in einer freien Gesellschaft existieren, deren Institutionen auf das Gemeinwohl ausgerichtet sind und Privilegien bekämpfen – das ist am ehesten (aber nicht ausschließlich) in Demokratien gegeben. Adam Smith wollte so weit dann doch nicht gehen, aber auch er sah, dass es für den Wohlstand eines Landes essentiell ist, die Märkte möglichst offen zu halten und die Dominanz durch Einzelne zu verhindern. Damit die Märkte funktionieren können, muss der Staat nicht nur gelegentlich in den Markt eingreifen (wie wäre es mit einer Landreform in Barbados?), sondern beispielsweise auch dafür sorgen, dass die Bevölkerung gut ausgebildet wird. Die gute Ausbildung sorgt dafür, dass eine gewisse Chancengleichheit besteht und die Konkurrenz – anders als in Barbados – breit ist.

Eine gute Ausbildung führt nicht nur dazu, dass das Gewinnmotiv auch verwirklicht werden kann, sie führt auch zu mehr und besserer Produktion, was der eigentliche Schlüssel zum Wohlstand einer Nation ist. Der Lebensstandard hängt davon ab, was und wie viel produziert wird. Der gelernte Bäcker, der 200 Brötchen in der Stunde backt, wird in der Regel mehr verdienen als eine ungelernte Aushilfe, die nur 50 Stück schafft. Die Produktivität, definiert als die Menge der Waren und Dienstleistungen, die ein Arbeiter in einer Stunde produziert, ist die entscheidende Stellschraube des angenehmen Lebens. Je höher die Produktivität, desto höher der Lebensstandard.

Smith sieht – neben einem freien und gut regulierten Markt, guter Ausbildung und offener Konkurrenz – vor allem die Arbeitsteilung als Quelle höherer Produktivität und damit eines größeren Wohlstands. »Es ist die Maxime eines jeden klugen Familienvorstands, niemals zu Hause herzustellen, was er billiger einkaufen könnte. Der Schneider versucht nicht, seine Schuhe herzustellen, sondern kauft sie beim Schuster. Der Schuster versucht nicht, seine Kleider herzustellen, sondern kauft sie beim Schneider ... Ihr Interesse liegt darin, ihren ganzen Fleiß auf die Herstellung von etwas zu richten, das sie vorteilhafter herstellen können als ihre Nachbarn, und mit dem Erlös etwas anderes günstig zu erwerben.« Die Effizienz steigt, wo jeder sich auf das beschränkt, was er am besten kann, wo jeder Handgriff sitzt – kurz: wo nicht viel nachgedacht werden muss. Wo effizient produziert wird, wird viel produziert, und wo viel entsteht, da ist der Wohlstand. So also ist eine Gesellschaft zu organisieren, die Voltaires Vorstellung vom irdischen Glück verwirklichen kann. Dem ist für den Moment nicht viel hinzuzufügen und wir halten es bis heute für gültig.

Adam Smith entging vieles, denn er war seiner Gegenwart seltsam unzugehörig. So bemerkte er von der Industriellen Revolution wenig, obwohl sie vor seinen Augen zum ersten Mal aufblühte. Er sah zwar richtig, dass der Kaufmann dem landbesitzenden Edelmann am Ende das Hemd auszog (weil der Edelmann seine eigenen Interessen nicht kannte und sich vom Kaufmann beschwatzen ließ), aber er glaubte auch, dass der Einzelkaufmann der Aktiengesellschaft im Zweifel immer überlegen sei. Diese habe keine Zukunft angesichts der Interessenkonflikte zwischen einem habgierigen Management und einer meist phlegmatischen Masse von Aktionären. Angestellte Direktoren hätten zunächst das eigene finanzielle Interesse im Auge, würden sich erst in zweiter Linie um das Wohlergehen der Firma kümmern. Einem Schwarm von Heuschrecken gleich schafften sie für sich auf die Seite, was Einzelunternehmer einst aufgebaut hätten. Damit hatte Smith zwar nicht unrecht, und das Problem einer wenig mit dem Schicksal des Unternehmens verbundenen Managerklasse ist bis heute geblieben, aber durch die Industrielle Revolution entstanden immer größere Fabriken, deren Bau und Betrieb die Möglichkeiten einzelner Unternehmer bald überstiegen und, allen Interessenkonflikten zum Trotz, den Kapitalgesellschaften einen entscheidenden Vorteil verschafften.

Etwas Beruhigendes lässt sich Smiths Händeringen aber abgewinnen, nämlich dass der Mensch in den letzten zwei Jahrhunderten kapitalistischer Wirtschaft nicht besser und nicht schlechter geworden ist. Was er heute mit einer Heuschrecke gemein hat, das steckt schon lange in ihm.

Was Smith beschrieb, war einem Mikrokosmos wie Jamestown erheblich näher als einer modernen Industriegesellschaft. Seine Welt war die der kleinen Kaufleute in kleinen Märkten mit kleinen Kunden und meistenteils anständigen Motiven. Dem kleinen Kaufmann, dem Krämer galt seine Sympathie und er sorgte sich, weil diese einen viel zu schlechten Ruf hatten. Er beschrieb England als eine »nation of shopkeepers«, ohne das irgendwie böse zu meinen. Er konnte das prinzipielle Funktionieren einfacher Märkte erklären, aber diese heile Welt gab es schon nicht mehr (so es sie je gegeben hat), als *Der Wohlstand der Nationen* erschien. Vielleicht können zeitlose Bücher nur von Autoren geschrieben werden, die selbst aus der Zeit gefallen sind.

Die Verbindung, die Voltaire zwischen Ökonomie und Politik hergestellt hatte, wurde durch Smith konkret. Dieser legte dar, was die Gesellschaft tun musste, um den Wohlstand, das irdische Paradies, entstehen zu lassen. Wohlhabend war, wer viele Sachen hatte, und die meisten Sachen konnte ein freier Markt produzieren. So ist der Wohlstand dessen selbstverständliches Produkt. Smith zeigte einen Weg auf, wie es am ehesten mit einem Leben in aufgeklärter Freiheit und der Überwindung von Not und Armut klappen könnte. Auf dieser Schiene befinden wir uns bis heute. Die erste, dringend nötige Anpassung von Smiths Gedankengebäude an die Welt der Industriellen Revolution kam von David Ricardo.

Ricardo und die Erste Globalisierung

Die Französische Revolution brachte die gut geordneten Ideen der Aufklärung in intensiven Kontakt mit einer trüben Realität. Darunter hatten nun beide zu leiden. Großartige, kühne, tiefe Ideen sind, wenn sie in die Hände von Praktikern geraten, meist nicht wiederzuerkennen; sie werden passend gemacht für tatsächlich oder angeblich vorherrschende Spezialfälle, werden vereinfacht für ein breites Publikum und den Interessen derer untergeordnet, die durch sie an die Macht gekommen sind. Das 19. Jahrhundert, das man allgemein mit dem Revolutionsjahr 1789 beginnen lässt, war überreich an Ideen, und da die Alte Zeit (jedenfalls anfänglich in Frankreich) kaum mehr Widerstand leistete, kam das Neue schwindelerregend schnell in die Welt.

Um 1800 hatte Europa noch wenig mit der Moderne und viel mit dem Mittelalter zu tun. Es war viel näher am Jahr 1400 als am Jahr 1900. Die Menschen lebten meistens auf dem Land, sie waren Selbstversorger, kauften das wenigste ein, waren immer wieder Hungersnöten ausgesetzt, wurden von König, Adel und Klerus beherrscht, hatten einen Horizont von wenigen Dörfern um sich herum. Offiziere und Beamte trugen Zopfperücken und der Adel kleidete sich so bunt wie möglich. Der Transport funktionierte kaum anders und meistens schlechter als zur Zeit des Römischen Reichs, Ochsen- oder Pferdegespanne klapperten über schlechte Straßen, wenn das Wetter es zuließ. Die Handwerker waren in Zünften organisiert, stolze Bürger mit ehernen Privilegien. Damit war es nun schnell und radikal vorbei.

Die große Revolution war ein Aufstand gegen die Privilegien des Adels und des Klerus und brachte das Bürgertum an die Macht. Nur kurz, von Juni 1793 bis zum Sturz Robespierres, herrschte, zum Entsetzen der Bürger, der Pariser Mob. Die Verhältnisse waren äußerst unordentlich – Royalisten gegen Republikaner, Stadt gegen Land, Katholiken gegen Antiklerikale, Liberale gegen Privilegierte, Franzosen gegen alle anderen – und faszinierten und erschreckten ganz Europa. Aber der Schrecken dauerte nur kurz und aus der Revolution wurde nicht mehr als die Emanzipation des Bürgertums aus den mittelalterlichen Verhältnissen, getragen von Handwerkern und Kaufleuten. Vom Proletariat war noch lange nicht die Rede. Motor der Revolution war die Wut des Bürgertums über hohe Steuern, über unverdiente Privilegien anderer und den wirtschaftlichen und militärischen Niedergang des Landes. So strickte sich das Bürgertum den Staat, wie es ihn brauchte. Deutlichstes Zeichen dafür war die Verschonung des Vermögens der Großbürger. Diese hatten große Angst um das Geld, welches sie der untergegangenen Monarchie geliehen hatten, konnten aber dafür sorgen, dass die Staatsfinanzen auf Kosten der Kirche saniert wurden, durch die Verstaatlichung der Klostergüter. Eher plünderte man die Kirchen als die Rentiers.

Die Bourgeoisie kam in der Französischen Revolution endgültig an die Macht, wie man den zahlreichen Verfassungen dieser Zeit entnehmen konnte. Darin stand nicht nur einiges von Rousseau, es fand sich auch sehr viel von Voltaire und Adam Smith. So wurden nicht nur die Privilegien der üblichen Verdächtigen abgeschafft, es wurden ALLE Privilegien beseitigt (in der Theorie zumindest – Joseph Fouché, der größte Opportunist der Revolutions- und Restaurationszeit, ist als reichster Mann Frankreichs gestorben). Es wurden damit auch die Zünfte und ähnliche Zusammenschlüsse von Handwerkern verboten, die deren Märkte vor zu viel Konkurrenz schützten. In jeder Stadt hatte es eine strenge Ordnung gegeben, wer was herstellen und verkaufen durfte. Damit hatte es nun ein Ende, die Schuster von Paris konnten jetzt ihre Waren in Lyon anbieten und umgekehrt. Freuen konnte das nur die Fabrikanten, die viel und billig produzieren ließen. Unter das Verbot der Zusammenschlüsse fiel auch das Verbot der Gewerkschaften, die in Frankreich erst Ende des 19. Jahrhunderts erlaubt wurden. Auch davon hatte nur der Industrielle etwas, denn er konnte die Arbeiter gegeneinander ausspielen, wenn es keine allgemein und für alle vereinbarten Löhne gab. Mit der Abschaffung der Schutzzonen vor dem freien Wettbewerb, welche die alte Ordnung bot, entstand das Proletariat. Die Handwerker wurden als Lohnknechte in eine Wertschöpfungskette einbezogen, die sie selbst nicht kontrollierten. Früher arbeiteten sie, wann sie wollten und so viel sie mussten, um ihren Lebensunterhalt zu verdienen. Nun wurden sie zu Knechten in einem anonymen Räderwerk.

Was Adam Smith beschrieben hatte, konnte sich nun entwickeln, zunächst als schleichender Prozess, der sich dann aber enorm beschleunigte. Konkret sah die Industrielle Revolution zunächst so aus: Handwerker aus dem Umland einer Stadt begannen irgendwann zwischen 1750 und 1850 nicht mehr das ganze Werkstück zu produzieren, sondern lieferten nur noch Teile an einen Auftraggeber, der dann das Ganze zusammensetzte. So saß in der alten Zeit eine Näherin in ihrem Dorf in ihrem Haus in ihrer Küche, umgeben von ihren Kindern, und nähte ein Kleid, das dann in der Stadt oder an das Schloss verkauft wurde. Nun, im Zeitalter der Arbeitsteilung, stickte sie nur noch Borten. Einmal in der Woche kam jemand vorbei und holte ab, was sie produziert hatte. In einer Kleiderfabrik wurde die Borte dann von anderen Näherinnen an einem Kleid befestigt. Diese Näherinnen waren schon einen traurigen Schritt weiter als die Kolleginnen auf dem Land: Sie hatten einen festen Stundentakt und wurden von einer mitleidlosen Vorfrau beaufsichtigt. Sie waren nicht mehr Herrinnen ihres Tagesablaufs und konnten sich nicht mehr um ihre Kinder kümmern. Unter dasselbe Joch sollte in absehbarer Zeit auch die Stickerin kommen, wenn die Verdichtung der Produktion es verlangte.

Die Industrielle Revolution bedeutete nicht nur Arbeitsteilung, sie bedeutete auch permanente Arbeit. Die Näherin auf dem Dorf arbeitete, wenn sie einen Auftrag und die Zeit dafür hatte. Die Näherin in der Fabrik hatte immer einen Auftrag, dafür sorgte der Fabrikant. Dieser konnte, weil er keinen Leerlauf hatte und effizient produzierte, seine Ware billiger anbieten als die Dorfschneiderin. Diese hatte dann keine andere Wahl, als dem Fabrikanten zuzuliefern, da sie keine Aufträge mehr bekam, ganze Kleider zu machen. Entweder sie beugte sich dem Fabrikanten, seinem Takt und seinen Bedingungen, oder sie musste sich eine neue Tätigkeit suchen.

Immer öfter hatte es die Näherin auch nicht mehr mit einem Patron oder einem Gutsbesitzer zu tun, sondern mit einer anonymen Hierarchie. Die Arbeiter wurden Vorarbeitern untergeordnet, die für eine reibungslose Produktion sorgten, damit die Fabrikbesitzer in London, Paris, Barcelona oder Mailand den Gewinn erhielten, den sie sich versprochen hatten. Die Vorarbeiter waren selbst nur Teil der Maschinerie und wurden gerade wegen ihrer Gnadenlosigkeit eingestellt. Sie sahen auf die Zeit und die produzierten Stücke, auf die Ordnung und die Ergebnisse und sonst auf nichts.

Diese Kälte ist vielleicht das Markenzeichen der Epoche und der Grund für die Flucht in die Romantik. Liest man Charles Dickens' Schilderung, mit welcher Brutalität David Copperfield erzogen wird, wie Kinder geprügelt und Frauen gequält werden, wie der Eigennutz auch die engsten und intimsten Beziehungen bestimmt, so wird klar, warum die Schriftsteller verzweifelt nach dem Edlen und Guten in all dem Schmutz suchten. Victor Hugos *Les Misérables*, Emile Zolas *Germinal*, Stendhals *Le Rouge et le Noir* oder Honoré de Balzacs *Père Goriot* beschreiben den Ehrgeiz, die Rücksichtslosigkeit und die Geldgier, die mit einem sozialen Aufstieg einhergehen, der von der ständigen Furcht vor dem Absturz ins Elend geprägt ist. Für die Aufsteiger sind Nächstenliebe und Kunstsinn kein Selbstzweck mehr, denn sie würden sie nur von sich selbst ablenken. Das Unbehagen an einer durchökonomisierten Welt, in der jedes Gespräch, jede Verpflichtung, jede Zuneigung immer in der Frage nach dem geldwerten Eigennutz gespiegelt wird, ist, jedenfalls in der Literatur, so alt wie die Industrielle Revolution.

Das vielleicht lebhafteste Bild der grauenvollen Zustände in den Betrieben gibt Zola, auch wenn er erst in der zweiten Hälfte des 19. Jahrhunderts schreibt. In *Germinal*, einem Roman, der um die Jahrhundertmitte angesiedelt ist, geht es um das Elend und die Wut der Grubenarbeiter im Nordosten Frankreichs, die schließlich in einen Streik treten. Es ahnen zwar alle, dass dieser Ausstand so wenig bringen wird wie alle vorigen, aber die Arbeiter ertragen die ewigen Lohnkürzungen einfach nicht mehr, denn sie haben tatsächlich zum Leben zu wenig. Als der Streik zu bröckeln beginnt, muss Etienne Lantier, der Held des Romans, der die Revolte angezettelt hat, die Moral hochhalten mit einer flammenden Rede, in der er die Zustände beschreibt. Der Armut und dem generationenlangen Hunger der

Arbeiter stellt er gegenüber die »vollen Bäuche der Grubenverwaltung, die Geld ausschwitzen, die ganze Bande der Aktionäre, die seit einem Jahrhundert ausgehalten wurde wie Dirnen, die nichts zu tun brauchen und es sich wohl sein lassen ... Ein ganzes Volk von Männern, das vom Vater zum Sohn unter Tage krepierte, damit man Minister bestechen konnte, damit Generationen von Adligen und Bürgern Feste feiern konnten, bei denen sie sich an ihren Kaminen mästeten! [Lantier] hatte sich mit den Krankheiten der Bergarbeiter befasst, ... die Bleichsucht, die Skrofeln, die schwarze Bronchitis, das Asthma, das erstickte, den Rheumatismus, der lähmte. Diese Elenden, man warf sie den Maschinen zum Fraß vor, man pferchte sie wie Vieh in die Siedlungen, die großen Gesellschaften verschlangen sie nach und nach, indem sie die Sklaverei durch Verordnungen regelten ... Millionen Arme für die Bereicherung von tausend Faulenzern. Aber der Bergarbeiter war nicht mehr das Stück Vieh, das in den Eingeweiden der Tiefe zermalmt wurde. Eine Armee wuchs in den Tiefen der Gruben heran, eine Ernte von Bürgern, deren Saat keimte und die Erde an einem strahlenden Sonnentag sprengen würde ... Die Arbeit würde Rechenschaft verlangen vom Kapital, von diesem unpersönlichen Gott, den der Arbeiter nicht kannte, der irgendwo zusammengekauert in seinem geheimnisumwitterten Tabernakel hockte, von wo aus er die Hungerleider, die ihn ernährten, aussaugte! Man würde ihn dort aufspüren und endlich im Schein der Feuersbrünste sein Gesicht zu sehen bekommen, man würde ihn im Blut ertränken, dieses schmutzige Schwein, diesen grässlichen, mit Menschenfleisch vollgefressenen Götzen!« Und so weiter. Zolas Anklageschrift hat einen Umfang von 600 bewegenden Seiten, und man muss kein Ökonom sein, um relativ schnell herauszufinden, was gemeint ist.

Das Bürgertum kümmert sich nicht um die vielen Verlierer des Kampfes um den Wohlstand und liest, als Orientierungshilfe, Voltaire. So muss es keinerlei schlechtes Gewissen haben beim Reichwerden. Literatur und Ökonomie sind beide auf ihre Weise der Versuch, die Welt zu beschreiben und zu verstehen. Manchmal profitieren sie sehr voneinander, wenn sie sich in derselben Realität befinden, wenn Literatur sich den Wirklichkeitssinn der Ökonomie borgt und diese den Möglichkeitssinn der Poeten. Meistens werden sie für das breite Publikum ungenießbar, wenn sie sich in ihrer jeweils eigenen Welt verlieren und sich nur noch auf sich selbst beziehen.

Die Ideen der Ökonomen sind immer ein Teil der weiteren geistigen Verfassung der Zeit. Die Ökonomie formuliert ihre Theorien niemals isoliert, denn sie ist ein Versuch, dem Geschehen in der Welt einen Sinn und einen Zusammenhang abzulocken. Ökonomie und Literatur nehmen daher oft dieselben Phänomene zum Ausgangspunkt. In der Gegenwart ist dies immer schwer zu erkennen, aber im Nachhinein, wenn klar ist, wer gute Ökonomie und wer bleibende Literatur geschrieben hat, hört man den Gleichklang. So haben auch im frühen 19. Jahrhundert Literatur und Ökonomie dieselben Themen. Es geht um die Durchdringung der Gesellschaft mit den Gesetzen des Marktes, die den einen Elend und den anderen phänomenalen Reichtum bringen. Zunächst stellen sie fest (Ricardo und Malthus als die »klassischen Ökonomen«, Stendhal und Balzac für die Literaten), dass dies wohl der natürliche Gang der Dinge ist. Aber ab der Mitte des 19. Jahrhunderts kommt die Überzeugung auf, dass die Verhältnisse so nicht bleiben können (Dickens, Heine und Zola für die Literaten, Mill und später Marshall für die Ökonomen). Davon wird später noch zu sprechen sein.

Was also Dickens für die Literatur, das war David Ricardo für die Ökonomie. Beide beschrieben das Elend der Industriellen Revolution. Ricardo starb bereits 1823, lange bevor man sich über Sozialismus und Verteilung Gedanken machen musste, und das merkte man seiner ökonomischen Theorie auch an. Er war der Sohn eines aus den Niederlanden nach England eingewanderten Börsenhändlers und hatte zunächst bei seinem Vater gelernt, war dann aber von diesem verstoßen worden, weil er die falsche Frau heiraten wollte. Die Mutter hat nie wieder mit ihm geredet, dem Vater blieb aber wenig anderes übrig, denn der Sohn wurde ebenfalls Makler und an der Börse redet jeder mit jedem, wie schon Voltaire erstaunt festgestellt hatte. Noch dazu übertrumpfte Ricardo seinen Vater in kurzer Zeit und kam zu großem Ansehen und Reichtum. Berühmt wurden seine Wetten auf den Ausgang des Krieges gegen Napoleon, bei denen Ricardo billig englische Staatsanleihen kaufte, als die Welt noch geblendet war von dem kleinen Mann aus Korsika.

Irgendwann, in der Sommerfrische beim Genuss seines beträchtlichen Vermögens, las Ricardo den *Wohlstand der Nationen.* Er war beeindruckt und begann eigenständig über Ökonomie nachzudenken. Glücklicherweise hatte er sein Vermögen schon gemacht, denn wer weiß, ob Smiths Widerwille gegenüber Aktiengesellschaften und Großindustrie dabei vielleicht hinderlich gewesen wäre. Jedenfalls wurde er nicht nur ein sehr einflussreicher ökonomischer Theoretiker, er betrieb nun darüber hinaus auch noch eine bedeutende politische Karriere, in deren Verlauf er zu einem angesehenen Mitglied des Parlaments wurde. Und er schrieb ein Buch, *On the Principles of Political Economy and Taxation,* worin er die Ökonomie aus der Sicht des Händlers und Fabrikbesitzers beschrieb. Er erweiterte, systematisierte und brachte auf den Punkt, wofür Adam Smith in seinem dicken Buch den Rahmen abgegeben hatte. Er passte die Lehre von der Schaffung des Wohlstands an die Bedingungen der Industriellen Revolution an. Das 19. Jahrhundert sah eine enorme Ausweitung der Produktion und der Produktivität und bei dem Viertel der Bevölkerung, welches das Glück hatte, sich zum Bürgertum zählen zu können, auch eine phantastische Verbesserung der Lebensqualität, die freilich wenig mit dem Müßiggang und der *douceur* der Welt Voltaires zu tun hatte. Der Wohlstand dieses Viertels stieg so stark an, dass ein wohlhabender Bürger um 1860 über Annehmlichkeiten verfügte, von denen der erst zwei Generationen zuvor enthauptete französische König nicht einmal etwas ahnen konnte. Diese Entwicklung der Industrie, ihre unaufhaltsame Globalisierung und das traurige Los der Arbeiter spielten sich vor Ricardos Augen ab.

Sein Thema war der Handel, und als Ausgangspunkt konnte gelten, was Smith über die Arbeitsteilung gesagt hatte. Ricardo erfand den Begriff des relativen Kostenvorteils, worunter er die Einsicht verstand, dass die Welt am besten geordnet war, wenn jeder machte, was er am besten konnte. England könnte selbst (sauren) Wein produzieren und Tuch weben, aber besser wäre es wohl, wenn es den Weinbau einstellen und dafür etwas mehr Tuch weben würde, das es dann bei seinem alten Verbündeten Portugal gegen (süßen) Wein eintauschen könnte. Denn auch wenn die Portugiesen beides dank der niedrigeren Löhne billiger produzieren konnten, so war der Unterschied beim Tuch nicht so groß wie im Falle des Weins. Und Ricardo rechnete (mit Hilfe einiger wilder Annahmen, wie etwa inexistenten Transportkosten) vor, dass es sowohl Portugiesen also auch Engländern besser ginge, wenn jeder sich auf die Produktion dessen beschränkte, was er relativ zum Handelspartner am billigsten herstellen konnte. Am Beispiel des englischen Weines leuchtete es jedem sofort ein, dass Protektionismus ein Unding war. Seither sind alle Ökonomen überzeugte Freihändler.

Adam Smith hatte eine durch die Ökonomie harmonisierte Welt beschrieben, in der es allen immer besser ging. Ricardo musste aber nur aus dem Fenster sehen, um festzustellen, dass der Wohlstand keineswegs bei allen ankam und dass von Harmonie nicht die Rede sein konnte. Er sah nicht nur den Kampf der Arbeiter um die nackte Existenz, sondern auch den Verteilungskampf innerhalb der besitzenden Klasse. Die Grundbesitzer saugten, heuschreckengleich, die Unternehmer aus, indem sie immer höhere Pacht verlangten für ihr Land. Dadurch wurde das Brot teurer und die Unternehmer mussten immer höhere Löhne zahlen, um ihre Arbeiter am Leben zu halten. Ohne einen Finger zu rühren, wurden die Landbesitzer immer reicher auf Kosten der umtriebigen Unternehmer. Sie strebten, wie die Zuckerrohrpflanzer von Barbados, nach einer *politischen Rente (Rent-seeking)*, indem sie die soziale Ordnung so manipulierten, dass sie reich wurden, ohne neuen Wohlstand zu schaffen. Damit waren sie nicht besser als die mittelalterlichen Zünfte, welche die Preise durch Zugangsbeschränkungen künstlich hoch hielten und es sich auf Kosten der Gesellschaft gemütlich machten.

Ricardo nun beschreibt die Wirtschaft durchaus als einen Kampfplatz, auf dem sich aber trotzdem immer wieder von selbst ein optimales Gleichgewicht einstellt. Zu hohe oder zu niedrige Preise korrigieren sich nach demselben Marktmechanismus wie ein zu großes oder geringes Angebot. Der entscheidende Faktor für die Herstellung des Gleichgewichts ist das *Angebot* an Waren. Für Ricardos Theorie ist wichtig, dass es nie ein Überangebot geben könne. Thomas Malthus (1766–1834), ein Freund und querdenkender Ökonom, hatte argumentiert, dass bei schwindender Kaufkraft und schwindender Bevölkerungszahl ein Überhang an Angebot entstehen könne. Uns Heutigen liegt dieser Gedanke nicht fern, aber Ricardo hielt ihn für blanke Idiotie. Wenn ein Unternehmer Waren produziert, so Ricardos Überlegung, will er sie auch loswerden. Er wird den Preis so lange senken, bis er einen Käufer findet. Niemand produziert auf Halde, das wäre ruinös. Daher sagt ein nach Jean-Baptiste Say (1767–1832) benanntes Gesetz, dass das Angebot die Nachfrage bestimmt. Was immer produziert wird, findet über den fallenden Preis auch einen Käufer. Es gibt keine Produktion ohne Markt. Alles andere hieße den Druck zu unterschätzen, unter dem die Hersteller stehen, ihr Kapital (welches sie verzinsen müssen) nicht ungenutzt in einem Lagerbestand vor sich hin gammeln zu lassen.

Der Mechanismus, dass die Preise so weit fallen müssen, bis sich ein Käufer findet, ist auch die Begründung für das eherne Lohngesetz, das Ricardo ein halbes Jahrhundert später von Ferdinand Lassalle zugeschrieben wurde. Danach müssen Löhne so weit sinken, bis die Arbeitskraft so billig ist, wie ihr blankes Überleben kostet. Wären sie niedriger, so würde der Arbeiter verhungern und seine Arbeitskraft ginge verloren. Wären sie höher, so fände sich leicht ein hungriger Arbeitsloser, der für weniger Geld arbeitswillig wäre. Ricardo sagte in seinen *Principles* zwar auch, der Lohn hänge nicht nur vom nackten Überleben ab, sondern auch von den allgemeinen Lebensumständen, und in einer humanen Gesellschaft, so Ricardo, werde sowieso kein Hungerlohn gezahlt. Dieser Nachsatz, der gerne, nicht nur von Lassalle, überlesen wurde, spielte in der traurigen ersten Hälfte des 19. Jahrhunderts keine Rolle.

Die Welt, welche die Ökonomen und Literaten des 19. Jahrhunderts beschreiben, funktioniert also etwa so: Das Gewerbe und der Handel sind frei von staatlichen Eingriffen, und der Markt sorgt dafür, dass Waren und Dienstleistungen in der richtigen Menge und zur richtigen Zeit an die richtigen Leute gelangen. Keine Behörde kann jemals so effizient oder erfinderisch sein wie ein freier Markt, um die Menschen mit dem zu versorgen, was sie haben wollen. Der Staat tut also, um der Versorgung seiner Bevölkerung willen, gut daran, sich nicht weiter um die Wirtschaft zu kümmern und seine Liebe zum Volk auf andere Weise zu demonstrieren. Aber wenn die Menschen gut versorgt sind, kommen sie auf natürliche Weise und schnell auf die Idee, sich fortzupflanzen – ein von Malthus vorgebrachtes Argument, das im vorviktorianischen England nicht nur ökonomischen, sondern auch moralischen Schauder erregte. Je besser es den Menschen geht, desto stärker dieser Hang, bis die Größe der Bevölkerung die wirtschaftliche Basis überfordert. Der Überschuss an frisch gezeugten Arbeitskräften versetzt die Unternehmer in die schöne Lage, lediglich das Existenzminimum als Lohn zahlen zu müssen, denn es findet sich immer ein Hungriger, dem die Existenz nähergeht als der Stolz. Durch die Überbevölkerung greifen Hunger und Not um sich, und das Leben wird zum Existenzkampf. Für Malthus ist die Zukunft der Menschheit daher weder rosig noch geistvoll, sondern ein permanentes Ringen um knappe Rohstoffe und Arbeitsplätze. Darunter leidet die Libido und die Menschen verlieren die Lust und die Kraft zur Fortpflanzung. Daraufhin gibt es weniger Kinder. Die im Folgenden sinkende Bevölkerungszahl führt zu einem Arbeitskräftemangel und damit zu höheren Löhnen. Der Arbeitsmarkt reguliert sich so von selbst. Jetzt holen die wirtschaftlichen Möglichkeiten die Bedürfnisse der Bevölkerung wieder ein. Und wenn es allen wieder gut geht, kommen die Menschen wieder auf andere und alle auf denselben Gedanken. Und der Zyklus von Armut und Überbevölkerung kann von neuem beginnen. Das ist die etwas bizarre Weltsicht von Malthus und Ricardo, an die sich noch Marx anlehnt und die erst zu Anfang des 20. Jahrhunderts mit den sinkenden Geburtenraten in der westlichen Welt aus der Mode kommt.

Es war eine trostlose Welt, die da beschrieben wurde, und Thomas Carlyle schuf eine bleibende Formulierung, als er die Ökonomie *dismal science* nannte. Die Ökonomie von Ricardo wurde erst dadurch richtig trostlos, dass sie die Hoffnungslosigkeit der gegenwärtigen Zustände auf ewige Gesetze zurückführte – und damit die Unabänderlichkeit des Elends und unendliche Mühsal prophezeite. Sie war zu einer Beschreibung geworden, wie das glückliche Viertel der Gesellschaft zu Wohlstand kam. Vom allgemeinen Glück, das Adam Smith vorschwebte, wenn er vom Wohlstand der Nationen redete, konnte nicht mehr die Rede sein. Der Ansatz der Aufklärung, am diesseitigen Wohlstand zu arbeiten, anstatt auf das Paradies im Jenseits zu hoffen, hatte sich für die meisten Menschen als *lose-lose*-Situation erwiesen, denn nun hatten sie weder das eine noch das andere. Und die Ökonomie, die als Anleitung angetreten war, wie eine prosperierende Gesellschaft zu ordnen sei, konnte zwar sagen, wie sich Effizienz und Produktion in einer Industriegesellschaft steigern ließen, aber wo war der Wohlstand geblieben? Unter Wohlstand war doch wohl nicht allein das schöne Leben des Besitzbürgertums zu verstehen?

In dieser Trostlosigkeit dämmerte es Politikern und Ökonomen, dass mit all diesen Theorien etwas nicht stimmen konnte. Das System, welches die Bourgeoisie installiert hatte, brachte zu viele Verlierer hervor. Und wer im 19. Jahrhundert zu den Verlierern gehörte, war wirklich arm dran, und weder er noch seine Kinder hatten eine realistische Chance, diesem Schicksal je zu entkommen. Es entstand zwar Geldvermögen und es wurde deutlich mehr und besser produziert als im 18. Jahrhundert, aber eine große Mehrheit der Bevölkerung hatte kaum etwas davon. Seit Voltaire gehörten Politik und Ökonomie aber zusammen, und so wurde die Armut ein politisches Problem. Es staute sich eine unbezähmbare Wut gegen die Bourgeoisie auf, die sich in Streiks, Aufständen und Attentaten entlud. Anarchismus und Kommunismus wurden für viele zur einzig vertretbaren Antwort auf die Ausbeutung.

In the general course of human nature, a power over
a man's subsistence amounts to a power over his will.
ALEXANDER HAMILTON

DAS CHINESISCHE WACHSTUMSMODELL

Wie steht es heute um die Lehren der Klassiker? Im Kanon der Helden der Ökonomie hat Ricardo eine bemerkenswerte Stellung. Jeder weiß, dass er irgendwie wichtig war, er findet in allen Lehrbüchern Erwähnung, aber konkret wird es dabei selten, denn genau genommen war Ricardo, anders als Adam Smith, nur für das 19. Jahrhundert wichtig, und den Geisteshistoriker beschleicht manchmal das ungute Gefühl, als wäre er nur noch interessant, weil Marx so viel bei ihm abgeschrieben hat. Es wäre übertrieben zu behaupten, der eine tote Hund würde hier den anderen am Leben halten, denn das würde beiden nicht gerecht und außerdem ihre grundsätzlich verschiedenen Ansichten über den Umgang mit der Welt – der eine wollte die Welt verändern, der andere etwas von ihr haben – völlig übergehen. Aber beide sind doch primär für das vorvergangene Jahrhundert wichtig, denn im 20. ist der Stand der Wissenschaft so weit über sie hinausgegangen, dass sie sich in den Standardtexten zunehmend in Fußnoten wiederfinden und auch dort haben sie ganz unverdient einen immer schwereren Stand. Man muss ihnen zugutehalten, dass sie wehrlos waren, als sie von ihren Anhängern (im Fall von Marx waren es die Anhänger des Sowjetsystems) beziehungsweise ihren Verächtern (anders kann man die Haltung der Schule von Keynes gegenüber den Klassikern nicht nennen) derart zur Brust genommen wurden, dass anschließend tatsächlich nicht mehr viel von ihnen übrig war. Aber so war es eben, die

Geschichte hat es nicht gut gemeint mit beiden und so wird ihnen von ihren jeweiligen Lagern bis heute eher aus Pflichtgefühl denn aus innerer Überzeugung die Reverenz erwiesen, eher um sich der eigenen Geschichte und Tiefe zu versichern, als um Handlungsideen für die Gegenwart zu gewinnen.

Wie tot die beiden Hunde sind, lässt sich am Chinesischen Wachstumsmodell ablesen. China stand nach der Kulturrevolution vor einem ökonomischen und moralischen Scherbenhaufen und musste neu anfangen. Es hatte in Deng Xiaoping einen Führer, der in vielen Kämpfen und Schlachten die Höhen und Tiefen des Lebens ausführlich studiert hatte und auf seine alten Tage pragmatisch geworden war. Auf Marx wollte er sich nicht mehr berufen, den Schritt zu Ricardo machte er aber auch nicht, denn Systeme waren ihm grundsätzlich gleichgültig.

Das Chinesische Modell, das von Deng auf den Weg gebracht wurde, orientiert sich meistens am Gegenteil von Ricardo. Die Theorie vom komparativen Vorteil, mit der die Engländer die Portugiesen dazu gebracht hatten, den köstlichsten Wein gegen billiges Tuch einzutauschen, wollte Deng nicht einleuchten. Es mag ja sein, dass es für eine Weile sinnvoll ist, Feldfrüchte gegen Industrieprodukte einzutauschen, aber dabei zu verharren wäre nicht sehr klug, denn es würde bedeuten, dass die Industrialisierung nur einigen wenigen Ländern vorbehalten bleibt. China folgte vielmehr der Argumentation von Alexander Hamilton, dem ersten Finanzminister der USA, der in seinem denkwürdigen Bericht an den Kongress aus dem Jahr 1791 sehr für den Übergang von der Landwirtschaft zur Industrie geworben hatte und sich nicht damit abfinden wollte, dass komparative Vorteile statisch verteilt sind. Man kann sich seine Vorteile auch erarbeiten, genauso wie man sie verlieren kann. Hamilton hatte argumentiert, dass Industriearbeit gefördert werden sollte, da sie nützliche Dinge wie Waffen und mechanische Apparate hervorbringt und produktiver ist als die Landwirtschaft. Sie kennt keine vom Tageslicht oder den Jahreszeiten verordneten Ruhepausen und durch den Einsatz von Maschinen können viele Arbeiten auch von Frauen und Kindern erledigt werden, die bislang allzu viel Freizeit hatten. Die Industriegesellschaft bringt daher größeren Wohlstand hervor und es wäre töricht, auf Dauer ein bloßer Exporteur von Weizen und Baumwolle zu bleiben. Die USA müssten sich bemühen, eine eigene Industrie aufzubauen, die mit der englischen mithalten könne, und der Staat müsse dabei eine aktive Rolle spielen und nicht nur tatenlos zusehen.

Der schlechte Zustand, in dem sich China Ende der 1970er Jahre befand, bestärkte Deng darin, bei der Wahl seiner ökonomischen Vorbilder nicht zimperlich zu sein und sich durch Hamiltons Werbung für Waffenproduktion und Kinderarbeit (was beides damals gut gemeint war) nicht abschrecken zu lassen. Seither ist China bemüht, aufzuholen. Der freie Handel, den Ricardo noch als Quelle allgemeinen Wohlstands gesehen hatte, ist in den Augen der chinesischen Planer eher ein Mittel der Unterdrückung, mit dem sich der Westen den durch einen historischen Zufall erlangten Vorteil auf immer zu sichern versucht. China will nicht dauerhaft als Werkbank der Industrienationen dienen und gewissermaßen Kellner bleiben, wo es doch das Zeug hat zum Restaurantbesitzer. Foxconn, die Firma, welche die iPhones, iPads, Kindles, Playstations, Wiis etc. in China zusammenbaut, hat eine Marge, die allenfalls ein Viertel so hoch ist wie die ihrer Auftraggeber. Wer sich die Produkte ausdenkt, wer sie vermarktet und verkauft, verdient das Geld. Wer sie zusammenschraubt, ist austauschbar. Mit dem größten Teil der Wertschöpfung bleibt auch der Wohlstand bei den Auftraggebern.

Um sich aus dieser Situation zu befreien, lässt China Ricardo und Marx gute Männer sein und geht folgendermaßen vor. Die leichteste Übung ist es, die Währung zu manipulieren. Man behauptet einfach, das Finanzsystem sei, wie das eines jeden Entwicklungslandes, instabil und daher müsse man die Zu- und Abflüsse des Geldes kontrollieren. Der angenehme Nebeneffekt ist die Möglichkeit, den Wechselkurs der eigenen Währung niedrig zu halten und dadurch im eigenen Land die Produktion billig und den Konsum ausländischer Produkte teuer zu machen. Wenn die heimischen Waren billig und beliebt sind, die ausländischen aber teuer, dann arbeiten die Menschen mehr und geben nicht so viel aus, befinden sich also in einem calvinistischen Paradies. Deutschland hatte das nach dem Zweiten Weltkrieg vorgemacht und war über eine in den 1950er Jahren besonders günstig zu habende D-Mark Exportweltmeister geworden. Wer am billigsten produziert, kann Faden für Faden ein Netz von Fabriken aufbauen und einen immer größeren Teil der Wertschöpfung ins Land holen. Das taten die Chinesen den Deutschen gleich, bis sie, wie diese einst auch, von den eigentlich geduldigen USA als Manipulatoren gebrandmarkt wurden und sich nicht mehr hinter der eigenen Rückständigkeit verstecken konnten. Dann ist es vorbei mit den einfachen Gewinnen und die Verhinderung des freien Handels wird schon etwas schwieriger.

Da nun schon viel Produktion und damit auch Fachwissen im Land ist, liegt es nahe, geistiges Eigentum zu stehlen, schließlich kann man nun etwas damit anfangen. China hat sich bei diesem Entwicklungsschritt ebenfalls an die USA und Deutschland angelehnt, die beide zu Anfang des 19. Jahrhunderts den Blick nach England warfen und gut darin waren, sich die besten Ideen zu merken. Wer nicht mehr nur billig produzieren kann und will, muss bessere Produkte haben, und dazu benötigt man Ideen, die man unmöglich alle selbst hervorbringen kann. Also gilt das Interesse den Marktführern, und so kommt es, dass die Modelle der jungen chinesischen Automobilfirmen bislang alle wie ein Volkswagen aussehen. Irgendwann durchschaut aber auch der gutmütigste Handelspartner das System und beschwert sich bei der Regierung, die sehr langsam, aber unter steter Beteuerung ihrer besten Absichten, der eigenen Industrie nahelegt, ihre Produkte stärker der heimischen Kultur anzupassen.

Parallel kommt das *Infant-Industry*-Argument zum Tragen, ein ebenfalls von Alexander Hamilton in Umlauf gebrachter und von dem württembergischen Ökonomen Friedrich List (1789–1846) theoretisch befestigter Begriff. Das sind Schutzzölle für junge Industrien, die der besonderen

Fürsorge des Staates bedürfen, da sie noch klein und schwach sind. Sie der grausamen Logik des Marktes auszusetzen, wäre kaltherzig und geradezu fortschrittsfeindlich, denn wie soll eine zarte Pflanze sich in einem Dschungel durchsetzen? Die Großen sorgen dafür, dass die Kleinen nicht hoch kommen, und wer der Evolution neuer Konzepte Raum geben möchte, muss ihnen Luft zum Atmen und Licht zum Leben verschaffen. So werden zum Schutz der Schwachen, was an sich ja schon schön klingt für die Ohren, Zölle errichtet, nicht etwa, um den Staat zu bereichern oder den Ausländern zu schaden, an so etwas mag offiziell niemand denken. Die Zölle bleiben lediglich bestehen, bis die chinesischen Unternehmen die Technologie- oder Kostenführerschaft erreicht haben. Das allerdings kann dauern, womit sich das Ausland machtlos abfindet und sich mit den Marktsegmenten bescheidet, die von der Regierung für einen echten Wettbewerb freigegeben werden.

Hier liegt aber das Problem. Es reicht nicht, die eigene Industrie, so lange sie verwundbar erscheint, mit Subventionen zu füttern und vor Wettbewerb zu bewahren. Sie wird dann satt und träge, lange bevor sie Bemerkenswertes geleistet hat, richtet sich in ihrer Hängematte ein und weiß sich vom Geflecht staatlichen Wohlwollens umfangen (so geschah es zuletzt auch der deutschen Solarindustrie, einem Lieblingskind der Politik). Daher klappt der Trick mit den Schutzzöllen allzu häufig auch nicht, wenn diese nämlich den Unternehmergeist vernebeln und die Hunde zum Jagen getragen werden müssen. Der Ausschluss des äußeren Wettbewerbs darf nicht dazu führen, dass überhaupt kein Wettbewerb mehr stattfindet. Wenn sich etwa ein Marktführer entwickelt, der groß genug ist, um die heimische Konkurrenz auszuschalten, aber zu träge, um international wettbewerbsfähig zu sein, sind die Subventionen verschenktes Geld. Der nationale Wettbewerb muss brutal sein.

In China werden die (halb)staatlichen Unternehmen vom Staat nach Kräften gefördert. Die Glasindustrie bekommt ihre Rohstoffe für ein Butterbrot, die Zulieferer der Automobilindustrie bekommen Stahl und Technologie für wenig mehr (insgesamt 28 Milliarden Dollar an Subventionen in den zehn Jahren nach 2001). Die Papierindustrie hat zwischen 2002 und 2009 Subventionen in Höhe von 33 Milliarden Dollar erhalten. Und so weiter. Diese freundliche Unterstützung erhalten nicht nur die alten Staatsunternehmen, sondern auch neu gegründete private Firmen wie Geely Automobile (Subvention 2011: 141 Mio. Dollar) oder China Yurun Food (84 Mio. Dollar). Alle großen Firmen bekommen billiges Geld von den staatlichen Banken, wo die Chinesen aufgrund der Kapitalverkehrskontrollen ihr Geld zu grotesk niedrigen Zinsen (weit unter der Inflationsrate) anzulegen gezwungen sind – so taucht diese Subvention nicht in den offiziellen Statistiken auf, sondern wird direkt von der Bevölkerung an die Unternehmen gegeben.

Was die Subventionen aus einem Unternehmen machen können, zeigt das Beispiel von Wuhan Iron & Steel, Chinas viertgrößtem Stahlkocher, der sich auf viele gute Freunde in Partei und Staat verlassen und immer wieder auf eine helfende Hand zählen kann, auch wenn die Firma eigentlich längst dem Kindesalter entwachsen ist. Ihr Geschäftsmodell hat sich unmerklich gewandelt, sie produziert zwar immer noch Stahl, hat aber festgestellt, dass sie sich die Mühe eigentlich auch sparen kann, wenn sie sich auf das konzentriert, was sie am besten beherrscht, auf das Einwerben von Subventionen. So kam Wuhan Iron & Steel kürzlich auf die Idee, 4,7 Milliarden Dollar in die Produktion von Schweinefleisch zu investieren. Eine Firma wie Wuhan ist extrem gut vernetzt und in der Landwirtschaft gibt es besonders viele staatliche Hilfen. Was liegt da näher als eine Diversifikation aufs Land? Das hat zwar alles nichts mit Effizienz oder Expertise zu tun, und es ist sicher nicht dazu angetan, den Wohlstand Chinas zu heben, aber für die Firma selbst und ihre Aktionäre ist es vernünftig. Das also hat der Staat davon, wenn er seine Firmen zu sehr verwöhnt.

Die Deutschen haben das nach dem Zweiten Weltkrieg übrigens besser gemacht. Die unzähligen Mittelständler standen untereinander in einem unbarmherzigen Wettbewerb, der die Unternehmen zu konstanter

Innovation von Technik und Produktionsprozess zwang. So hat sich eine Kultur des Kostenbewusstseins etabliert, die noch verstärkt wurde in der folgenden Phase der kontinuierlichen Aufwertung der D-Mark und die heute im globalen Wettbewerb ein enormer Vorteil ist. In China macht sich das Management oft zu viele Gedanken über die Möglichkeiten, an noch größere Subventionstöpfe heranzukommen, während in Deutschland das Produkt im Vordergrund steht und die staatliche Hilfe in der Regel nur das Sahnehäubchen ist. So gewöhnen sich viele Firmen an ihre Subventionen und Schutzzölle, und in der Regierung beherzigt niemand die Lehre aus dem *Kirschgarten*, wie elend schwer es ist, sich von Privilegien wieder zu verabschieden.

Was die Chinesen wohl besser machen als die Deutschen, ist ihr Umgang mit den Löhnen, die teilweise kräftig erhöht werden, bevor das Land wirklich in der ersten Liga angekommen ist. Westdeutschland konnte nach dem Krieg die Löhne niedrig halten, da vor dem Bau der Mauer ein stetiger Strom von Zuwanderern aus dem Osten dafür sorgte, dass es immer genügend Arbeitslose gab. Es folgte damit der aus Smith und Ricardo herausgelesenen Lehre, wonach niedrige Löhne gut für das Wirtschaftswachstum sind und die internationale Wettbewerbsfähigkeit stärken. Ähnlich wie die USA im 19. Jahrhundert verzichtet China aber schon seit einigen Jahren auf die Aktivierung von immer neuen ungelernten Arbeitern aus den unzivilisierten westlichen Provinzen um der billigen Produktion willen. Lohnsteigerungen von 25 %, wie im Jahr 2012 bei Foxconn, gelten nicht als Ende der Wettbewerbsfähigkeit. Vielmehr sieht China diese Entwicklung positiv, als Zwang für die Industrie, die Wettbewerbsfähigkeit durch Innovation zu steigern, und als Mittel, den heimischen Konsum zu fördern, ohne den die Wirtschaft mittelfristig nicht weiter wachsen kann. Das Land versucht, das Wachstum der Nachfrage zwischen Konsum und Investitionen auszubalancieren, was nicht nur vernünftig klingt, sondern, angesichts der Größe Chinas und der Zahl seiner Einwohner, auch unvermeidlich ist. Der Übergang zu einer weniger exportlastigen und mehr auf heimischem Konsum basierenden Wirtschaft wird aber, das sei hier geraunt, nicht einfach werden.

Mit diesen Mitteln, die sämtlich Ricardos Lehre von Freihandel und Hungerlohn widersprechen, versucht China also, seine Wirtschaft umzubauen, weg von der Landwirtschaft und hin zur viel produktiveren Industrie, um die materiellen Grundfesten des Landes auf ein anständiges Niveau zu heben. Das ist nur natürlich, denn die Geschichte hat es nicht gut gemeint mit den Versuchen, durch bedingungslose Offenheit der Märkte zu Wohlstand zu kommen. Solches ist nur Handelsstädten wie Singapur oder Hong Kong gelungen.

Das Schauspiel, welches die Eurozone in den vergangenen Jahren geboten hat, mag die Chinesen in der Wahl ihres Wachstumsmodells bestärkt haben. Dort herrscht völliger Freihandel, oder jedenfalls etwas sehr Ähnliches. Die Lateineuropäer mögen mit dem größten Enthusiasmus beigetreten sein, geblendet vom Versprechen wirtschaftlicher Respektabilität und niedriger Zinsen, aber es war wohl nur ein Wahn, der ein schönes Jahrzehnt dauerte, um dann in Streit und Misstrauen zu münden. Sie sind Opfer dessen geworden, was wir den Ricardischen Trick nennen wollen: Sie haben das Argument gekauft, wonach man zur Steigerung des Wohlstands einfach nur die Grenzen öffnen müsse und alles weitere finde sich von selbst. Die Deutschen – hier stellvertretend genannt für die nördliche Mitte Europas von Wien bis Helsinki – bemerkten erst, wie groß ihr Vorteil durch die Währungsunion war, als es für die anderen bereits zu spät war. Was passiert in einer Freihandelszone mit Währungsunion? Die Industrie siedelt sich dort an, wo sie einen komparativen Vorteil hat. Das ist dort, wo es gut ausgebildete Arbeiter, mäßige Löhne, eine gute Infrastruktur, Rechtssicherheit und ein Netz von Zulieferern gibt. Niemand käme auf die Idee, eine Chemie- oder Autofabrik in Griechenland oder Portugal oder Süditalien zu etablieren, wenn er sie auch in Baden-Württemberg bauen kann. Die einzigen Trümpfe, welche den weniger entwickelten Ländern zur Verfügung stehen – Schutzzölle, Subventionen, Abwertung der

Währung –, sind in der Eurozone aus dem Spiel (und werden von den Chinesen umso mehr geschätzt). So ist in Deutschland die Produktivität hoch, denn dort wird industriell gefertigt, während in Lateineuropa der Wohlstand allenfalls als Illusion, auf Pump, für eine kurze Weile erscheint. Der komparative Vorteil wird zementiert, die Lateineuropäer werden allenfalls durch radikale Innovationen oder erhebliche Transferleistungen mit den Deutschen konkurrieren können. Beides ist aber unwahrscheinlich.

Die Chinesen sind nicht auf den Ricardischen Trick hereingefallen. Sie haben sich gegen die klassische Lehre entschieden und mehr der historischen Erfahrung vertraut. Bislang sind sie damit gut gefahren, aber auch ihr unkonventionelles Wachstumsmodell stößt an seine Grenzen. Wenn sie nicht bald einen permanent aufnahmefähigen Exportmarkt finden, gewissermaßen ein Äquivalent zu den Lateineuropäern (was aber angesichts der Beliebtheit der Chinesen bei ihren Nachbarn und den schlechten Erfahrungen in Europa unwahrscheinlich ist), so müssen sie sich darauf einstellen, in dem Teil der Wirtschaft, der Investitionsgüter produziert, demnächst herbe Verluste hinzunehmen. Würde das Wachstum von 10 % auf 6 % pro Jahr fallen (was nicht eben unwahrscheinlich ist), dann müssten die Investitionen von 50 % der Wirtschaftsleistung auf 30 % fallen. Dann fehlen aber irgendwo 20 % der Wirtschaftsleistung, die sich nicht einfach aus dem Nichts ersetzen lassen. Das ganze System fördert derzeit Investitionen, die Banken geben Kredite, die Partei und der Staat geben Land, Subventionen und Schutz vor Konkurrenz. Aber es lohnt sich immer weniger, die heute investierten Dollars bringen deutlich weniger Ertrag als noch vor zehn Jahren.

Vielleicht hat China aber bald auch ganz andere Probleme. Die finanziellen Umstände haben dort eine Form angenommen, die sich nicht lange wird durchhalten lassen. Das reichste Prozent der Bevölkerung kontrolliert ein Vermögen von etwa 2.000 Milliarden Dollar, das entspricht etwa zwei Drittel der gewaltigen Währungsreserven. Die Bodenpreise sind kolossal gestiegen, in den Städten von 1.000 Renminbi im Jahr 2002 auf

3.130 Renminbi zehn Jahre später (im Durchschnitt für das ganze Land). Bauland für Wohnungen kostet an Chinas boomender Ostküste heute teilweise doppelt so viel wie in London und hat sich über die letzten fünf Jahre im Preis etwa vervierfacht. Viel wird in China heute über Immobilienpreise finanziert, durch Beleihung dieser extravaganten Werte. Der ferne Beobachter wäre nicht überrascht, wenn auch diese Blase in einem Krach endete.

Beim Staunen über das Wunder des Chinesischen Wachstumsmodells behalten wir also im Hinterkopf, dass es in der Geschichte schon viele Wirtschaftswunder gab, aus denen am Ende nichts geworden ist. Die Begünstigung der Großkonzerne, die Privilegien der Parteigenossen und die kümmerliche Entwicklung fairer Institutionen hinterlassen beim fernen Beobachter jedenfalls ein gewisses Misstrauen, nicht weniger groß als dasjenige der Kommunistischen Partei Chinas gegenüber Ricardo und Marx.

Die Moderne beginnt, als der auf die Welt gerichtete Blick
»dieses Chaos und diese ungeheure Verwirrung« (Pascal)
gewahrt, ohne sonderlich darüber zu erschrecken.
ROBERTO CALASSO, DER UNTERGANG VON KASCH

ROUSSEAU UND DER ERSTE ÄRGER

Adam Smith beschreibt das (heute auch im fernen China favorisierte) kleinbürgerliche Idyll eines wohlgeordneten Gemeinwesens, mit wie von unsichtbarer Hand regulierten Märkten und fleißigen Bürgern, denen niemand sagen muss, was ihre Aufgabe ist, und deren Doppelfunktion als rechtschaffene Hausväter und unterschätzte Händler am Ende doch nichts Geringeres leistet, als das Gemeinwesen zusammenzuhalten, wenn nicht gar zu harmonisieren und damit in vielfacher Hinsicht zu bereichern. Der wurmstichige Adel und die starren Moralisten altrömischer oder altchristlicher Schule mögen das Gute, welches vom Gewinnmotiv ausgeht, nicht begreifen und auf abstrakten, nicht für die Welt geschaffenen Tugenden beharren. Wer aber mit offenen Augen durch die Welt geht, sieht, wie weit der Segen der wirtschaftlichen Gesinnungs- und Denkungsweise über die bloße Bereitstellung irdischer Güter hinaus geht. So sah es der schottische Philosoph, aber der Widerstand gegen seine Sichtweise begann schon lange vor dem Schicksalsjahr 1776, als der *Wohlstand der Nationen* veröffentlicht wurde und die vielen kleinen nordamerikanischen Jamestowns sich in die USA verwandelten.

Die ungetrübte Freude am steigenden Einkommen, am Haben, an der ständigen Selbsterweiterung mit den Mitteln eines Krämers konnte auch deprimierend wirken, insbesondere wenn man inmitten dieser Welt aufwuchs. Von Erfahrungen aus erster Hand war in diesem Zusammenhang

Jean-Jacques Rousseau geprägt, ein Zeitgenosse von Smith und Feind von Voltaire. Er wuchs in Genf auf, wo das Leben nicht nur auf Gott, sondern auch auf Eigentum und Effizienz, auf Geld und Arbeit ausgerichtet war. Rousseau hegte schon früh Zweifel, ob diese Dinge tatsächlich ihn oder die Gesellschaft weiterbrachten.

Mit 16 Jahren brach er seine Uhrmacherlehre ab und entfloh der calvinistischen Enge. Das kleinbürgerliche Handwerkeridyll empfand er als Freiheitsberaubung und als Entwürdigung. Seine erste Station auf der nun folgenden, fast lebenslangen Wanderschaft war das Haus der für ihre Schönheit berühmten Louise de Warens, die sich die Bekehrung von Calvinisten zum Katholizismus zur Lebensaufgabe gemacht hatte und den offensichtlich sensiblen und schutzbedürftigen Rousseau mit weichen, offenen Armen aufnahm. Dieser verliebte sich auf den ersten Blick in seine 13 Jahre ältere Gastgeberin und durfte sie bald zärtlich »Maman« nennen. Rousseau ließ sich schnell überzeugen, wurde katholisch und dehnte seinen Aufenthalt, mit einigen Unterbrechungen, auf fast zehn Jahre aus. Madame de Warens sorgte für eine ordentliche Erziehung und Ausbildung zum Musiker und Komponisten und machte ihn schließlich, als seine Geschlechtsreife außer Zweifel stand, auch zu ihrem Geliebten. Er verlebte einige sorglose Jahre an der Seite von *Maman*. Von ihr lernte er die Manieren der Oberschicht, die später nützlich waren für seine Versuche, sich als Schriftsteller in Paris zu etablieren. Er genoss die Wälder und Felder, das einfache Leben in der Natur und eine sorglose Existenz. Als er 1737/38 für einige Monate verreiste, zerbrach das Glück aber, denn *Maman* langweilte sich und nahm einen neuen Geliebten, ihren Sekretär mit dem schönen Namen Jean-Samuel-Rodolphe Wintzenried. Sie versuchten es noch eine Weile zu dritt, aber es lief nicht mehr so wie früher und Rousseau verabschiedete sich bald endgültig, zuerst von Madame de Warens, später auch vom Katholizismus.

Er schlug sich als Hauslehrer, Musiker und schließlich als Sekretär an der französischen Gesandtschaft in Venedig durch. Nirgendwo fasste er wirklich Fuß, was sicher mit seinem aufbrausenden Charakter, seinem Hang zu Grundsatzdebatten und seiner Humorlosigkeit zu tun hatte. Im Jahr 1745 war er dem Durchbruch in die musikalische Elite nahe, als er ein vor dem König aufzuführendes Singspiel von Voltaire und Rameau umarbeitete. Er musste aber feststellen, dass sein Name nicht im Programmheft auftauchte, bekam daraufhin einen Nervenzusammenbruch und war von nun an der Überzeugung, dass Theaterleute eine intrigante und hinterhältige Bande waren.

Durch diese Krise pflegte ihn Thérèse Levasseur, eine neun Jahre jüngere Frau aus einfachen Verhältnissen, die weder lesen noch schreiben noch rechnen konnte, dafür aber anmutig in ihrer Erscheinung und ihrem Wesen war. Die beiden wurden ein Paar und bekamen nach und nach fünf Kinder, die Rousseau aber ins Waisenhaus gab, da er sich durch ihren Lärm in seinem Schaffen gestört fühlte. Thérèse teilte mit bewundernswertem Langmut das Wanderleben, die fast permanente finanzielle Not und den sehr unsteten Geist eines Mannes, der sich erst nach 23 Jahren wilder Ehe zum Bund fürs Leben durchringen konnte. Ihr Analphabetismus kann im Nachhinein nur als großer Segen bezeichnet werden, denn Rousseau begann im Jahr 1776 sein letztes großes Werk, die *Träumereien eines einsamen Spaziergängers*, mit dem hoffentlich nicht persönlich gemeinten Satz: »So bin ich nun allein auf dieser Welt, habe keinen Bruder mehr, keinen Nächsten, keinen Freund, keine Gesellschaft außer mir selber.«

Rousseau lebte im Wesentlichen vom Kopieren von Noten. Er arbeitete präzise und mit sicherer Hand und hatte fast immer Aufträge, wenn er sie brauchte. Darüber hinaus hielt ihn für eine Weile eine Erbschaft von seinem Vater über Wasser, sowie gelegentliche Zuwendungen von wohlhabenden Gönnern. Er hätte gerne mit seinen Kompositionen Geld verdient, aber als er einmal Erfolg hatte mit der (auch heute noch gelegentlich aufgeführten) Oper *Le Devin du Village* und sich die Aussicht auf eine königliche Pension ergab, weigerte er sich, zur obligatorischen Audienz bei Ludwig XV. zu erscheinen. So wurde es nichts mit dem Leben in finanzieller Sicherheit.

Von seinen Büchern konnte Rousseau ebenfalls nicht leben, denn zu jener Zeit erschien alles, was sich verkaufen ließ, in Windeseile auch als Raubdruck, und die Autoren gingen leer aus. Die einzige Möglichkeit waren die Subskriptionsbände für die höhere Gesellschaft, mit der sich Rousseau dann aber hätte gut stellen müssen. Da er aber nun mal neben den Theaterleuten und dem König auch den Adel, das Bürgertum und die Intellektuellen verachtete und ihm die gesellschaftliche Geschmeidigkeit eines Voltaire völlig abging, blieben auch diese Zielgruppen außer Reichweite.

Das Elend und die Unsicherheit, die Rousseaus Leben prägten, waren genau das, was Voltaire nach der Demütigung durch Rohan nie wieder erleben wollte. Daher hielt dieser seinen jüngeren Kollegen für ein geistvolles, aber armes Schwein. Umgekehrt kam die Verachtung ebenfalls von Herzen, denn Rousseau lehnte die Welt, in der Voltaire und die Aufklärung blühten, grundsätzlich ab. Seine Kritik an der Aufklärung formulierte er erstmals zusammenhängend in einer Antwort auf die Preisfrage der Akademie von Dijon, *Hat der Fortschritt der Wissenschaften und Künste zum Verderb oder zur Veredelung der Sitten beigetragen?* In seiner Abhandlung sprudelte die ganze Wut in Form einer Kulturkritik aus Rousseau heraus, worin er die Aufklärung, welche Voltaire für fortschrittlich, wissenschaftlich, vernünftig und gut hielt, für nichts weiter als ein Herrschaftsinstrument erklärte. Die Aufklärung mochte den Aberglauben der Kirche untergraben oder sogar abschaffen, aber am Ende diente sie doch nur dazu, die Macht einer verfeinerten und letztlich dekadenten Elite zu rechtfertigen. Die Aufklärer beriefen sich auf die Vernunft und wollten doch nur den Vorrang einer literarisch und wissenschaftlich gebildeten und finanziell gut situierten Clique zementieren.

Dem stellte Rousseau die Freuden des einfachen naturverbundenen Lebens gegenüber, in dem es keinen Ehrgeiz, keine Falschheit und keinen Hof von Versailles gab. Die guten Gefühle unverdorbener und von der

Zivilisation unbefleckter Menschen prägten das Zusammenleben in dörflichen Gemeinschaften, es gab keinen Stolz, keine Habgier, keine Unterdrückung. Der Mensch war in Rousseaus Augen von Natur aus gut und wurde erst durch die Zivilisation verdorben. Das formulierte er mit einer Kraft und Sicherheit, als wäre er im Urzustand dabei gewesen. In dieser Phase lebte der Mensch in einer Balance von Selbsterhaltungstrieb und Mitleid. Gleich einem Tier konnte er weder moralisch noch unmoralisch genannt werden. Wirklich gut ging es dem Menschen nur in der Endphase des Naturzustandes, als er schon in Gesellschaft lebte, aber weder Privateigentum noch Arbeitsteilung kannte und die ursprünglichen Tugenden noch lebendig waren. »Obgleich die Menschen nun weniger widerstandsfähig waren und das natürliche Mitleid bereits einige Veränderungen erlitten hatte, muss dieses Stadium der Entwicklung der menschlichen Fähigkeiten, indem es die richtige Mitte zwischen der Trägheit des ursprünglichen Zustandes und der ungestümen Aktivität unserer Eigenliebe hielt, wohl die glücklichste und dauerhafteste Epoche gewesen sein.«

Mit der süßen Trägheit war es aber bald vorbei, denn es machten sich Gewinnstreben, Arbeitsteilung und Privateigentum breit, die sich als wahre Geißeln der Menschheit herausstellten: »Solange sich die Menschen mit ihren einfachen Hütten begnügten, solange sie sich darauf beschränkten, ihre Kleider mit Dornen oder Gräten aus Tierhäuten zu nähen, ... mit einem Wort: solange sie sich nur Arbeiten zuwandten, die jeder allein ausführen konnte, und nur solchen handwerklichen Künsten, die nicht das Zusammenwirken mehrerer Hände nötig machten, lebten sie so frei, gesund, gut und glücklich, wie sie es ihrer Natur nach sein konnten, und genossen untereinander weiterhin die Wonnen eines unabhängigen Umgangs miteinander. Aber von dem Augenblick an, da ein Mensch die Hilfe eines anderen benötigte, und sobald man gewahr wurde, dass es einem Einzelnen nützlich ist, Vorräte für zwei zu haben, verschwand die Gleichheit, das Eigentum kam auf, die Arbeit wurde zur Notwendigkeit, und die ausgedehnten Wälder verwandelten sich in anmutige Felder, die mit dem Schweiß der Menschen begossen werden mussten und auf denen man bald die Sklaverei und das Elend keimen und wachsen sah.« Dem Stärkeren, Erfindungsreicheren und Geschickteren gelang es, mehr Land, mehr Eisen, mehr Eigentum aufzuhäufen als anderen, »und obwohl beide gleichviel arbeiteten, verdiente der eine viel, während der andere kaum genug hatte, um davon zu leben. Auf diese Weise entfaltet sich die natürliche Ungleichheit...« Eigentum, das ursprünglich nur aus der Arbeitskraft hervorging und durch sie begründet wurde, verlor seinen Boden in der Realität und wuchs über seine natürlichen Grenzen hinaus. Das Band zwischen Arbeit und Wohlstand wurde zerschnitten, von Paradies keine Spur.

Die logische Konsequenz des Entstehens von Eigentum war der Krieg aller gegen alle, in welchem jeder zu greifen versucht, was er kriegen kann. Den Besitzenden konnte dieser allgemeine Kriegszustand nicht recht sein, denn sie hatten etwas zu verlieren. Daher erfanden sie das Recht, die Gerichte und die Anwälte, als finalen Ausdruck einer kranken Zivilisation, um den Besitzenden ihre Eigentumsrechte zu sichern. In diesem gewaltsam befriedeten Zustand waren List, Betrug und Prunksucht die einzigen Mittel, sich Respekt in einer hartherzig gewordenen Gesellschaft zu verschaffen. Das Leben wurde nun von Konkurrenz beherrscht, vom Gegensatz der Interessen und der »Begierde, seinen Gewinn auf Kosten anderer zu realisieren. Alle diese Übel sind die erste Wirkung des Eigentums und das unabtrennbare Gefolge der entstehenden Ungleichheit.« Und da die Erde irgendwann verteilt war, konnte der Reichtum nur noch auf Kosten der anderen wachsen. Nach innen wurde dieser Verteilungskampf durch das Recht ausgefochten, nach außen schicken die Staaten ihre Soldaten.

Voltaire fand Rousseaus Schriften putzig und albern und wäre nie auf die Idee gekommen, sich ernsthaft damit auseinanderzusetzen. Rousseau schickte sie ihm zu und Voltaire dankte es mit einem sofort öffentlich gemachten Brief: »Ich habe, Monsieur, Ihr neues Buch gegen das Menschengeschlecht erhalten und danke Ihnen dafür ... Nie hat man so viel

Geist aufgeboten, um uns zu dummen Eseln zu machen. Man bekommt Lust, auf allen vieren zu gehen, wenn man Ihr Werk liest. Da ich jedoch seit mehr als sechzig Jahren diese Gewohnheit aufgegeben habe, fühle ich unglücklicherweise, dass es mir unmöglich ist, sie wieder aufzunehmen.« Für Voltaire, der sich mit Eigentum und Arbeitsteilung sehr wohl fühlte, spiegelten Rousseaus Ansichten dessen finanzielle Erfolglosigkeit. Tugend, Enthaltsamkeit und Besitzlosigkeit predigten sich umso besser, je ärmer man war. Dass Kleinbürger und Proletarier den Besitz gerne anders aufgeteilt sähen, war kein Wunder, sie neideten den Glücklichen und Erfolgreichen, was sie selbst nie geschafft haben. Leute wie Rousseau haben Luxus und Überfluss nie selbst erfahren – anders als durch diesen Mangel konnte sich Voltaire die Ablehnung dessen, was den Menschen erst zum Menschen machte, nicht erklären. Wozu die Sehnsucht nach dem primitiven Leben, wenn es auch anders ging? Voltaire konnte bei Rousseau nur kleinbürgerlichen Mief entdecken.

Es war, als lebten die beiden nicht in derselben Welt. Voltaire verkörperte den neuerlich selbstbewussten Großbürger, der sich selbst in der Welt die Hauptrolle zudachte. Jean-Jacques Rousseau drängte sich der weitergehende Gedanke auf, dass es vielleicht sogar auch ohne Leute wie Voltaire ging, den er wegen seines Stils bewunderte, der aber in seinen Augen einen fiesen Charakter hatte.

Für Rousseau bestand Wohlstand nicht im Reichtum, im Ansammeln von Gold, Land und Ämtern, sondern in einem harmonischen Zusammenleben in und mit der Natur. Wohlstand zeichnete sich gerade dadurch aus, dass man sich nicht um Eigentum und Besitz kümmern musste, dass man frei war vom ewigen Nachdenken über das Haben von Gegenständen. Was half der Besitz der vielen Dinge, wenn darüber die Seele verloren ging? Das von Adam Smith vorgestellte Krämeridyll, in dem stetig fleißig mehr produziert und besessen wurde, wo sich jeder in erster Linie darum sorgte, seinen Besitz zu vergrößern, war für Rousseau das Ende des Wohlstands als des irdischen, greifbaren Glücks. Die fleißigen Genfer Bürger, unter denen er aufgewachsen war, konnten zwar auf großen Besitz verweisen, aber ging es ihnen darum gut? War das eine Welt, in der ein frei denkender Mensch leben wollen konnte? War das Wohlstand?

Gelöst wurde dieser Konflikt zwischen Voltaire und Rousseau, zwischen den Gewinnern und Verlierern der bürgerlichen Revolution, bis heute nicht. Die Französische Revolution ging dialektisch mit ihren Vordenkern um, huldigte beiden, als hätte es allenfalls in den nebensächlichsten Punkten Meinungsverschiedenheiten gegeben, schwelgte im Jetzt und hatte bald auch allzu praktische Probleme an der Hand, um sich mit theoretischen Differenzen über die Natur des Menschen zu beschäftigen. So gingen, nach dem ersten Rausch, beide in den Stürmen der Revolution unter, aber nicht verloren, denn sie tauchten auf der anderen Seite der Unordnung wieder auf, jeder an seiner angestammten Stelle, Voltaire als Stimme der Bürger, Rousseau als zorniges Sprachrohr der Entrechteten.

Voltaire war als Erster wieder in Mode: In Frankreich unterlag in der Julirevolution von 1830 der Absolutismus dem Liberalismus, und die Großbürger triumphierten über die Reinkarnation des alten Regimes, in das die Regierung Karls X. sich nach und nach zurückverwandelt hatte. Dieser wurde durch Louis-Philippe, den Bürgerkönig ersetzt. Louis-Philippe war zwar nominell ebenfalls ein Bourbone, hatte sich als junger Mann aber früh der Revolution angeschlossen und stand bei der Kanonade von Valmy auf der Seite der Revolution. Nun war er, zumindest in den ersten Jahren seiner Regentschaft, ein König nach dem Geschmack der Großbürger.

Wirtschaftlich ließ Louis-Philippe der Bourgeoisie unter den Motti *Laissez-faire* und *Enrichez-vous* Raum für das, was sie am besten konnte und am liebsten tat. Sie machte nur etwa 20 % der Bevölkerung aus, aber da das Wahlrecht und das Recht, Waffen in der Nationalgarde zu tragen, an den Besitz gekoppelt war, waren die Verhältnisse von Anfang an geklärt. Tatsächlich gelang es den besitzenden Klassen, worunter auch die Überreste des alten Adels zählten, sich den Staat zum eigenen Vorteil zu stricken. Bankiers und Industrielle gaben den Ton an, und Freiheit bedeutete die Freiheit des Handels und des Geldes. Der Staat sollte sich von den Belangen der Bürger fern halten, die am besten selbst über ihr Schicksal bestimmten. Passend zu diesem geistigen Klima hatte sich in Frankreich um Frédéric Bastiat (1801–1850) eine liberale Schule von Ökonomen gebildet, die sehr erfolgreich die Lehren von Smith und Ricardo propagierte und weiter entwickelte. In all dem Freiheitsrausch ging aber unter, was die große Mehrheit der Bevölkerung anging: Geld ist geprägte Freiheit, und die Masse der Bevölkerung war blank. In diesem Sinne konnte und musste sie sich um die in der Revolution erkämpfte Freiheit betrogen fühlen.

Reichtum ließ sich am besten in Paris genießen, das in den 1830er Jahren viel zu bieten hatte. Louis-Philippe ließ, wie erhofft, sein Volk weitgehend in Ruhe, jeder konnte nach seiner Façon selig werden. Die Bürger gingen ihren Unternehmungen nach und die Intellektuellen konnten ihre Meinung äußern wie sie wollten. Da Auf- und Abstieg an das Vermögen gekoppelt und nichts unter dem Bürgerkönig so instabil war wie die wirtschaftlichen Verhältnisse, wurde die Gesellschaft zu einem Karussell. Vermögen entstanden und vergingen über Nacht. Finanziers und Schwerindustrielle sorgten dafür, dass der Staat nicht störend wirkte auf das freie Spiel der Kräfte. Es war eine Zeit, wie geschaffen für einen Roman, in der abenteuerlustige Gestalten plötzlich Einfluss gewannen und ebenso schnell wieder verschwanden, in der Korruption und Spekulation allzu oft im selben Garten blühten. Gewissensbisse leistete sich niemand, weder gegenüber dem hungernden Proletariat noch gegenüber der Gesellschaft. Es war ein Dschungel, in dem sich nicht eben die Netten zurechtfanden. Das Paris der 1830er Jahre war damit weit weg vom Bürgerstolz des 18. Jahrhunderts und der Napoleonischen Ära, als man durch Fleiß, Arbeit, Leistung und Tugend zum Bürger wurde und sich dadurch wohltuend vom Adel abhob, dem das alles nichts sagte und der sich lange Fingernägel wachsen ließ. Die guten Bürger waren innerlich Philister geworden, die nichts so sehr bewegte wie ihr Kontostand, ganz so, als wollten sie Rousseaus schlimmste Phantasien mit Leben füllen. Der soziale Rang, Wert und Nutzen (ganz wichtig im bourgeoisen Denken) eines Menschen bemaß sich nun nicht mehr nach der Herkunft, sondern nach dem Vermögen.

Im *Vater Goriot* beschreibt Balzac, wie der traurige Titelheld von seinen Töchtern nach und nach um sein beträchtliches Vermögen gebracht wird, damit sie in einer Gesellschaft glänzen können, vor der sie den Vater verbergen, weil man ihm die einfache Herkunft ansieht. Mit seinem Geld finanzieren sie die Spielsucht ihrer Liebhaber und die Verlustgeschäfte ihrer Ehemänner. Betrüger sind die einen wie die anderen. Am Ende schaffen sie es nicht einmal, bei ihm zu sein, als er stirbt. Goriot gibt immer bereitwillig, hängt nicht am Geld, ist bescheiden und will nur das Glück seiner Kinder. Aber er stößt nicht auf Gegenliebe und erntet nur Undank. Zu spät erkennt er den Mechanismus, nach dem auch seine Töchter ticken: »Geld heißt Leben, Geld macht alles.« Und Rastignac, der im Herzen anständige junge Mann, der sich zuletzt um Vater Goriot gekümmert hat und das ganze Elend und die Gleichgültigkeit und die Geldgier der Pariser Gesellschaft miterlebt hat, auch er kann sich am Ende nicht dem Honig dieses Tag und Nacht summenden Bienenstocks entziehen und versucht eben dort sein Glück – und man ahnt, dass auch er seine Unschuld bald verlieren wird.

Paris war in den dreißiger und vierziger Jahren des 19. Jahrhunderts aber nicht nur etwas unappetitlich und frivol, sondern auch frei und vital wie nie zuvor. Die Bürger legten Wert auf gute Informationen, und so herrschte weitgehende Presse- und Redefreiheit. Um diese Zeit gab es neben Frankreich nur noch zwei nennenswerte Länder mit einigermaßen freiheitlicher Verfassung: England und die Schweiz. Da es dort aber kalt und langweilig war und die einheimische Bevölkerung sich keinen Deut für Exilanten interessierte, sammelten sich alle spannenden Köpfe dieser Zeit in Paris. So zog die Stadt nicht nur die finanziellen, sondern auch die politischen Glücksritter und Revolutionäre an. Sie flohen vor den reaktionären Regierungen im Rest Europas, insbesondere aus dem von humorlosen Junkern dominierten Preußen, aus dem unter Nikolaus I. unerträglich gewordenen Russland, aus dem geteilten Polen, aus dem habsburgischen Ungarn und den italienischen Operettenstaaten. Exilanten wie Heinrich Heine, Karl Marx, Mazzini, Iwan Turgenjew, Alexander Herzen oder Michail Bakunin mussten nur in den richtigen Kaffeehäusern oder literarischen Zirkeln sitzen und lernten Honoré de Balzac, Victor Hugo, George Sand und Pierre-Joseph Proudhon kennen. Paris wurde zum Magneten für die Künstler und Denker Europas, die vor der Konformität ihrer Heimatländer flohen und ein gemeinsames Thema fanden in der Ablehnung von Unterdrückung, Tyrannei und Privilegien, die einig waren gegen Kirche, Spießbürger und den neuen Geldadel. Es wurden Pamphlete und Manifeste verfasst, in den Salons und Brasserien Tag und Nacht diskutiert, es wurde gestritten, geflucht und am Ende wurde Brüderschaft getrunken. Immer neue Verbannte brachten immer neue Ideen und sorgten dafür, dass das geistige Leben nicht erstarrte. Es war eine enthusiastische Zeit, in der kein Gedanke zu utopisch war, um nicht ernst genommen und diskutiert zu werden. Das war der geistige Nährboden, auf dem der Sozialismus entstand.

Die Saat ging aber überraschend langsam auf. Der Sozialismus musste bei seiner Entstehung erst die Lehren von Smith und, etwas später, Ricardo verdauen. Der Erste, der nach der Revolution in Frankreich eine eigene zusammenhängende ökonomische Lehre entwickelte, war Henri de Saint-Simon (1760–1825). Dieser ging mit 17 Jahren als Freiwilliger nach Amerika, um dort mit Lafayette für die Unabhängigkeit zu kämpfen. Zurück in Frankreich schloss er sich der Revolution an, durch die er sein Vermögen verlor, ohne dass er darum nachtragend gewesen wäre. Er schlug sich mehr schlecht als recht erst als Unternehmer und dann als Intellektueller durch, wobei er wesentliche finanzielle Unterstützung von einem reich gewordenen ehemaligen Diener erhielt. Zwanzig Jahre gärte es in ihm, bis er schließlich, in Zusammenarbeit mit seinem Sekretär Auguste Comte, zwischen 1820 und 1825 eine Reihe von Büchern veröffentlichte, die gleichermaßen sozialrevolutionär wie utopisch waren. Danach sind nur Arbeiter und Dienstleister wertvolle Mitglieder der Gesellschaft. Dass Adel, Klerus und Militär ihrem Wesen nach parasitär sind, wusste schon die Revolution. Neu bei Saint-Simon war die Erkenntnis, dass auch die Rentiers, die von einem wie auch immer erworbenen Vermögen lebten, ohne zu arbeiten, nicht besser waren. Unternehmer und Finanziers hatten in dieser Weltsicht durchaus ihren Platz, wenn sie fleißig waren und etwas aufbauten. Ihre Erben hingegen waren überflüssig, solange sie nicht anständig arbeiteten. Darüber hinaus nahm Saint-Simon die Kirche mit ins revolutionäre Boot, indem er feststellte, Umverteilung von Vermögen sei die Pflicht eines jeden Christenmenschen.

Saint-Simon ordnet die Welt in historischen Kategorien. Er ist kein Ökonom im engeren Sinne, und sein Interesse gilt der Ordnung und Entstehung der bürgerlichen Gesellschaft. Er vertritt die Auffassung, die Geschichte sei eine Abfolge von Kämpfen zwischen verschiedenen wirtschaftlichen Klassen, zwischen denen, die mit Gütern gesegnet sind, und denen, die sie sich erst noch erstreiten müssen und aus der Abhängigkeit gegenüber der besitzenden Klasse entkommen wollen. Die Menschen, Herren wie Knechte, sind unfähig zu einer vernünftigen Verteilung des Wohlstandes im allseitigen Interesse. Insbesondere die besitzenden Klassen sind am Ende immer nur auf ihren eigenen Vorteil aus und nutzen ihr Eigentum nicht auf eine vernünftige Weise, welche der Gesellschaft allgemeinen Wohlstand bringt. Nach Saint-Simon sind die neuen Herren in der Regel nicht besser als die alten, denn sie lassen sich korrumpieren durch ihren neu gewonnenen Zugriff auf Land und Leute, und am Ende sind sie kaum noch von der Klasse zu unterscheiden, die sie vom Thron gestoßen haben. In der modernen Gesellschaft gibt es aber Hoffnung, denn es treten fleißige und gut ausgebildete Fachleute an die Spitze: Bankiers, Ingenieure, Verwaltungsfachleute. Unter ihnen entsteht eine neue Gesellschaft, in der für parasitäre Existenzen wie Soldaten und Rentiers kein Platz mehr ist.

Ebenfalls großen Einfluss auf die Frühsozialisten hat der Genfer Pastorensohn und Nationalökonom Jean-Charles-Léonard Sismondi (1773–1842), der früh sieht, dass mit der Industriellen Revolution das Zeitalter des Warenmangels zu Ende geht. Wie Malthus hält er es sogar für möglich, dass aufgrund des technologischen Fortschritts mehr produziert wird als konsumiert werden kann – was die zu seiner Zeit um sich greifende Arbeitslosigkeit erklären würde. Während in der Vergangenheit der Mangel der Grund für die Klassenkämpfe war, verschiebt sich nach Sismondi der Konflikt nun auf eine andere Ebene. Um die produzierte Warenmenge überhaupt verkaufen zu können, muss sie möglichst günstig sein. Die Kämpfe zwischen den Kapitalistengruppen um den größten Marktanteil und das billigste Produkt führen, wenn die Verlierer schließlich Pleite machen, zu immer neuen Wirtschaftskrisen und schließlich zum Zusammenbruch. Sismondi sieht als unvermeidlichen Ausweg die Intervention des Staates, der als Einziger eine stabile Ordnung schaffen und die Kräfte des Marktes vor der Selbstzerstörung bewahren kann. Nur der Staat kann für die Stabilität der Wirtschaftsordnung, und damit für die Entstehung von Wohlstand sorgen.

Die Pariser Exilanten und Revolutionäre gewannen über Sismondi und Saint-Simon Geschmack an der Ökonomie. Mit deren Thesen ließ sich etwas anfangen! Das Gefühl der Ungerechtigkeit und Freiheitsberaubung war eine Saat, die seit Rousseau im Boden war, die aber erst aufgehen konnte, als sie sich mit dem Gedankengut der Ökonomen verband. Dies war ihr praktischer Dünger und ihre theoretische Sonne. Andernfalls wäre aus all dem Pariser Gären nicht mehr als ein Bauernaufstand herausgekommen.

Das entscheidende Bindeglied zwischen Proletariat und Politischer Ökonomie war der Star der linken Szene in Paris, Pierre-Joseph Proudhon (1809–1865). Von Geburt war er ein Kleinbürger aus der Provinz, hatte

Schriftsetzer gelernt und sich als Autodidakt auf die Höhe der ökonomischen Diskussion gebracht. Seine Schicht hatte nach dem Sturz der Bourbonen feststellen müssen, dass die alten Herrschaften nur durch neue ausgetauscht worden waren, und das Motto der Zeit, *Enrichissez-vous*, jedenfalls nicht auf die entstehende Industriearbeiterschaft und das Kleinbürgertum gemünzt war. Der Selbstbereicherung der Eliten donnerte er seinen berühmten sowohl einprägsamen als auch kompromisslosen Satz entgegen: *Eigentum ist Diebstahl.* So einfach ist das, und die Konsequenz kann nur eine Gesellschaft ohne Eigentum sein. Saint-Simons Glauben an die Rettung der Gesellschaft durch Industrielle und Bankiers konnte er jedenfalls nicht teilen. Vom Staat und von der Macht war noch nie etwas Gutes für die Menschen gekommen und jedenfalls hatte er der arbeitenden Bevölkerung nicht zu Wohlstand verholfen. Die Lösung lag für ihn nicht in einem starken, regulierenden Staat, sondern in seiner Abschaffung, in der Anarchie. Und da Proudhon zu griffigen Formulierungen neigte, sprachen sich seine Ansichten schnell herum:

»Regiert zu werden bedeutet überwacht, untersucht, ausspioniert, dirigiert, Gesetzen unterworfen, reguliert, indoktriniert, vollgetextet, kontrolliert, eingeschätzt, gewogen, zensiert, herumkommandiert zu werden von Leuten, die dazu weder das Recht noch das Wissen noch die Tugend haben ... Regiert zu werden heißt, bei jeder Handlung, bei jeder Transaktion, aufgeschrieben, registriert, eingetragen, besteuert, gestempelt, vermessen, gezählt, eingeordnet, Erlaubnissen unterworfen, autorisiert, ermahnt, verboten, reformiert, korrigiert und bestraft zu werden. Es heißt, unter dem Vorwand des öffentlichen Nutzens und des Interesses der Allgemeinheit ausgebeutet, gescheucht, als Geisel genommen, ausgesaugt, monopolisiert, erpresst, bedrückt, an der Nase herumgeführt und ausgeraubt zu werden; dann, beim geringsten Widerstand, dem ersten Wort der Beschwerde, heißt es, unterdrückt, bestraft, verachtet, belästigt, traktiert, beschimpft, geschlagen, erstickt, eingesperrt, beurteilt, verurteilt, erschossen, deportiert, geopfert, verkauft und verraten zu werden. Und um dem

Ganzen die Krone aufzusetzen, wird man verspottet, lächerlich gemacht, der Empörung preisgegeben und entehrt. Das ist Regierung, das ist ihre Gerechtigkeit, das ist ihre Moral.«

Proudhon macht zwei grundlegende Tendenzen für das Elend seiner Zeit aus. Erstens das Anwachsen des Industrie- und Finanzkapitals, das die soziale Ungerechtigkeit vertieft und zu immer schärferem Wettbewerb, à la Sismondi, führt. Das zweite Grundübel ist die Verbindung von wirtschaftlicher und politischer Macht zur Plutokratie, zur Herrschaft der Reichen. Der Staat wird in ihren Händen zu einem bloßen Werkzeug, um die friedlichen Massen zugunsten von wenigen Privilegierten zu enteignen, und damit zu einer legalisierten Form des Diebstahls. Die Kleinbürger verlieren ihre natürlichen Rechte und werden hoffnungslos übervorteilt.

Der Wettbewerb, der allen Bürgern und Liberalen so wichtig ist, reduziert den Menschen auf kleine Facetten seines Wesens, auf seine Fähigkeit, seine Mitmenschen über den Tisch zu ziehen und sich auf ihre Kosten einen Vorteil zu verschaffen. Das kann keine gesunde Grundlage für eine Gesellschaft sein. Daher sollte der Wettbewerb unterdrückt und durch ein kooperatives System ersetzt werden, in dem jeder so viel Eigentum hat, wie er braucht, um in Würde zu leben, in dem es aber keine Ansammlung von überflüssigem Kapital in den Händen einiger Weniger gibt. So verschwinden Armut und Arbeitslosigkeit, so entstehen Wohlstand und Zufriedenheit. Dies den Bürgern und sonstigen Profiteuren der Gesellschaftsordnung zu predigen, ist nach seiner Auffassung aber sinnlos, denn sie würden nie einer anderen Logik gehorchen als der ihrer eigenen engen Interessen. Daher wendet er sich direkt an die Kleinbürger und Proletarier und versucht sie von den Erfolgschancen eines gewaltlosen Umbaus der Gesellschaft, einer friedlichen Revolution, zu überzeugen. Die Saat der Unterdrückung sollte in einem Umsturz aufgehen, der am Ende den Staat und damit den Grund allen Unrechts ganz beseitigte.

Persönlich hatte Proudhon als Revolutionär kein Glück. Er erhoffte sich Hilfe von Marx, der aber von Anarchie nichts wissen wollte, allgemein unkollegial veranlagt war und sich daher 1847 die Mühe machte, Proudhon in einer zweihundertseitigen Vernichtungsschrift, *Das Elend der Philosophie*, zu zergliedern, zu widerlegen und zu vernichten. Als theoretischer Revolutionär galt Proudhon daraufhin in den einschlägigen Pariser Brasserien nichts mehr. Und als im Jahr darauf endlich die Revolution kam, sah er sich außer Stande, mit dem Volk auf die Barrikaden zu gehen, denn er lehnte Gewalt ab und der Anblick von Blut machte ihm weiche Knie. Da es also weder mit der Theorie noch mit der Praxis der Revolution klappen wollte, blieb Proudhon nur der Journalismus, welcher bekanntlich ein Mittelweg zwischen den beiden ist. So ersparte er es sich wenigstens, bereits zu Lebzeiten in Vergessenheit zu geraten.

Reichtum dient uns der rechten Tat, nicht dem prunkenden Wort,
und seine Armut einzugestehen ist für niemanden schmählich,
ihr nicht zu entrinnen durch eigene Arbeit gilt als schmählicher.
THUKYDIDES, DER PELOPONNESISCHE KRIEG, II, 40, I

VERTEILUNG UND GERECHTIGKEIT

An dieser Stelle lässt es sich absolut nicht mehr vermeiden, vom Geld zu reden, denn darum geht es eigentlich, wenn von der gerechten Verteilung des Wohlstands die Rede ist, welche seit der Zeit des Frühsozialismus ein ungeklärtes Problem geblieben ist. Wohlstand und Gerechtigkeit sind seither verschwistert, das eine ist wesentlicher Bestandteil des anderen. Was die Diskussionen über dieses Thema aber so schrecklich in die Länge zieht, ist der Umstand, dass beide sich einfachen Definitionen verschließen.

Um Geld lohnt es sich zu streiten, schafft es doch Raum für Freiheit, Exklusivität, Privatsphäre und Phantasie, wodurch es, mit Proudhon gesprochen, erleichtert, beflügelt, ermuntert, beruhigt, erregt, beglückt, lacht, nachhilft, stärkt, privilegiert, ermöglicht, erbaut, belebt, ermächtigt, befugt, unterwirft, heilt, sichert, tröstet und daher von vielen für den Wohlstand selbst gehalten wird. Da die wenigsten Ökonomen sich festlegen wollen, worin denn dieser konkret besteht, ist das Ansehen des Geldes in der Welt ungebrochen. Wer wollte nicht etwas davon haben? Nur unrealistische, zitronengesichtige und freudlose Menschen – Fundamentalisten, Barbaren und Moralisten – bedrückt, belastet und kotzt das Geld an. Um es mit Tolstoi zu sagen, »ohne Redensarten würde man die Sache etwa so ausdrücken: Wer Geld besitzt, hat denjenigen, der keins besitzt, im Sack.«

An dieser Stelle treffen also Ökonomie und Moral, die Frage nach dem Wohlstand und die Frage nach der Gerechtigkeit aufeinander. Mit der

Verteilung von Eigentum und Lasten verhält es sich wie mit einem Fußballspiel, das am nächsten Morgen Stadtgespräch ist. Jeder hat dazu eine Meinung, die Wahrheit des Geschehens liegt aber unformulierbar und unbegreiflich auf dem Platz und entzieht sich allen Worten und aller Logik. Es ist viel einfacher, sich darauf zu einigen, was nicht passiert ist, als auf das tatsächliche Geschehen. Und wie beim Fußball kann man dennoch nicht darüber schweigen, denn Verteilung, Gerechtigkeit und Wohlstand haben einen Zusammenhang, der ausgesprochen sein will.

Zunächst ist festzuhalten, dass wirtschaftliche Ungleichheit an sich nicht verwerflich ist. Es handelt sich (soweit man das überhaupt sagen kann) um einen natürlicheren Zustand als den der Gleichheit. Die Menschen mühen sich, Geld zu verdienen und möglichst mehr davon zu haben als die anderen. Darin sind einige talentierter als die anderen, nehmen die Sache vielleicht auch ernster, und das Resultat ist eine ungleiche Verteilung, wie in einem Cocktailglas, welches sich in der Form eines auf den Kopf gestellten Kegels nach oben öffnet. Etwa 20 % der Bevölkerung haben etwa 80 % des Einkommens und des Besitzes. Diese Verteilung, von Vilfredo Pareto erstmals um 1900 entdeckt, ist durch alle Kulturen und Jahrhunderte erstaunlich konstant, sie gilt heute in Deutschland, sie galt im Italien des 19. Jahrhunderts, im calvinistischen Genf, und die wenigen Versuche, sie ernsthaft zu verändern – in die eine wie die andere Richtung –, hatten fast immer ein böses Ende. Das Verhältnis ist so konstant, dass es sogar noch im Extrem stimmt: Die drei derzeit reichsten Männer, Carlos Slim, Warren Buffett und Bill Gates, haben zusammen etwa so viel Geld wie die nächsten sieben zusammen. Sieht so etwa der Urzustand aus?

Ohne Ungleichheit ist Wohlstand augenscheinlich nicht zu haben. Die Wohlhabenden sind aber nicht nur für den eigenen, sondern auch für den allgemeinen Wohlstand unabdinglich und auch darin, wie so oft, weniger von der eigenen Absicht als von einer unsichtbaren Hand gesteuert. Denn nur wer deutlich mehr einnimmt, als er ausgibt, kann sparen und investieren und so die Wirtschaft weiter bringen. Etwas Kapital zu haben, erleichtert es ungemein, sich wie ein Kapitalist zu verhalten und ein Unternehmen zu gründen oder zu erweitern und nützliche Produkte herzustellen. Wenn alle nur von der Hand in den Mund leben, wird sich am Elend auf absehbare Zeit nichts ändern.

Die Ungleichheit der Verteilung hat aber auch eine Grenze, ab der sie dem Wohlstand abträglich ist. Eine Gesellschaft hält nur zusammen, wenn die Menschen sich mit ihr identifizieren können. Teilhabe kostet aber Geld, für den Besuch von Schulen, für die Teilnahme an Schulausflügen, für Kino, Fernsehen, Physikbücher, je nach Veranlagung. Die Bergleute des 19. Jahrhunderts haben kein Geld und keine Zukunft und nichts zu verlieren. Anarchie und Revolution sind für sie jedenfalls nicht die schlechtere Alternative. Gesellschaften mit ungerechter Verteilung sind daher oft instabil. Die Arbeiter beschäftigen sich in einer solchen Situation mit der Organisation von Streiks und die Unternehmer mit dem Schutz ihres Vermögens, anstatt ihre Aufmerksamkeit auf die Produktion von schönen und nützlichen Dingen zu konzentrieren. Eine weitere unschöne Ablenkung sind die Finanzkrisen, die besonders häufig entstehen, wenn kleine Eliten über einen besonders großen Teil des Finanzvermögens verfügen. Die Reichen reden ja gerne miteinander über ihr Geld, und das führt oft zu gebündelten Wetten auf bestimmte Sektoren. Wer in bestimmten Phasen nicht in Tulpen, Eisenbahnen, Immobilien oder das Internet investiert, der gilt weder als cool noch als schlau und ihm droht die soziale Isolation in seiner Klasse. Das führt oft zu Überinvestitionen, mit unschönem Ausgang. So kann es zwar in allen Ländern zu großen Entwicklungsschüben kommen mit hohem Wachstum, aber Volkswirtschaften, in denen Einkommen und Vermögen geringere Unterschiede aufweisen, tendieren dazu, gleichmäßiger und damit nachhaltiger zu wachsen, als solche mit größerer Ungleichheit – solange die Gesetze der Marktwirtschaft nicht außer Kraft gesetzt sind (dann wächst fast gar nichts mehr).[3]

Wie aber die Ungleichheit gestaltet sein muss, damit sie vor Gott und den Menschen bestand hat, lässt sich, wie die neunzigminütige Wahrheit auf dem Spielfeld, nur negativ beschreiben. So lässt sich festhalten, dass sich mit der Forderung nach gleichem Lohn für gleiche Arbeit nicht viel Gleichheit herstellen lässt, weil Arbeit, wo sie interessant wird, so selten gleich ist. Auch gewisse Fußballer haben eine Fähigkeit, die von anderen enorm geschätzt wird und Grund genug für eine freiwillige exorbitante Gehaltszahlung ist. Das ist nicht fair gegenüber den Volleyballspielern, die ein nicht weniger großes Talent haben und nicht weniger hart trainieren und sich dennoch am Ende ihrer Karriere einen echten Job suchen müssen. Aber die Alternative, jedermann nur für die Zeit zu bezahlen, die er am Arbeitsplatz verbringt, ist noch viel alberner. Es kommt nicht darauf an, wie lange ein Mensch an welchem Ort auch immer ist, sondern entscheidend ist, was er dort macht – und das ist oft schwer in Geld auszudrücken. Soll man den Wert der Arbeit von Picasso oder Steve Jobs nach den Stunden bemessen, die sie an der Leinwand oder im Büro zugebracht haben? Sie schaffen Dinge, die andere im Leben nicht hinbekommen. Ihre Leistung über einen angemessenen Stundenlohn bezahlen zu wollen, wirkt etwas naiv.

Geld wird in der Verteilungsfrage, wie auch sonst im Leben, fatal überschätzt. Tatsächlich ist nur ein geringer Teil des Wohlstands in Geld gefasst und seine Umverteilung ist selten mehr als ein Kurieren der Symptome. Auch wenn alle über vergleichbare Beträge verfügen, was soll dann mit den gut Aussehenden, den Eloquenten, den Charmanten, den Fleißigen, den Begabten passieren? Deren offensichtliche Vorteile gegenüber der grauen Masse lassen sich nicht umverteilen. Jedenfalls nicht mit Geld, denn wie sollte man etwa den Nachteil eines hässlichen Menschen gegenüber einem schönen bemessen? Und wer verteilt um? Soll jeder selbst festlegen, wie viel er braucht, oder soll der Staat das übernehmen? Und selbst wenn heute alle über dieselben Beträge verfügen könnten, wäre die Verteilung nach fünf Jahren vermutlich wieder so, wie sie heute ist.

Es kommt nicht so sehr darauf an, was und wie viel man hat, sondern was man damit anfangen kann. Ein Auto zu besitzen, macht einen Blinden

nicht reicher. Es hebt auch den Lebensstandard eines europäischen Stadt-
bewohners nicht wesentlich, der sein soziales Umfeld mit einem Fahrrad
und öffentlichen Verkehrsmitteln pflegen kann. Die Frage »Wozu?« wird
auch hier, wie bei jeder langen Geschichte, meist erst am Ende gestellt.
Viel mehr als auf Geld kommt es auf die Möglichkeiten an, die wir haben, ein gelingendes Leben zu führen. Für ein Mädchen mit der Begabung
eines Einstein ist es gleichsam eine Verstümmelung, keinen Zugang zu
Lehrbüchern der Physik zu haben, während andere dies nicht als Verlust
empfinden würden.

Der Staat hat im Namen der sozialen Gerechtigkeit immer wieder
über Steuern und Abgaben versucht, die Wohlhabenden zu stutzen, um
den Bedürftigen zu geben. Umverteilung aber ist keine leichte Übung. Wo
hört beim Wegnehmen die Gerechtigkeit auf? Wie viel darf man den Jungen wegnehmen und den Alten geben, bevor es sich um einen Verstoß
gegen die Generationengerechtigkeit handelt? Ist die Anhebung des Ren-
teneintrittsalters eine Gemeinheit oder nur gerecht? Sind flexible Arbeits-
märkte ein Mittel der Ausbeutung oder eine Möglichkeit, junge Menschen
in den Arbeitsmarkt zu integrieren? Oder noch grundsätzlicher: Vielleicht
schadet die Umverteilung mehr als dass sie nutzt, wenn sie die Empfänger
träge macht oder die staatlichen Stellen das Geld nur sinnlos verschwen-
den, wie es meistens der Fall ist, wenn in einer Bürokratie viel Zeit und
Geld zu dummen Gedanken verleiten. Tut man dem Armen einen Gefallen, wenn man ihm ein Almosen gibt, das doch immer ein Schuldverhält-
nis begründet und am Ende nichts ändert? Der Staat ist in der Herstellung
von Gerechtigkeit so schlecht, weil der Begriff nicht zu fassen ist, verant-
wortliche Politiker aber immer davon reden müssen.

»Steuern sind der Preis, den wir für eine zivilisierte Gesellschaft zahlen«, steht in Stein gemeißelt über dem Eingang der obersten Steuerbe-
hörde der USA in Washington. Obwohl er dort steht, ist er nicht falsch. Wir
zahlen sie für die Infrastruktur der Moderne, für das Rechtssystem, für
die Sicherheit, für den Schutz des Eigentums und der Umwelt, für den in-

neren Frieden, für die Bildung und Ausbildung der Bevölkerung, oft auch für das Funktionieren der kirchlichen Gemeinden. Natürlich lassen sich Schulen, Universitäten, Krankenhäuser, Museen, Theater, Straßen, Flughäfen und der ganze Rest der Zivilisation auch privat organisieren und finanzieren, und der Staat muss sich fragen, welche Aufgaben er meistern kann, soll und muss. Diese Liste sollte so kurz sein wie möglich. Hält sich der Staat aber ganz zurück, geht es bald zu wie im wilden 19. Jahrhundert und es bildet sich eine privilegierte Elite, die mit der Masse der Bevölkerung nicht mehr viel zu tun hat. Das kann heute niemand mehr wünschen – nicht nur aus Furcht vor Revolution und Gewalt, sondern weil keine Gesellschaft auf Dauer so viel Elend, so viel Ungerechtigkeit, so viel Hoffnungslosigkeit aushält.

Steuern gehören zur Basis des Wohlstands und kein ernstzunehmender Ökonom hat je daran gezweifelt, dass die durch Verdienst oder Glück Wohlhabenden mehr zahlen müssen als die durch Pech oder Unfähigkeit weniger begüterten Bürger. Weil die Wohlhabenden einen größeren Vorteil aus einem gut geordneten Staatswesen haben und weil für sie noch längst keine Last ist, was andere bereits erdrücken würde. Und da das Zusammenleben in einem Staat keine Geschäftsbeziehung ist (in der es völlig in Ordnung ist, wenn das florierende Unternehmen noch mehr verdient, während das darbende kaum die Brösel abbekommt) und auch etwas mit Solidarität und gutem Auskommen zu tun hat, werden die Lasten so verteilt, dass sie jeden gleichermaßen drücken, auch wenn das bedeutet, dass der eine mehr zahlt als der andere.

Die Abgaben dürfen nicht so niedrig sein, dass die Zivilisation (die in verschiedenen Ländern und zu verschiedenen Zeiten unterschiedlich viel kostet, es lässt sich folglich keine Zahl für den »richtigen« Steuersatz angeben) leidet, können aber, wie jeder Akt der Solidarität, nicht unbegrenzt eingefordert werden. Der Steuerstaat hat seine Grenze im Willen und im Vermögen der Steuerzahler. Wenn die gut verdienenden – welches meist die Großbürger oder Unternehmer sind – zu hoch besteuert werden, geht ihnen irgendwann die Luft aus und die Geldquelle versiegt. Etwas pauschal, aber so, dass es jeder versteht, hat Abraham Lincoln das ausgedrückt: »Du kannst die Schwachen nicht stärken, indem du die Starken schwächst. Du kannst die Menschen nicht wohlhabend machen, indem du sie vom Sparen abhältst. Du kannst dem Lohnempfänger nicht helfen, indem du den Lohnzahler auf die Knie zwingst.«

Meist kommt es aber nicht so weit, denn in der Praxis hat der Staat nur begrenzt Zugriff auf das Geld seiner Bürger. Steuern sind ein Eingriff in die Freiheit der Menschen, den der Staat sich genau überlegen sollte: Er nimmt seinen Bürgern einen Teil ihres Geldes weg. Das muss er ihnen erklären. In Schweden ist die Steuermoral gut, obwohl die Steuersätze hoch sind, weil die Menschen das Gefühl haben, in einem gut verwalteten Gemeinwesen zu leben, das sein Geld wert ist. Die Beamten sind freundlich, die Infrastruktur ist hervorragend, die Schulen zählen zu den besten der Welt und die Regierung ist unbestechlich. In Griechenland oder Italien ist die Steuermoral trotz niedrigerer Steuersätze schlecht, weil die Menschen den Eindruck nicht loswerden, dass mit ihrem Geld nur die Privilegien der Elite finanziert werden. Dafür gibt niemand gerne Geld aus.

Hat der Staat keine gute Begründung, beginnen die Steuerzahler zu meutern, indem sie entweder weniger arbeiten und investieren (Letzteres gilt für Unternehmer, die im Erfolgsfall den Gewinn zum größten Teil an den Staat abführen sollen und bei einem Fehlschlag die Verluste allein tragen müssen) oder sich zunehmend über steuerliche Gestaltungsmöglichkeiten Gedanken machen. Steuervermeidung ist, nach einer Feststellung von Keynes, die einzige intellektuelle Tätigkeit, die sich auch finanziell lohnt. Das Gewinnmotiv, das die Wirtschaft und den Wohlstand weiter bringt, bezieht sich, wie wir seit Adam Smith wissen können, auf den persönlichen Gewinn, das heißt auf den Gewinn nach Steuern und Abgaben. Das ist legitim und sollte niemanden wundern. Je höher die Steuern und je schlechter ihre Begründung, desto schneller verschwinden die

Gewinne der Unternehmer und tauchen in günstigeren steuerlichen Regimes wieder auf. Das mögen moderater besteuerte Einkunftsarten sein, oder der Gewinn fällt auf einer merkwürdigen britischen Kanalinsel mit vielen Briefkästen an. Oder oder oder. Die Unternehmer sind hier wesentlich phantasievoller als ihre Gegenspieler in den Steuerbehörden es jemals sein können. Und je komplexer das Steuersystem, desto mehr Raum ist für Phantasie.

Italien zeigt, wie ein Land sich durch ein krankes Steuersystem kaputt machen kann. Im ersten Jahrzehnt unseres neuen Jahrhunderts sind nur Haiti und Zimbabwe langsamer gewachsen als Italien. Wachstum hängt sehr stark an der Kapitalausstattung der Unternehmen, denn nur wer Kapital hat, kann investieren, Maschinen kaufen und produktiver werden. Kapital entsteht (grob gesagt) aus den Gewinnen der Vergangenheit, in Italien zeigt aber, aus Furcht vor der Steuer, niemand gerne Gewinne vor und lässt sie lieber anderswo anfallen. So stagniert die Wirtschaftskraft des Landes und jeder Zuwachs wird durch Schulden finanziert.

Auch wenn sich also wirtschaftliche Gerechtigkeit kaum auf den Begriff bringen lässt und dem Steuerstaat deutliche Grenzen gezogen sind, geht darüber die Wahrheit, die auf dem Platz liegt, nicht ganz verloren. Es lässt sich beispielsweise ohne jeden Zweifel sagen, dass eine gute Ausbildung ein wirksames Mittel gegen Armut und eine als ungerecht empfundene Ungleichheit ist. Ein gut ausgebildeter Mensch verfällt selten in Armut. Wer normal sozialisiert ist und viel gelernt hat, kann für sich selbst sorgen und ist nicht auf Almosen oder Umverteilung angewiesen. Für nichts kann der Staat so sinnvoll und gerecht Geld ausgeben wie für Erziehung, Aus- und Weiterbildung. Gerecht ist es, den bildungsfernen Schichten etwas beizubringen und ihnen zu verraten, wie sie für sich selbst sorgen können. Schulen und Universitäten versetzen die Menschen nicht nur in die Lage, produktiv zu arbeiten, sondern auch ihr Potential auszuschöpfen und damit ihren angemessenen Platz in der Gesellschaft einzunehmen. Damit kommt man dem, was hohen Steuern und Umverteilung allgemein zuge-traut wird, ziemlich nahe.

In Ländern, in denen die Bevölkerung generell gut ausgebildet ist, in denen die Strukturen nicht kaputt oder verkrustet sind, wo man es tat-sächlich durch Fleiß und gute Ideen zu etwas bringen kann, ist die Vertei-lungsfrage nicht sehr drängend. Je breiter die Spitze, desto weniger muss man anderen die Schuld geben, wenn man selbst nicht genug hat. Wachs-tum und Wohlstand sind erstaunlich unabhängig von Steuern und Vertei-lung. In den USA war das Wachstum in den 50er und 60er Jahren extrem hoch, obwohl der Spitzensteuersatz nie unter 70 % und meistens über 90 % lag und das Vermögen relativ gleich verteilt war. Das hatte mit Nachhol-effekten nach dem Zweiten Weltkrieg zu tun, mit den Innovationen der Kriegsjahre, mit den Investitionen des New Deal in die Infrastruktur, mit finanzieller Stabilität, wachsendem internationalen Handel, einem flexi-blen Arbeitsmarkt und damals noch effizienten staatlichen Institutionen, die verantwortungsvoll mit Geld umgehen konnten. Unter diesen Bedin-gungen können auch hohe Steuern dem allgemeinen Wohlstand nichts anhaben. Umgekehrt gilt aber auch, dass niedrige Steuern kein Allheil-mittel sind. Seit der Jahrtausendwende hat der jüngere Bush in den USA die Steuern deutlich gesenkt, aber das Wachstum blieb schwach. Wenn die übrigen Rahmenbedingungen nicht stimmen, wenn der Staat korrupt oder ausgehungert oder verschwenderisch ist und nicht die Bedingungen für Wettbewerb schafft, entsteht dort kein Wohlstand. Den vier aktuell wettbewerbsfähigsten Ländern, Schweiz, Singapur, Finnland und Schwe-den, geht es zwar ähnlich gut, ihre Steuersysteme und -höhen sind aber sehr unterschiedlich. Verteilung hat also letztlich mehr mit Gepflogenhei-ten zu tun als mit Notwendigkeit. In einem gut verwalteten Gemeinwesen, in dem das Vertrauen in die Institutionen intakt ist, kann das Vermögen so oder so verteilt sein, ohne dass es dem Wohlstand schadet. Ähnelt der Staat einer Räuberbande, wird jede Steuerzahlung, unabhängig von ihrer Höhe, als Verlust empfunden.

Wie aber verteilt sich der Wohlstand in der Praxis? Tatsächlich zerrinnt der Reichtum bei fast allen Familien über kurz oder lang, wie einst bei den Buddenbrooks und jüngst bei den Oppenheims. Den wenigsten gelingt es, sich so lange zu halten wie die Rothschilds, Westminsters oder den Thurn und Taxis. Das kann nicht nur an der schlechten Ausbildung in den reichen Familien liegen. Wirklich große Vermögen müssen auch mal Kriege oder Dummheiten überstehen. Das Geld langfristig zusammen zu halten, schaffen in Wirklichkeit aber nur Familien, denen es gelingt, ihren Mitgliedern den Spaß am Geld zu verderben.

Thorstein Veblen (1857–1929) hat sich in seinem Buch *Theory of the Leisure Class* dieses Phänomens angenommen und erklärt, warum die Menschen immer so unachtsam mit Geld umgehen, obwohl es ihnen eigentlich so wichtig sein müsste. Dieser Text ist harmlos als eine theoretische Abhandlung getarnt, in Wahrheit aber eine Satire. Damit hat Veblen seine ganz eigene Textgattung erfunden, denn normalerweise tun sich Ökonomen mit dem humoristischen Kern ihrer Gedanken schwer.

Veblen wuchs als Bauernjunge im mittleren Westen der USA auf, studierte Philosophie bei Charles Sanders Peirce, dem Begründer des Pragmatismus, war trotz hervorragender Noten lange arbeitslos und unterrichtete endlich als Ökonom, zuerst in Chicago und später in Stanford und an der University of Missouri. Er war nicht Teil des Ostküsten-Establishments, konnte es aber bei seinem Studium in Yale aus nächster Nähe beobachten. In der 1899 veröffentlichten *Theory of the Leisure Class* erklärt er an der Oberfläche, warum reiche Leute immer zu viel Geld ausgeben, in Wahrheit breitet er darin ein buntes Panoptikum menschlicher Eitelkeiten aus.

Verteilung ist etwas, das von selbst geschieht, wie von unsichtbarer Hand, und funktioniert nach Veblen etwa so: Der Mensch hat in der Urhorde gelernt, dass er bei den Mitmenschen nur etwas gilt, wenn er große und beeindruckende Taten vollbringt. Wenn er einem Feind mit der Keule auf den Kopf haut oder besonders viele Sklaven ansammelt, dann verbessert das seinen Status und er gilt als ganzer Kerl. Dieses Verhaltensmuster konnten wir bis in die Neuzeit nicht ablegen und haben es wohl auch nicht versucht. Heute sehen unsere Taten aber anders aus. Die größte besteht darin, besonders viel Geld anzuhäufen und dann das süße Leben zu genießen. Der moderne Mensch hat es ja längst geschafft, seine Grundbedürfnisse zu stillen, er muss weder Hunger noch Obdachlosigkeit fürchten. Wenn wir trotzdem weiter fleißig damit beschäftigt sind, unseren Lebensstandard zu verbessern, dann liegt das am Instinkt zur Großtat, der sich in unserem Ehrgeiz äußert, reicher zu sein als der Nachbar. Es fühlt sich einfach besser an, wenn man mehr hat als der Nächste, mit dem wir uns andauernd vergleichen müssen. Und jedenfalls fühlt es sich entsetzlich an, weniger zu haben. Also begibt der Mensch sich in einen praktisch sinnlosen Wettlauf um das größte Vermögen (*Pecuniary Emulation*), denn *haste was, dann biste was.*

Der Status ist aber erst dann sauber herausgearbeitet und zementiert, wenn die anderen auch sehen können, wie groß das Vermögen und das Glück ist. Das sicherste Mittel ist hier der sogenannte *Geltungskonsum* (*Conspicuous Consumption*), also der Kauf von Gegenständen, deren praktischer Nutzen in keinem nachvollziehbaren Verhältnis zum Preis steht. Darunter fällt im wesentlichen alles, was in New York in der Fifth Avenue, in London in der Bond Street und in Zürich in der Bahnhofstraße feilgeboten wird. Handtaschen, Uhren, Kleidungsstücke, Weine, Zigarren, Autos und Boote machen meist nur Sinn, wenn durch ihre Zurschaustellung auch das ganz breite Publikum begreift, dass der Eigentümer eine dicke Brieftasche haben muss. Hier kommt auch der heute sogenannte Veblen-Effekt zur Geltung: Manche Waren oder Immobilien verkaufen sich zu höheren Preisen besser als zu niedrigeren. Wenn sich eine goldene Uhr für 10.000 Euro nicht verkaufen lässt, versucht es der Ladeninhaber am besten mit einem Preisschild von 25.000 Euro und kann so seine Chancen auf einen Verkaufserfolg steigern. Die klassische Theorie sagt, dass ein niedrigerer Preis für höhere Verkaufszahlen sorgt. Unsere Abstammung aus der Urhorde ist der Grund, dass es beim Geltungskonsum umgekehrt ist.

Eine weitere Möglichkeit, sich Geltung zu verschaffen, ist eine augenfällige und prahlerische Freizeitgestaltung (*Conspicuous Leisure*). Wer nichts nützliches tut, wer nicht oder nur unregelmäßig einer Arbeit nachgeht, wer viel Zeit mit seinem *Personal Trainer* verbringt, um dünn und stark und schön und der Beste zu sein auf dem Snowboard, auf dem Pferd, auf dem Wakeboard und beim Yogi in Indien, hat sich zwar redlich die Sympathien der modernen Anarchisten und Taugenichtse verdient, sucht aber eigentlich nur die Anerkennung der Leute, die ebenfalls nach der Spitze der Pyramide schielen und schätzen können, was für einen großen Aufwand gepflegtes Nichtstun bedeutet.

Veblen behandelt ein schwieriges Thema, das nahe am Kern der Ökonomie angesiedelt ist. Warum der Mensch nicht aufhört mit dem Geldverdienen, ist ein bis heute oft und nie befriedigend beantwortetes Rätsel. Marx meinte, es sei eine quasi-metaphysische Eigenschaft des Kapitals, immer toller akkumulieren zu wollen. Keynes prophezeite das Ende der im Grunde krankhaften Liebe zum Geld um seiner selbst willen, sobald das Versorgungsproblem wirklich gelöst ist. Veblens Urhorden-Satire ist wahrscheinlich näher an der Wahrheit als alle gelehrten Spekulationen.

Wie schwer das Thema ist, zeigt sich aber schon am Titel von Veblens Buch. Das Deutsche kennt keinen Begriff für »Leisure Class«. Die Übersetzung des Buches trägt den Titel »Theorie der feinen Leute«. Wie wenig die *Leisure Class* aber mit feinen Leuten zu tun hat, weiß man nach einem kurzen Spaziergang durch die einschlägigen Adressen. Auf der Maximilianstraße in München finden sich so wenig feine Leute wie auf der Fifth Avenue. Es tummeln sich dort reiche Araber, Russen, Chinesen und einheimische Neureiche, Broker und Baulöwen, die noch eine Menge Geltungskonsum vor sich haben und bei denen man sich sicher sein kann, dass sie keine Dynastie gründen. Die Leute dort sind laut und bunt, sie wollen sich und der Welt etwas beweisen. Feine Leute wissen um ihr Herkommen und ihre Stellung, haben ein gutes, aber nicht nach außen getragenes Selbstbewusstsein, welches der *Leisure Class* völlig abgeht. Veblens

Beobachtung, wonach es erstaunlich ist, wie wenig bleibenden Stil und Geschmack die *Leisure Class* hervor bringt, gilt augenscheinlich noch heute. Sie ist wenig mehr als bling-bling und affig; sie ist heute wie damals, in einem Worte, unfein.

BAKUNIN, MILL UND DIE AUSGEBLIEBENE REVOLUTION

Proudhon kam zwar zur richtigen Stunde, aber er war der falsche Mann. Er konnte kein Blut sehen, hatte Angst auf den Barrikaden und vertrug keinen Pulverdampf. So wird man nie zum Revolutionsführer. Ebenfalls den Kopf, nicht aber das Kreuz eines Revolutionärs hatte Karl Marx (1818–1883), der die Dialektik wie ein Professor beherrschte, aber nie im Straßenkampf gesehen wurde. Von ihm und seinem Kommunismus wird später noch zu reden sein. Die Wut der Gedemütigten und das Verlangen nach Gerechtigkeit in einer aus den Fugen geratenen Welt bringen aber auch Vollblutrevolutionäre hervor, von denen Michail Bakunin (1814–1876) der wohl ehrlichste, wütendste und schillerndste war. In seinem Leben entzündet sich die ganze geistige und politische Gemengelage der Mitte des 19. Jahrhunderts.

Bakunin wuchs in der russischen Provinz als Sohn eines adeligen Grundbesitzers auf. Schon sehr früh entwickelte er die beiden wesentlichen Eigenschaften eines Revolutionärs: Er war unfähig, Autoritäten anzuerkennen, und unfähig, ein Verhältnis zu Geld zu entwickeln. Damit war er ein geborener Rebell. Der Vater schickte ihn zum Militärdienst, wo Bakunin sich aber nicht hinreichend einbrachte und an die Reichsgrenze strafversetzt wurde. Auch das machte aber keinen Soldaten aus ihm, wie ein Freund schrieb: »Er versah seinen Dienst nicht und lag tagelang in seinem Pelz auf dem Bett. Der Regimentskommandeur … erinnerte ihn daran, dass er seine Pflicht tun oder seinen Abschied nehmen müsse. Bakunin kam sofort um seinen Abschied ein.«

Er wurde von der Familie etwas halbherzig verstoßen und ging nach Moskau, wo er sich als Mathematiklehrer durchschlug, Hegel las und von Alexander Herzen in den Sozialismus Saint-Simon'scher Prägung eingeführt wurde. Herzen war das »Herzens«-Kind eines reichen russischen Adligen und einer württembergischen Angestellten und stand damit ebenfalls etwas asymmetrisch zur Gesellschaft. Er wurde ein lebenslanger Freund Bakunins und als Erbe eines großen Vermögens sein Hauptgeldgeber. Herzen war es mit Hilfe des befreundeten Bankiers Rothschild (über eine geschickte Konstruktion, die wir heute Asset-Swap nennen würden) gelungen, sein beträchtliches Vermögen aus Russland herauszubringen, obwohl er dort bereits als Revolutionär gesucht war. Herzen übernahm in finanzieller Hinsicht dieselbe Rolle für Bakunin wie Engels für Marx. Hinter (fast) jedem bedeutenden Revolutionär steht ein großes Vermögen.

Im Fall von Bakunin war ein solches Vermögen auch notwendig. Er war zeit seines Lebens pleite, ohne sich daran zu stören. Er aß viel, trank viel, schwitzte viel, war dick und lebte auf großem Fuß, wo immer er konnte. Er nahm bei praktisch allen Menschen, mit denen er je Umgang hatte, Schulden auf. Da er gleichermaßen liebenswürdig wie hoffnungslos war, bekam er nicht nur leicht Geld, sondern meist auch sehr schnell einen Schuldenerlass. Seine Gläubiger scheinen es ihm nicht übel genommen zu haben. Nur einmal hat Alexander Herzen sich daran gestört, als Bakunin bei einem Wiedersehen nach langer Zeit sofort nach der Begrüßung fragte, »Gibt es hier Austern?« Er war auf bestechende Weise ehrlich, was man von seinem sehr viel erfolgreicheren Kollegen Marx nicht behaupten konnte.

Bakunin wurde 1840 von Herzen eingeladen, nach Berlin zu reisen, um die deutsche Philosophie vor Ort zu studieren. Er lernte Iwan Turgenjew kennen und besuchte bald auch den Salon im Varnhagen'schen Haus. Dort wurde er von den Vertretern des »Jungen Deutschland« auf den Stand der revolutionären Dinge gebracht. Im Oktober 1842 konnte er in Dresden seine erste revolutionäre Schrift in Arnold Ruges »Deutschen Jahrbüchern« veröffentlichen, die mit einem Appell an die Freiheit begann und im Begriff der schöpferischen Zerstörung endete: »Lasst uns also dem ewigen Geiste vertrauen, der nur deshalb zerstört und vernichtet, weil er der unergründliche und ewig schaffende Quell allen Lebens ist. – Die Lust der Zerstörung ist zugleich eine schaffende Lust.«

In Bakunin ging die Saat der Ungerechtigkeit in einer sehr eigenwilligen, aristokratischen, kämpferischen, radikalen Weise auf. Er entwickelte ein eigenes Gedankengewebe, in dem die unbedingte Freiheit das Zentrum war. Jede Art von staatlichem Zwang lehnte er ab, er glaubte an ein Leben in freien ländlichen oder halbindustriellen Gemeinschaften (Syndikaten), traute dem ganzen Volk (nicht nur dem Proletariat) die Fähigkeit zur Revolution zu. Er hielt nichts vom Kommunismus, der in seinen Augen »keine freie Gesellschaft wäre, keine echte lebendige Gemeinschaft freier Menschen, sondern durchaus ein Regime von unerträglicher Unterdrückung, eine Herde durch Zwang zusammengehaltener Tiere, die nur die materielle Befriedigung im Auge hätte und jede geistige Domäne und den hohen Frieden des Geistes nicht kennte.« Zwar entsteht der Kommunismus aus den »heiligsten Rechten« und den »menschlichsten Forderungen« und hat daher eine unabweisbare Rolle. Aber für Bakunin ist er nichts, denn jede Form autoritärer Herrschaft, und sei es im Gewand des Marxismus, ist ihm in der Seele zuwider.

Er war ein begnadeter Volksredner, getrieben von tiefem Mitgefühl für das Elend der Arbeiter in ganz Europa und vom Abscheu gegen die reaktionären Regime, insbesondere in Russland und im Habsburgerreich. Diese waren bald nicht mehr gut auf ihn zu sprechen und Bakunin befand sich fortan, bis ans Ende seines Lebens, mehr oder weniger auf der Flucht. Der natürliche Aufenthaltsort für Revolutionäre in dieser Zeit war Paris, wo er 1844 eintraf.

Wie in Berlin war auch in Paris Hegels Philosophie für jeden respektablen Revolutionär das Nadelöhr, durch das es irgendwie zu gelangen galt.

Genau genommen waren nicht nur die Philosophie, sondern auch fast alle anderen Geisteswissenschaften in den Bann der Lehre des berühmten Berliner Professors geschlagen. Sein System war großartig, allumfassend und hatte den Anspruch, Antworten auch noch auf die sinnlosesten Fragen zu liefern. Es war ein radikaler Bruch mit den Systemen der Aufklärung, die logische Ordnungen und ewige Wahrheiten etablieren wollten, die sich mehr für das Sein als für das Werden interessierten und darüber die Dynamik aus den Augen verloren, die den Angelegenheiten der Menschen innewohnt. So legte Hegel den Schleier der Historie über jedes Problem. Die Weltgeschichte ist nach seiner Ansicht ein Kampf der Gegensätze, bei dem das Neue das Alte besiegt und in sich aufgehen lässt. Sie ist in ständiger Bewegung, ihr Fortschritt ist unaufhaltbar und findet in Katastrophen statt. Auf ihrem Weg bleiben die früheren Formen zurück, nutzlos gewordene Gestalten, leere Begriffe. Die Geschichte hat ein ewig unruhiges Herz und »die Epochen des Glücks sind in der Weltgeschichte leere Blätter«. Die Wirklichkeit ist ständiger Wandel, dem man im Nachhinein die Vernunft ansieht, die sich aber nicht um die Verlierer des alleszermalmenden Fortschritts kümmert. Am Ende lässt sich alles (und, wie seine Kritiker sagen, nichts) mit diesem historisch gedachten Ansatz von These, Antithese und Synthese verstehen.

Dennoch ist das Ziel der Geschichte klar, die Versöhnung mit sich selbst, die große Synthese, in der die Bewegung des Weltgeistes zur Ruhe kommt. Wie aber sieht das Ende der Geschichte aus? Hegel spekuliert nicht über die Gestalt der Zukunft, das ist seinen Schülern vorbehalten. Aber klar ist ihm, dessen Jugendzeit von Napoleon in Atem gehalten wurde, dass am Ende nur ein Staat stehen kann, in dem Macht und Recht zusammengehen. Macht gibt Recht, und so sind die Sieger über Napoleon im Recht, wie er selbst es war, solange er die Schlachtfelder Europas beherrschte.

Schwere, ehrliche, aber oft verquaste Gedanken. Hegels System war der Versuch, die Wirklichkeit als etwas Dynamisches, in ständigem Fluss

Befindliches zu begreifen. Die statischen Systeme seiner Vorgänger langweilten ihn. Aber es war doch ein System, in das er die Welt zwängen wollte, auch wenn es ein weites Gewand hatte. Jedes System ist aber eine Anmaßung, denn wer alles umfassen will, kann an diesem Anspruch nur scheitern. Hegel meinte alles zu verstehen, was geschah, indem er das Wirkliche mit dem Begrifflichen gleichsetzte. Dadurch gab er seinen Schülern, denen seine Brillanz und Tiefe abgingen, einen klingenden Wortapparat an die Hand, mit dem sich alles rechtfertigen ließ, Macht und Gewalt, Gott und Freiheit, Staat und Kunst. Europas Intellektuelle wurden erfasst von einem System, mit dem sich alles unternehmen ließ, ein riesiger Spielplatz für die gebildeten Stände.

Durch dieses Nadelöhr musste also auch der arme Bakunin, wollte er etwas gelten im gärenden, keimenden Paris. Dort war das Weltbild relativ klar: Mit Saint-Simon ließ sich die Geschichte der Menschheit als ein Klassenkampf begreifen. Von Hegel gab es den theoretischen Überbau, warum die Revolution richtig war. Angesichts der unhaltbaren Zustände in Europa musste diese kurz bevorstehen und eine auf dem Gegenteil von Eigentum, Habgier, Ungleichheit und Unterdrückung basierende Gesellschaftsform entstehen lassen. Mit diesem Apparat ausgerüstet, bestand der Rest von Bakunins Leben darin, die Revolution herbeizuführen.

Ende 1844 lernte er in Paris Karl Marx kennen. Er respektierte ihn, aber wirklich warm wurden die beiden nicht, wie Bakunin sich später erinnerte: »Gerade zu jener Zeit arbeitete Marx die ersten Grundlagen seines gegenwärtigen Systems aus. Wir trafen uns ziemlich oft, denn ich achtete ihn sehr wegen seiner Wissenschaft und seiner ernsten und leidenschaftlichen Hingebung an die Sache des Proletariats, obgleich diese immer mit persönlicher Eitelkeit vermischt war, und ich suchte begierig Gespräche mit ihm, die immer lehrreich und geistreich waren, wenn sie nicht kleinlicher Hass beseelte, was leider nur zu oft der Fall war.« Die Sache mit der Gelehrsamkeit fand er bei Marx aber übertrieben, Bakunin kam es auf die Tat und die Menschlichkeit an. Marx »verdirbt die Arbeiter, indem er Räsoneurs aus ihnen macht, derselbe theoretische Wahnsinn und die unbefriedigte, mit sich selbst unzufriedene Selbstzufriedenheit.«

Bakunins Hauptvorwurf war, dass Marx »der Instinkt der Freiheit fehlt«. Marx sei »von Kopf bis Fuß ein Autoritärer«, der darüber hinaus »außerordentlich eitel und ehrgeizig, streitsüchtig, intolerant und absolut« war. Außer Engels teilte diesen Eindruck fast jeder unabhängige Zeitgenosse, der auf Marx traf. Eine autoritäre Organisation wie die von Marx gegründete und beherrschte *Internationale*, mit der er die Revolution vorantrieb, konnte mit unabhängigen Köpfen nichts anfangen. Hätte Bakunin das 20. Jahrhundert erlebt, so hätte es ihn nicht überrascht, dass jedes marxistische System in einer Diktatur endete. Der Leninismus war im Marxismus bereits angelegt. Marx hatte immer die Industrie und ihre Arbeiter vor Augen, durchorganisierte Fabriken in einem durchorganisierten Staat. Ohne einen zentral organisierten Staat konnte er sich die Revolution und den Übergang in die klassenlose Gesellschaft nicht vorstellen. Bakunin hingegen kam es auf nichts als die Freiheit an, ohne die er ein menschenwürdiges Leben nicht für möglich hielt. Sein Ideal war der Bauer in der sibirischen Weite, der seine Ruhe hatte vor allem, was nach Organisation und Staat roch und der sich über Dinge wie Eigentum und Fortschritt keine Gedanken machen musste.

Anders als Marx, der das Leben eines Professors führte, war Bakunin kein Schreibtischrevolutionär. Er verachtete Marx dafür, dass dieser die Revolution langsam und methodisch plante für den Tag, an dem die Geschichte reif wäre. Der Kommunismus war eine Denkform, während der Anarchismus eine Lebensform war, und beide sind es immer geblieben. Bakunin war jemand, der jetzt, hier, heute losstürmen wollte, um den Umsturz herbeizuführen. Abwarten fand er feige.

Als im Jahr 1848 überall in Europa die Revolte losbrach, war er in Paris sofort auf den Barrikaden. Er wohnte mit 500 Arbeitern in einer Kaserne, denen er bei jeder Gelegenheit den Anarchismus predigte. Die provisorische Regierung wollte ihn aber schnell loswerden (ein Pragmatiker sagte, am ersten Tag der Revolution sei Bakunin unschätzbar, am zweiten müsse man ihn aber erschießen) und schickte ihn mit Geld nach Osten, um die Slawen für die Revolution zu gewinnen. Als er in Berlin, Breslau, Posen und Leipzig ankam, waren die Aufstände aber bereits niedergeschlagen. Im Oktober 1848 gehörte Wien wieder den Kaiserlichen und im November wurde Berlin von den preußischen Truppen besetzt.

Bakunin war schon knapp daran, zu verzweifeln (»Nur ein anarchischer Bauernkrieg einerseits und die Verbesserung der Bourgeoisie durch die Bankerotte können Deutschland retten...«), als er im März 1849 nach Dresden kam, wo er seine Chance witterte. Er lernte Richard Wagner kennen, der in dieser Zeit ähnlich radikal war und revolutionäre Schriften verfasste, die an Sprachgewalt und ehrlichem Zorn dem zeitgleichen *Kommunistischen Manifest* in nichts nachstanden. Wagner schilderte in seinen (weichgespülten, in der wohligen Gunst des bayerischen Königs geschriebenen) Lebenserinnerungen, welchen Eindruck Bakunin auf ihn machte: »Alles war an ihm kolossal, mit einer auf primitive Frische deutenden Wucht ... Überhaupt hatte er sich an das sokratische Element der mündlichen Diskussion gewöhnt, und augenscheinlich war es ihm wohl, wenn er sich, auf dem harten Kanapee seines Gastfreundes ausgestreckt, mit recht viel verschiedenartigen Menschen über die Probleme der Revolution diskursiv vernehmen lassen konnte. Bei diesen Gelegenheiten blieb er stets siegreich; es war unmöglich, gegen seine bis über die äußersten Grenzen des Radikalismus nach jeder Seite hin mit größter Sicherheit ausgedrückten Argumente sich zu behaupten ... Diese zerstörende Kraft in Bewegung zu setzen, dünkte ihm das einzig würdige Ziel der Tätigkeit eines vernünftigen Menschen. Während Bakunin solche furchtbaren Lehren in seiner Weise predigte, unterließ er es nicht, da er bemerkte, dass ich an den Augen litt, trotz meiner Abwehr den grellen Schein des Lichtes auf mich durch seine vorgehaltene Hand eine volle Stunde abzuhalten.«

Anfang Mai ging der Aufstand los, als der König von Sachsen sich weigerte, die in der Paulskirche beschlossene Verfassung anzuerkennen, und das Parlament auflöste. Er war aber kein Held, flüchtete beim ersten Anzeichen der Unruhe und rief preußische Truppen zu Hilfe. Bakunin übernahm die militärische Führung in Dresden. Wagner war beeindruckt von der Kaltblütigkeit, mit der dieser, ganz Aristokrat und ganz Revolutionär, »im schwarzen Frack mit einer Zigarre« die Stadt und die Barrikaden abschritt.

Neben Wagner und Bakunin war noch ein dritter prominenter Bürger am Maiaufstand beteiligt: Gottfried Semper, der in dieser Zeit als Architekt an der Erweiterung des Zwingers tätig war. Die drei einte ein Leben lang die Hemmungslosigkeit im Umgang mit dem Geld ihrer Gönner. Semper wurde für den Bau der Barrikaden zuständig. Es wird berichtet, Wagner und Semper zündeten, um die Front zu begradigen, neben einigen Bürgerhäusern auch Wagners Arbeitsplatz, die Oper, an. Ein Gefühl von Götterdämmerung muss ihn überkommen haben. Am Rande sei bemerkt, dass Wagner später willig am Hofe des bayerischen Königs diente, während Semper zunächst in London Karriere machte, dann das Kaiserforum in Wien baute, den preußischen (!) Orden *pour le mérite* erhielt und schließlich – die Ironie der Geschichte wird ihm nicht verborgen geblieben sein – zum Architekten des neuen Dresdener Hoftheaters wurde, das heute Semperoper heißt und damit der Nachfolgebau der 1848 von ihm selbst angezündeten Oper war. Die sächsischen Könige waren deutlich pragmatischer als die sächsischen Revolutionäre.

Es stellte sich bald heraus, dass Dresden nicht zu halten war mit den braven Bürgern, die um ihre »scheenen Beeme« trauerten, die als Material für die Barrikaden an der Maximiliansallee gefällt wurden. Bakunin fand das beschämend und lächerlich. Mit solchen Leuten konnte man keine Revolution machen. Er hatte nie ein Interesse an sinnlosem Blutvergießen, blies den Aufstand recht schnell wieder ab und organisierte die Flucht von 1.800 Revolutionären nach Böhmen. Wagner und Semper verschwanden ebenfalls, um künftig den Ruhm ihrer Fürsten zu mehren.

Bakunin selbst wurde gefangen genommen und nun begann für ihn eine lange Leidenszeit. Erst wurde er von Preußen zum Tode verurteilt, dann nach Österreich ausgeliefert und auch dort zum Tode verurteilt. Was Preußen und Österreicher durften, wollte der Zar aber auch. So wurde Bakunin weitergereicht und in Sankt Petersburg zum dritten Mal zum Tode verurteilt und anschließend in der Peter-und-Paul-Festung eingesperrt. Als der Zar ihn aufforderte, seine Schuld zu bekennen, weigerte Bakunin sich, zu diesem Zweck etwas Brauchbares aufzuschreiben. Das wirkte sich nicht positiv auf die Haftbedingungen aus. Aufgrund der Mangelernährung bekam er Skorbut und die Zähne fielen ihm unter entsetzlichen Schmerzen aus. Nach acht Jahren schließlich wurde die Festungshaft in die Verbannung nach Sibirien umgewandelt. Dort, in Tomsk, kam er eine Weile zur Ruhe und heiratete sogar. Aber auch das band ihn nicht nachhaltig (seine Frau auch nicht, ihre Kinder waren wohl alle von anderen Männern), und er machte es sich zu Nutze, dass einer seiner Vettern Oberbefehlshaber der russischen Truppen in Sibirien war, um über Japan und die USA zurück nach Europa zu fliehen, wo er 1861, dreizehn Jahre nach dem Dresdener Aufstand, in London wieder auf Alexander Herzen traf.

Marx war inzwischen der sozialistische Platzhirsch in London, hatte seine *Internationale* aufgebaut und sein Machtanspruch duldete keinen eigenständigen querdenkenden Kopf wie Bakunin. Um ihre strenge Organisation und Schlagkraft zu erhalten, wurde Bakunin auf Betreiben von Marx bald aus der *Internationale* ausgeschlossen. Die sozialistische Bewegung begann sich aufzusplittern, es keimte nicht nur der Hass gegen die Ausbeuter, sondern auch gegen die Konkurrenz im eigenen Lager.

Einen Menschen wie Bakunin, so voll von Zorn und Abscheu gegen Unfreiheit und Ausbeutung, konnte man aber nicht brechen. Sein Enthusiasmus für die Revolution war ungeschmälert, und er agitierte erneut, wo es nur ging. In erster Linie versuchte er sich nun in Norditalien, das jetzt von den reaktionären Österreichern beherrscht war, durch das früher aber schon einmal, unter Napoleon, der Geist der Neuen Zeit geweht hatte. Bakunin hielt immer an dem Glauben fest, die Revolution müsse unmittelbar bevorstehen. Aber viel Glück war ihm in seinem Leben nicht mehr beschert. Die Zeit hatte begonnen, über ihn hinwegzugehen. Beim Aufstand der Commune 1870 zog es ihn nach Lyon, und er wurde Mitglied eines revolutionären Zentralkomitees, das die Abschaffung beziehungsweise Suspendierung von Hypothekenzinsen und Steuern, die Einrichtung einer Volksjustiz, die Abschaffung des Staates und die Errichtung freier Kommunen forderte. Das Volk interessierte sich aber nicht für die Revolution, und so wurde sie nach wenigen Stunden von der Nationalgarde niedergeschlagen.

Bakunin wurde alt und niedergeschlagen und glaubte nach dem niederschmetternden Erlebnis in Lyon nicht mehr daran, selbst noch die unvermeidliche Revolution zu erleben: »Der Militarismus und Bürokratismus, die Adelsarroganz und der protestantische Jesuitismus der Preußen, innigst verbündet mit der Knute meines Herrn und Meisters, des Zaren aller Reußen, werden über den Kontinent Europa triumphieren, Gott weiß für wie viel Dutzende von Jahren.« In seiner Verzweiflung schwand auch seine Urteilskraft, und so ließ er sich zwischenzeitlich von Sergej Netschajew, einem irren Fanatiker, davon überzeugen, dass die Revolution nur durch Attentate auf Adel und Großbürger vorangetrieben werden konnte. Es dauerte schmerzlich lang, bis Bakunin erkannte, dass Netschajew ein Tyrann und Mörder war und nichts mit Menschlichkeit zu schaffen hatte. Ihm verdankten die Anarchisten ihren Ruf als besonders mordlustige Bande. Bakunins Menschenkenntnis war nicht sehr ausgeprägt, dazu war er zu naiv, zu kolossal, zu wenig an Nuancen interessiert, zu gerne bereit, an das Gute im Menschen zu glauben.

Am Ende war Bakunin so ehrlich, sich das entscheidende Problem der Revolution einzugestehen: »Es ist unnütz, das Unmögliche zu wollen. Man muss der Wirklichkeit ins Gesicht sehen und sich Rechenschaft darüber geben, dass die Volksmassen zur Zeit den Sozialismus gar nicht wollen«, schreibt er 1874 an einen Freund. Ähnlich sieht es Alexander Herzen in seinen Lebenserinnerungen: Was soll ein Revolutionär tun, wenn die Arbeiter und Bauern, die er befreien will, mit ihrem Los eigentlich ganz zufrieden sind, wenn sie kein Interesse haben an Veränderung, wenn sie das Gefühl nicht los werden, ihre kleine und letztlich elende Existenz wäre alles, was sie haben, und damit etwas, das sie behalten wollen?

Marx kannte solche Skrupel nicht. Ihn interessierte weder das Mögliche noch das Wünschenswerte, denn er hatte eine Theorie. Diese war eine zum System und zum religiösen Dogma gesteigerte Zusammenfassung dessen, was zu seiner Zeit keimte.

Von Ricardo und den Ökonomen der Klassik übernahm Marx den Glauben an das eherne Lohngesetz, dass kein Proletarier jemals mehr verdienen könne, als was zum blanken Überleben notwendig ist. Er übernahm damit auch das Say'sche Gesetz, dass der Preis jeder Ware und Arbeitskraft so lange fallen müsse, bis sie einen Käufer bzw. Arbeitgeber finde. Von Hegel hatte er den übermenschlichen Anspruch, die Welt in ein System ordnen zu können, steigerte ihn aber noch durch die Behauptung, die Weltgeschichte vorhersagen zu können. Wie dumm! Von Saint-Simon lernte er, die Weltgeschichte als Kampf wirtschaftlicher Klassen zu begreifen. Von Sismondi borgte er den Gedanken, dass die Kämpfe der Kapitalisten um Marktanteile und immer billigere Preise zum Zusammenbruch führen müssen, und schloss vom Zusammenbruch Einzelner auf den Zusammenbruch des Systems. All das fügte er zusammen zu einer Beschreibung des Kapitalismus als eines aus sich selbst heraus getriebenen dynamischen Systems, das seinen eigenen Gesetzen nicht entkommen kann und sich so selbst den Untergang bereitet. Die kapitalistische Dynamik, an der Adam Smith noch loben konnte, dass sie die Versorgung der Bevölkerung sichert und ihren Wohlstand steigert, führt nach Marx in Wahrheit zu immer tieferen Krisen und schließlich zum finalen Kollaps.

Der Zusammenbruch, nach der Vorhersage von Marx die unvermeidliche Konsequenz der Industriellen Revolution, konnte von den Revolutionären allenfalls beschleunigt werden, der Verlauf selbst war aber notwendig vorgegeben. Was danach kommen sollte, blieb eher vage, sodass die russischen Revolutionäre, denen ausgerechnet in dem am wenigsten industrialisierten Land als Ersten die Revolution gelang, zunächst eher ratlos waren, was nun praktisch zu tun sei. Jeder solle nach seinen Möglichkeiten abgeben, jeder solle nach seinen Bedürfnissen bekommen, so Marx in einer bedrückend pauschalen Formulierung, die das Thema, wie im vorangehenden Kapitel angedeutet, nicht verträgt. Denn was heißt das in der Praxis? Wer muss was abgeben, wer hat wann genug? Wer entscheidet? Und wenn die Märkte und das Gewinnmotiv abgeschafft werden, woher weiß eine Fabrik dann, was sie produzieren soll? Um die praktischen Fragen nicht zu laut werden zu lassen, wurde in der Sowjetunion ein Fünf-Jahres-Plan und sicherheitshalber auch eine Diktatur installiert – von einer bald zur Einheitspartei avancierenden politischen Gruppierung, in der nicht ahnungslose Arbeiter, sondern im Wesentlichen Intellektuelle mit hegelianischer Brille zwar nicht den Durchblick, aber das Sagen hatten.

Es lässt sich trefflich darüber spekulieren, wie die Geschichte weiter gegangen wäre, wenn der Sozialismus weniger von Marx und mehr von Bakunin oder sonst einer lebensnäheren, weniger professoralen, weniger von sich selbst geblendeten Figur geprägt worden wäre. Unabhängig davon war es unerträglich, wenn einige Wenige sagenhaft reich wurden, während ein großer Teil der Bevölkerung im Elend saß. Das mag vor der Französischen Revolution in Europa noch angegangen sein, ebenso wie in Barbados. Nun aber war es nicht mehr hinnehmbar. Wenn das Ergebnis von Ricardos Ökonomie so aussah, dann war sie entweder falsch oder jedenfalls nicht die ganze Wahrheit. Die breiten Bevölkerungsschichten wollten auch etwas vom Wohlstand abhaben, der sich vor ihren Augen so köstlich entwickelte. Es machte sich auch in der Bourgeoisie die Erkenntnis breit, dass nicht weiter gehen würde, was nicht weiter gehen konnte. Die Ökonomie musste sich nicht mehr nur über die Entstehung, sondern auch über den moralischen Grund und die Verteilung des Wohlstandes und die dazu passenden staatlichen Institutionen Gedanken machen. Das war der Themenkreis von John Stuart Mill.

Mill und die Sozialdemokratie

1848 war nicht nur das Jahr der Revolution, in dem Marx und Engels ihr *Kommunistisches Manifest* veröffentlichten, sondern auch ein wirtschaftlicher Tiefpunkt. In den 50er und 60er Jahren des 19. Jahrhunderts ging es deutlich bergauf, auch mit den Löhnen und Lebensbedingungen der Arbeiter. Die Entwicklung war zwar langsam, aber immerhin, das Elend nahm ab. In den gut zwei Generationen zwischen 1848 und dem Beginn des Ersten Weltkriegs verdoppelte sich in den Industrieländern das Pro-Kopf-Einkommen (in Deutschland verzweieinhalbfachte es sich sogar), und da die Ungerechtigkeit der Verteilung nicht weiter gesteigert werden konnte, kam auch bei den Armen und ihren zahlreichen Kindern ein immer größeres Stück vom Kuchen an. Es machte sich tatsächlich so etwas wie Wohlstand bemerkbar, der nicht Reichtum der wenigen war. Bedauerlicherweise konnte Marx das in seinem in dieser Zeit verfassten *Kapital* nicht mehr verarbeiten, denn seine Theorie war längst in Erz gegossen und besagte, die Löhne könnten nur fallen. Marx war nicht einmal mehr in der Lage zu erkennen, wie flexibel der von ihm für seine Flexibilität bewunderte Kapitalismus tatsächlich war. Er konnte nicht glauben, dass die wirtschaftlichen Verhältnisse sich von selbst änderten, ganz ohne proletarische Revolution. In der Praxis stiegen die Löhne erheblich, weil sich im Besitzbürgertum tatsächlich so etwas wie Mitleid breit machte und, wirkungsvoller, weil die Entstehung der Gewerkschaften der Arbeiterschaft erstmals Stimme, Organisation und Durchsetzungskraft gab. Sie stiegen aber auch, weil das eherne Lohngesetz schlicht falsch war. Die Fabrikbesitzer erkannten, dass für die immer komplizierter werdenden Tätigkeiten gelernte und erfahrene Arbeiter nötig waren, die man tunlichst nicht an die Konkurrenz verlieren sollte, bloß weil diese ein paar Kreuzer mehr bot. Für einen Arbeitgeber war und ist kaum etwas mühsamer, als eine tüchtige Arbeitskraft zu verlieren.

1848, in diesem Schlüsseljahr des 19. Jahrhunderts, veröffentlichte auch John Stuart Mill (1806–1873) seine *Prinzipien der Politischen Ökonomie*. Mill war das intellektuelle Wunderkind seiner Zeit. Schon sehr früh konnte er mit fast allen Instrumenten des Geistes umgehen und für viele Disziplinen schrieb er Stücke von bleibendem Wert: Er war eine Art Mozart der Philosophie. Vom Vater, der ebenfalls Philosoph war, wurde er als eine Versuchsperson herangezogen, um herauszufinden, was passierte, wenn man ein Kind vom ersten Tag an mit reiner Vernunft in Form von lateinischer und griechischer Grammatik, Logik, Geometrie und Arithmetik, Geschichte, Chemie und Zoologie fütterte. An die Stelle einer dickbusigen Gouvernante wurde ihm Jeremy Bentham als Erzieher gegeben, ein Philosoph von hohem Verstand, dem sein Ruhm als Erfinder des Utilitarismus bis heute nachhallt. Bentham hielt den kleinen John Stuart von anderen Kindern und überhaupt von allem fern, was seiner Meinung nach keinen Nutzen hatte. Mill begann das Studium der alten Sprachen im Alter von drei Jahren und mit sieben las er Platons Dialoge im Original. Zur Entspannung gab es Plutarch und als Zuckerl Humes *Geschichte Großbritanniens*. Mit zehn Jahren hatte er den größten Teil der klassischen Literatur gelesen und beherrschte die alten Sprachen auf universitärem Niveau. Deutsch und Französisch ebenfalls, verhandlungssicher. Relativ spät, im Alter von 13, begann er das Studium der Schriften von Adam Smith und David Ricardo – was damit zusammenhängen mochte, dass er bis zu seinem elften Lebensjahr, 1817, warten musste, bis Ricardos *Prinzipien der Politischen Ökonomie und Besteuerung* erschienen.

Im Alter von 14 wurde Mill mit Sport, Spiel und Gleichaltrigen bekannt gemacht. Das Leben wurde dadurch einerseits bunter, andererseits komplizierter und weniger leicht zu fassen als die Welt der Bücher. Angesichts der schlechten Ordnung und Unheimlichkeit der Wirklichkeit bekam Mill als junger Mann eine tiefe Depression, die nicht die letzte in seinem Leben blieb. Ein solcher Zustand der Seele war nicht in den Theorien seines Vaters und Benthams vorgesehen, und so wirkte sich diese Episode auf das ganze theoretische und praktische Gerüst seines Lebens aus. Die meisten Intellektuellen sehen die Welt durch die Augen ihrer Theorien an, und nur ganz wenige halten es umgekehrt, wägen die Theorien im Licht der Welt. Zur letzteren Gruppe gehörte Mill nach seiner Depression. Er hatte alles vernünftige Wissen seiner Zeit geschluckt und verdaut und war dennoch nicht eitel damit. Er wurde zu einem gut geerdeten Menschen, der das Leben nahm, wie es war und nicht, wie es sein sollte.

Mills Urteil über Bentham war nicht gnädig, die verlorene Kindheit hing ihm lebenslang nach. Er hielt seinem Lehrer vor, eine emotionale Niete zu sein, fröhlich zwar, aber unfähig zu starken Gefühlen und tiefen Erfahrungen. Damit war Bentham für ihn auch als Philosoph disqualifiziert, denn die eigentlich menschliche Erfahrung blieb ihm vorenthalten: »Durch diese Grenzen ist Benthams Kenntnis der Natur des Menschen entsprechend begrenzt ... Er hatte weder innere noch äußere Erfahrungen; der ruhige, gleichmäßige Tenor seines Lebens und die Gesundheit seines Geistes enthielten ihm beide vor. Er lernte weder Reichtum noch Armut kennen, Leidenschaft oder Überdruss. Er hatte nicht einmal die Erfahrung von Krankheit, er lebte von der Kindheit bis zum Alter von 85 in knabenhafter Gesundheit. Er kannte keine Entmutigung, keine Herzensschwere. Er empfand das Leben nie als ermüdende Last. Er war bis zuletzt ein Knabe. Selbstbewusstsein, jener Daimon der genialen Menschen unserer Zeit, von Wordsworth bis Byron, von Goethe bis Chateaubriand, dem unser Zeitalter so viel von seiner fröhlichen und traurigen Weisheit verdankt, ist in ihm nie erwacht. Wie viel menschliche Natur in ihm schlummerte, wusste er nicht, und wir können es auch nicht wissen.« Kein günstiges Urteil.

Mill ist in England 1848 bereits allgemein als Philosoph und politischer Intellektueller von Gewicht anerkannt. Er ist der bedeutendste Vertreter des Utilitarismus, in dem explizit ausgesprochen wird, was die Ökonomen sich insgeheim denken und voraussetzen. Der Utilitarismus schaut dem Menschen tief in die Augen, schüttelt den Kopf und stellt fest, dass er ja doch nur danach strebt, seinen Nutzen zu maximieren, indem er Genuss erstrebt und Schmerz vermeidet. Daraus lässt sich das Handeln von Mensch und Tier erklären (auch wenn man dem Menschen höhere Genüsse wie etwa die Philosophie zubilligen muss). Der Utilitarismus ist eine oft und gern angegriffene Philosophie, aber sie hat den großen Vorteil, unmittelbar plausibel zu sein, denn jeder, der von diesem Grundsatz hört, fühlt sich zunächst einmal ertappt. Was soll der Mensch auch sonst tun – Angst und Unlust suchen? Ökonomen teilen dieses Weltbild, denn der Mensch wird berechenbar, eine statistische Größe, wenn er auf messbare Anreize reagiert. Genau genommen ist der Utilitarismus seit Mill für die meisten Ökonomen die einzig denkbare philosophische Haltung, so schlecht ihr Ansehen auch sein mag. Ökonomen können nichts mit Menschen anfangen, die nicht nach ihrem Vorteil schielen und einfach nur nett und selbstlos sind. Sie werden ganz kühl, im Stile Benthams, wegdefiniert, indem beispielsweise eine Spende zu einem nützlichen Akt zur Verbesserung des sozialen Status erklärt wird.

Wichtiger ist aber eine andere philosophische Grundhaltung, mit der Mill die Ökonomie erst wirklich reformierte. Er war Konsequentialist. Dem Konsequentialisten kommt es, irgendwie steckt das ja schon im Namen, bei Handlungen viel mehr auf die Konsequenzen an als auf die Motivation. Wenn ich einer alten Dame über die Straße helfe, weil ich Geld dafür bekomme, so ist das Ergebnis gut und damit auch die Handlung. Wird sie nicht geführt und überfahren, so ist das Ergebnis schlecht und es war schlecht, dass sich offensichtlich niemand gefunden hat, der alten Dame zu helfen, egal aus welchen Motiven. Und wenn ich der alten Dame uneigennützig und nur um ihrer selbst willen über die Straße helfe, sie dabei aber überfahren wird, dann kann sich der Konsequentialist ebenfalls nicht durchringen, meine Handlung gut zu finden. Das Resultat war nicht gut und damit hätte ich mir die ganze Handlung sparen können.

Konsequentialisten sind damit das Gegenteil der Kantianer, für die nichts so gut ist wie ein guter Wille, ungeachtet der Ergebnisse. Mill also führte das konsequentialistische Denken in der Ökonomie ein. Konkret bedeutete dies: Wenn eine ökonomische Ordnung dazu führt, dass ein großer Teil der Bevölkerung unter die Räder kommt, so stimmt etwas mit der Theorie nicht. Sie mag logisch, elegant und in sich schlüssig sein, taugt aber nicht für die Praxis. So sah Mill die Ökonomie der Industriellen Revolution: Sie führte nicht zum größtmöglichen Nutzen für die größtmögliche Zahl von Menschen und war daher nicht gut.

Mill sieht sich also in der Welt um, stellt fest, dass die Konsequenzen der gegenwärtigen Wirtschaftsordnung untragbar sind und bringt daher einen sozialdemokratischen Ton in die Ökonomie. Dieser klingt etwa so: »Ich bekenne, dass ich mich nicht mit dem Lebensideal derjenigen anfreunden kann, welche meinen, dass fortwährendes Gegeneinanderkämpfen der normale Zustand menschlicher Wesen sei; dass das Sich-Drängen, Stoßen, Schieben, was die derzeit üblichen Umgangsformen des gesellschaftlichen Daseins abgibt, das erstrebenswerteste Los der Menschheit oder irgendetwas anderes seien als die unerfreulichen Symptome eines der Stadien des industriellen Fortschritts.« Mill bestätigt zwar, dass freie Märkte, Privateigentum etc. die Grundlage des Wohlstandes sind, dass aber die Frage nach dem Entstehen der Fülle von der Frage nach ihrer Verteilung getrennt werden müsse. Wie man reich wird, hat nichts damit zu tun, was man mit dem Geld anfängt. Die Gesellschaft kann eine Verteilung beschließen, durch die der insgesamt größte Nutzen für die Menschen erreicht wird, gemessen an einem Maximum an Genuss und einem Minimum an Schmerz. Für Mill besteht der Wohlstand einer Nation daher nicht nur in einer möglichst effizienten Produktion von Gütern. Es muss den Ökonomen um das Höchstmaß des allgemeinen Wohlbefindens einer Nation gehen.

Wie alle anderen Ökonomen auch beschreibt Mill die Welt um sich herum. Anders als zu Ricardos Zeiten hat mittlerweile die soziale Bewegung längst die Herzen des Bürgertums erreicht, manchmal sogar die Köpfe. In England begründete 1834 das Parlament ein System von Arbeitshäusern, wo den Elendsten zwar ein jämmerliches Dasein beschert war, wo sie aber wohnen und ein wenig essen konnten. In Preußen und Sachsen gab es bereits in den 1840er Jahren Vorläufer einer Sozialgesetzgebung, die Otto von Bismarck dann in den 1870er Jahren auf ganz Deutschland ausdehnte. Überall begann der Staat Kinderarbeit, Arbeitsstunden und Arbeitsbedingungen zu reglementieren und zu kontrollieren. Damit ging die Demokratisierung Europas einher. Den Menschen reichte es nicht mehr, den Regierungen nur zuzusehen, sie wollten mitreden. Das Wahlrecht und die Befugnisse der Parlamente wurden ausgeweitet. Es war ein zermürbend langsamer Prozess, aber heute wissen wir, dass es irgendwie so kommen musste. Mill jedenfalls war für die Ökonomie der Chronist dieser Bewegung.

Es tut der Entwicklung des allgemeinen Wohlstands in Mills Augen keinen Abbruch, wenn man unverdiente Glücksfälle wie Erbschaften und Wertsteigerungen von Landbesitz hoch besteuert, um mit diesem Geld die Aufgaben der Allgemeinheit zu zahlen. Darunter fallen ausdrücklich auch Posten wie Wohlfahrt und die Ausbildung und Erziehung der Kinder. Die Umverteilung hat aber, wie jeder staatliche Eingriff, ihre Grenze dort, wo sie die Freiheit der Bürger einschränkt. Der Staat soll nehmen, was er braucht, um den allgemeinen Wohlstand zu optimieren – aber keinen Cent mehr. Er ist gewiss nicht dafür verantwortlich, dass es allen Bürgern gut geht. Die Steuern sollten daher so niedrig sein, wie in einer fairen Gesellschaft nur möglich.

Mill bringt einen robusten Sinn für Individualismus mit, der in der englischen Oberschicht des 19. Jahrhunderts gerne zu offener Exzentrik führt. Dadurch ist er völlig frei von Sozialromantik und an seiner Freiheitsliebe findet auch die Sozialdemokratisierung ihre Grenze. Die Vorstellung, die Gesellschaft und/oder der Staat könnten den Menschen über ein Minimum hinaus Vorschriften machen, ist ein Anathema für Mill. Meine Freiheit darf einzig und allein dann eingeschränkt werden, wenn sie die Freiheit der anderen bedroht. Alles andere ist meine Privatangelegenheit. Ob ich mein Haus lila anmale, ob ich meine Zeit verschwende, ob ich geizig bin mit meinem Geld, ob ich gut oder schlecht mit meiner Gesundheit umgehe, geht niemanden etwas an, solange ich selbst dafür die Verantwortung übernehme und die Konsequenzen trage.

Mill buchstabiert aus, dass es in der Ökonomie über die blanken Zahlen hinaus noch um etwas anderes geht. Sie untersucht, wie der größte materielle Nutzen für die größte Zahl von Menschen zu erreichen ist. An dieser Stelle liegt nicht nur die Schnittstelle zur Philosophie, sondern auch zur Politik. Um nämlich sagen zu können, was gut ist, worin der Wohlstand besteht, was das machbare Glück der Menschen ist, müssen wir uns zuerst darüber Gedanken machen, in was für einer Gesellschaft wir eigentlich leben wollen. Erst wenn die politische Grundfrage geklärt ist, kann die Ökonomie sagen, wie und um welchen Preis unsere ideale Gesellschaft zu haben ist, welches die Kosten der Gleichheit und des freien unternehmerischen Spieltriebs sind. Im richtigen Kontext klingt beides schön, ist aber nicht umsonst zu haben.

Da Mill Philosoph ist, macht er sich selbstverständlich auch über das Ende der Geschichte Gedanken. Sein Ideal ist ein stationärer Zustand, in dem das ewige Hasten nach Fortschritt und Wachstum zur Ruhe gekommen ist, in dem die Menschen zufrieden sind mit dem, was sie haben, wo es weder Armut noch Neid noch Demütigung gibt, aber viel Muße für Spiel, für Freunde und für ein erfülltes Geistesleben. Das ist für ihn der Wohlstand. Das Verlangen nach Geld um seiner selbst willen findet er, wie jeder gebildete Mensch, unappetitlich. Wachstum kann auf einem endlichen Planeten nicht unbegrenzt sein, und wenn für alle genug da ist, gibt es keinen Grund mehr, so weiter zu machen wie bisher. Die satte, stationäre Gesellschaft, die das Ende der Wirtschaftsgeschichte ist, hat »einen gut bezahlten und wohlhabenden Arbeiterstand; keine enormen Vermögen, außer solchen, die während einer einzelnen Lebenszeit erworben und angesammelt wären; aber eine viel größere Klasse von Personen als jetzt, nicht allein befreit von größeren Mühen, sondern auch im Genuss hinlänglicher leiblicher wie geistiger Muße, um frei von mechanischen Details die anmutige Seite des Lebens zu pflegen und den minder günstig gestellten Klassen ein Beispiel für deren Pflege zu geben.« Diese Beschreibung des Wohlstands ist gleichermaßen weit entfernt von dem, was sich Voltaire, Smith und Ricardo, Rousseau, Bakunin und Marx vorgestellt hatten. Aber gibt es so einen Wohlstand und wenn ja, ist er nicht entsetzlich langweilig?

Heute wissen wir, dass es mit dem Ideal in dieser Welt wohl nichts werden wird. Keynes wird später die Antwort darauf geben, warum wir es uns nicht einfach gemütlich machen können. Aber es lohnt doch, darüber nachzudenken. Mills Buch von 1848 wird für die nächsten beiden Generationen von Ökonomen zum Standardlehrbuch, in Oxford ist es bis 1919 in Gebrauch. Es gibt der Ökonomie einen neuen Richtungssinn und sprengt die zu eng gewordenen Horizonte der Klassik. Es steht für die Reformfähigkeit des Systems, das sich wandeln muss, um zu bestehen. Es verweist auf die mögliche Versöhnung am Ende eines revolutionären und kampfbetonten Jahrhunderts. Es ist das Begleitbuch zu dem, was Karl Polanyi genau 100 Jahre später »The Great Transformation« nennt.

The social responsibility of business is to increase its profits
MILTON FRIEDMAN

TEA PARTY

Bakunins Erben sind heute auf der Linken in einigen sehr zivilisierten und eigentlich ganz harmlosen Vereinigungen organisiert, wie etwa der *Occupy Wall Street*-Bewegung. *Occupy* entstand aus dem Zorn über die Schuldenlawine, die nach der großen Wirtschafts- und Finanzkrise auf die Staatshaushalte der Amerikaner und Europäer zurollte. Für einige Monate besetzte sie prominente Orte in den Städten des Geldes (den Zuccotti-Park in New York, zeitweise den Paradeplatz in Zürich, den Platz vor der Europäischen Zentralbank in Frankfurt). Dort wurden Zelte aufgeschlagen und mit großem Ernst über die Zeit nach dem Ende des Kapitalismus geredet, es wurde ein anarchistisches Experiment gelebt, ohne hierarchische Strukturen, ohne Parteiprogramme, friedlich, gewaltfrei und freundlich, mit einem Hauch von Woodstock.

Occupy glaubte wie Bakunin an der Schwelle zu einer epochalen Zeitenwende zu stehen, das Ende des Kapitalismus zu begleiten. Die Bewegung erwies sich aber als zu instabil, zu komplex, zu anarchisch, um jemals politisch relevant zu werden. Sie erlitt dasselbe Schicksal, wie Bakunin es ungezählte Male vorgelebt hatte, indem sie zunächst die Herzen der Menschen mit einem berechtigten Anliegen aufrüttelte, dann aber keine konkrete Lösung des Problems präsentieren konnte, welche die Menschen von einem Systemwechsel überzeugt hätte (In den Worten von David Graeber, ihrem Vordenker: »Das einfache Anliegen lautet – Die politische Ordnung in Amerika ist absolut und unrettbar korrupt, beide Parteien sind von dem wohlhabendsten einem Prozent ge- und verkauft worden, und wenn wir in irgendeiner Art von echt demokratischer Gesellschaft leben wollen, müssen wir bei Null anfangen« – aber was dann?).

Graeber selbst sieht den Grund des Problems in der unheiligen Verbindung von Staat und Gewalt, welche sich in den Bergen von Schulden manifestiert, die heute die Herrschaft der finanziellen Elite zementieren. Als Lösung schlägt er die Abkehr von der Schulden- und damit auch von der Geldwirtschaft vor. Da die Besitzstände zu groß sind, das Leben zu gut geordnet, die Vorstellungen zu unterschiedlich, die Masse zu träge, ist die Erfolglosigkeit von *Occupy* absehbar. Graebers etwas unachtsamer Umgang mit den Details der modernen Wirtschaftsordnung hat ebenfalls nicht geholfen.[4] Dabei ist die Grundintention – dass es zu viele Schulden gibt in der Welt und dass ein teilweiser Forderungsverzicht seitens der Gläubiger nötig ist – völlig richtig. Aber das geht im Stimmengewirr von *Occupy* unter. Vielleicht hatte Marx mit seiner Betonung des hohen Stellenwerts der Organisation nicht ganz unrecht. Spontan entstehen Revolutionen fast nur in Frankreich, und selbst dort sind sie nicht immer erfolgreich.

Interessanter ist die Tea-Party-Bewegung, Bakunins Erbin auf der Rechten. Dort ist derzeit Ron Paul der Patenonkel der Bewegung, wie Graeber ein spät berufener Ökonom (dieser ist Anthropologe, jener ist Gynäkologe), dem aber das Kunststück gelingt, Bakunins Anarchismus mit Marx' Faible für Parteiorganisation zu kombinieren und damit, wer hätte das gedacht, das konservative Amerika zu begeistern. Gesicht der Bewegung war lange Zeit Sarah Palin, die es immerhin zur Kandidatin für das Amt des Vizepräsidenten der USA auf dem Ticket der Republikaner gebracht hat. Wie alle Anarchisten ist auch die Tea Party davon überzeugt, dass vom Staat nur Gewalt gegen seine Bürger ausgeht und dass er daher auf ein absolutes Minimum zurückgestutzt werden sollte. In ihren Augen ist nicht Eigentum, sondern Besteuerung Diebstahl, weshalb die Lösung für alle Probleme – Terrorismus, Einwanderung, Krankenversicherung, Kriminalität – in der Regel Steuersenkungen sind. Wie Bakunin hat die Tea Party als Ideal den in seinem Wald lebenden (bewaffneten) Einzelgänger vor Augen, der sich um nichts kümmert als um seine eigenen Belange, für den der Staat allenfalls am Rande, außerhalb des Alltags existiert und der seine Welt lieber von unten, über freiwillige lokale Zusammenschlüsse organisiert als durch die schwere Hand der staatlichen Ordnung. Wie Teile von *Occupy* sind Teile der Tea Party für die Abschaffung des Geldes, wie wir es kennen, und wollen es durch eine Goldwährung ersetzen, die nicht von der (abzuschaffenden) Zentralbank in Umlauf gebracht wird, sondern von jedermann gemünzt werden kann.

Ron Paul war im Zuge der Finanzkrise tatsächlich noch im Jahr 2011 vom Untergang des Abendlands überzeugt. Als Kongressabgeordneter musste er seine privaten Investitionen offen legen, sodass sich überprüfen ließ, ob er nur so daherredete. Und tatsächlich hatte er 64 % seines Vermögens in Gold- und Silberminenaktien angelegt, 21 % in Immobilien und 14 % in Bargeld. Eine Wette auf Aktien hatte er noch laufen, in Form eines *double inverse*-Fonds, der jeden Tag die doppelte Gegenbewegung macht zu dem Aktienindex, gegen den auf diese Weise gewettet wird. So ein Portfolio, in dem noch Büchsenfleisch und abgepacktes Wasser fehlen, macht nur Sinn angesichts eines unmittelbar bevorstehenden Endes der Zivilisation.

Eng mit der Tea-Party-Bewegung sind die Libertären (der Begriff wird erstmals in einem Brief des Anarchisten Joseph Déjacque an Proudhon benutzt) verbunden, das ist die Schule, aus der Ron Paul ursprünglich stammt und welche sich die unbedingte Freiheit des Einzelnen auf die Fahnen geschrieben hat. Wenn jemand seine Gesundheit durch Drogen ruinieren und sich nicht gegen Krankheit versichern will, so ist das seine Sache. Wenn jemand ein Gewehr tragen will, ist das in Ordnung (solange er seine Mitmenschen nicht grundlos erschießt), ebenso wie alles andere, das nicht die Freiheit der Mitmenschen einschränkt. Diese Anarchokapitalisten stehen mit einem halben Bein in der liberal/utilitaristischen Tradition, allerdings ohne deren sozialdemokratische Tendenzen, weshalb sie sich nicht den als links-bürgerlich empfundenen Begriff »Liberale« anhängen lassen wollten und Labels wie Libertär oder Neoliberal in Umlauf brachten, denen man ihre Vergangenheit nicht so stark ansah.

Der fruchtbare Boden, auf dem der Anarchismus der Tea Party heute gedeiht, ist über fast das ganze 20. Jahrhundert stetig gedüngt worden. Der Stein wurde von einer diffusen Angst vor einer durchbürokratisierten Welt ins Rollen gebracht, wie sie, unter anderem, in den großen Romanfragmenten Kafkas, *Das Schloss* und *Der Prozess*, in den 1910er und -20er Jahren thematisiert wird. Kafka beschreibt undurchschaubare Hierarchien und Mächte, die der Betrachter nur als allmächtige und gleichzeitig lustlose Bürokratie wahrnimmt. Von bürgerlicher Freiheit ist nicht viel zu bemerken, die verwaltende Autorität hat sich verselbständigt und ist totalitär und gesichtslos geworden. Der Einzelne ist machtlos und kann Selbstbestimmung oder Einfluss allenfalls vortäuschen. Wer schon einmal in das Räderwerk der Bürokraten geraten ist, hat die Angst gewiss heute noch in den Gliedern, die aufkommt, wenn nur die Aktenlage gilt und das entscheidende Papier fehlt, oder wenn eine Norm nicht erfüllt ist und keine Intervention der Vernunft möglich ist. Bürokraten befolgen ihre Regeln, kennen weder Sinn noch Verantwortung und interessieren sich nicht für die Kosten ihres Tuns, weder für die eigenen noch für die fremden.

Im k.u.k.-Reich scheint die Bürokratie besonders furchteinflößend gewesen zu sein, denn nicht nur Kafka, sondern auch die österreichischen Ökonomen dieser Zeit haben die Bürokratie zum schaudererregenden Thema. Für die Ökonomen erhebt Ludwig von Mises 1922 die Stimme gegen den ökonomischen Bruder der Bürokratie, die Planwirtschaft, die gerade im Sowjetkommunismus erblüht und als mögliches Vorbild für den Rest der Welt gehandelt wird. In seinem eher unverbindlich betitelten Aufsatz »Die Gemeinwirtschaft« portraitiert Mises die Marktwirtschaft als eine Art Großrechner, der eine unüberschaubare Menge von Informationen verarbeiten kann. Information (was wann wo gebraucht wird, welche technischen Möglichkeiten zur Produktion es gibt, welche Ressourcen zur Verfügung stehen) ist immer dezentral, weshalb die Zentralisierung von Entscheidungen immer zu Irrtümern und Fehlern führt, für die es dann noch dazu keinen Korrekturmechanismus gibt, schließlich ist ja niemand verantwortlich.

Alle Versuche, Wohlstand durch Planwirtschaft zu schaffen, illustrieren das Problem. Eine zentrale Planungsbehörde wird nie die nötigen Daten haben, um die Preise so zu gestalten, dass Angebot und Nachfrage im Gleichgewicht sind. Planer können zwar eine Liste mit Waren und Dienstleistungen aufstellen, die sie produzieren wollen. Aber was dann? Woher will der Planer wissen, ob der Wert eines Fahrrads für einen Konsumenten höher ist als der Wert der Ressourcen (Blech, Gummi, Arbeit), die für seine Produktion notwendig sind? Macht es überhaupt Sinn, Fahrräder zu produzieren? Der Planer weiß nie, ob er die Ressourcen effizient einsetzt oder sinnlos vergeudet. Letzteres ist natürlich das überwältigend Wahrscheinliche. Daher liegt die Rettung des Wohlstands vor den Planungsbehörden in der Marktwirtschaft. In den Marktpreisen spiegelt sich, wer was wann wo in welcher Qualität und Dringlichkeit benötigt. Im Markt wird Information kanalisiert und verteilt, ohne dass damit eine zentrale Entscheidungsinstanz gefüttert werden müsste. Diese Fähigkeit, kleine Einheiten wie in einem Ökosystem miteinander zu koordinieren, macht Märkte so effizient und offen für Fortschritt.

Dieses Argument wurde von Friedrich von Hayek, ebenfalls ein kakanischer Ökonom, aufgegriffen und gleichermaßen verfeinert und popularisiert. Hayek war ursprünglich sogar so etwas wie ein Sozialist und als Student verbrachte er den größten Teil seiner Zeit im Café Landtmann neben dem Burgtheater in Wien, wohin die Wohnungsnot alle interessanten Leute trieb. Er machte sich später als Ökonom einen Namen durch eine recht präzise Vorhersage der Weltwirtschaftskrise (im Februar 1929) und kam so 1931 an die *London School of Economics*, wo er sich bald als Gegenspieler (allerdings ohne viele Anhänger) von Keynes etablierte. Hayek erkannte durchaus die Schwächen des marktwirtschaftlichen Systems. Er sah die Tendenz der erfolgreichen Unternehmer, nach Monopolen und Macht zu streben. Er sah die Ineffizienzen, die entstehen, wenn es gut informierten Insidern gelingt, die relative Unwissenheit ihrer Umgebung auszubeuten. Er sah, dass die daraus oft folgende extreme Ungleichheit zu untragbaren sozialen Spannungen führen kann. Er sah, dass einzelne Akteure ihre Kosten oft auf die Allgemeinheit abzuwälzen versuchen (z.B. durch Umweltverschmutzung). Hayek begriff diese Schwächen und versuchte sie zu heilen, indem er der Wirtschaft eine Ordnung geben wollte, ohne in die konkreten Entscheidungen einzugreifen.

Im Zweiten Weltkrieg, Hayek war 1938 britischer Staatsbürger geworden, beschloss er, die Kriegsbemühungen zu unterstützen, so gut er konnte, indem er von London nach Cambridge zog und dort ein Buch schrieb, das die Abwehrkräfte der Briten gegenüber den totalitären Ideologien stärken sollte. Leider dauerte die Abfassung des Buches so lange, dass der Krieg schon fast vorbei war, als *The Road to Serfdom* erschien. Gleichwohl war der Erfolg durchschlagend, denn ähnlich wie Marx versuchte er sich in der Vorhersage der Zukunft, was beim Leser immer einen wohligen Schauer hervorruft. Diese sah für den Westen recht finster aus, befand er sich doch auf einer abschüssigen Bahn in die Planwirtschaft. »Wir haben nach und nach die wirtschaftliche Freiheit aufgegeben, ohne die in der Vergangenheit persönliche und politische Freiheit nie existiert haben ... der grundlegende Individualismus, den wir von Erasmus und Montaigne, von Cicero und Tacitus, Perikles und Thukydides geerbt haben, geht immer weiter verloren.« Die kollektivistische Gesellschaftsordnung zerstört, was die westliche Zivilisation ausmacht: Den »Respekt für das Individuum *qua* Mensch, d.h. die Anerkennung seiner Ansichten und Vorlieben als oberste Instanz in ihrer eigenen Sphäre, wie eng auch immer diese begrenzt sein mag ...« Dass jeder staatliche Eingriff in Knechtschaft endete, war eine ebenso steile wie falsche These, aber sie fand viele Anhänger in einer Zeit, in der die totalitären Regimes sich einen immer größeren Teil der Welt einverleibten.

Den philosophischen Unterbau für diese Weltsicht schuf Karl Popper, der auf Vermittlung von Hayek aus Österreich und auf dem Umweg über Neuseeland ebenfalls an die *London School of Economics* gekommen war. Seine beiden entscheidenden Bücher aus dieser Zeit (*Das Elend des Historizismus* und *Die Offene Gesellschaft und ihre Feinde*) sind ein Angriff auf Platon, Hegel und Marx, denen Popper kollektivistische und antidemokratische Tendenzen nachweist. Deren Historizismus, wie Popper ihn zeichnet, geht von der Existenz unveränderlicher Gesetze in der geschichtlichen Entwicklung aus. Das Schicksal der Menschheit ist, so unterstellt Popper seinen Gegnern aus der älteren und jüngeren Philosophiegeschichte, nicht offen, sondern vorgezeichnet und von begabten Propheten auch vorhersagbar – laut Popper der Gipfel der Unwissenschaftlichkeit. Das Geraune dieser Philosophen findet er unspezifisch, so dass sich der Wahrheitsgehalt ihrer Thesen nicht verifizieren lässt. An diesem Geraune hängt aber das Selbstbewusstsein der Kollektivisten, die sich der Zukunft sehr sicher sein müssen, um planerisch in die Entwicklung der Gesellschaft einzugreifen. Nur wer sich zu wissen einbildet, wie die Entwicklung »richtig« läuft, so Poppers Fazit, hat auch die nötige Arroganz, seinen Mitmenschen zu sagen, wie sie ihr Leben gestalten sollen.

Mises, Hayek und Popper schrieben nur oberflächlich über die unterdrückten Völker auf dem europäischen Kontinent. Ihnen ging es eigentlich um Großbritannien und die USA, wo im Zuge des New Deal die Sphäre des Staates immer weiter ausgedehnt wurde. Franklin Roosevelt, der amerikanische Präsident, war kein autoritärer Regent, aber er war oftmals nicht weit davon entfernt. Er fand das Land in einem Ausnahmezustand vor und es ist nicht klar, wie er reagiert hätte, wenn der Kongress nicht bereitwillig seine Gesetzgebungsvorhaben abgenickt hätte (von denen die wesentlichen Bausteine später vom Obersten Gerichtshof gekippt wurden). Als er im Januar 1933 sein Amt antrat, zwang Roosevelt die Amerikaner, die angesichts des wirtschaftlichen Ruins Gold gehortet hatten, dies dem Staat zu einem festgelegten Preis zu verkaufen. Wer nach einem bestimmten Stichtag noch im Besitz von Gold war, hatte mit zehn Jahren Gefängnis und einer hohen Geldstrafe zu rechnen. Sobald das Gold abgeliefert war, wurde der Dollar stark abgewertet. Den Abfluss des Geldes aus den Banken beendete Roosevelt, indem er das ganze Bankensystem für 28 Tage dicht machte und erst wieder öffnete, als die Lage sich beruhigt hatte. Er misstraute den freien Märkten allgemein und den Geldleuten insbesondere. Es war ihm, angesichts der Weltwirtschaftskrise, nur zu offensichtlich, dass der Staat sie nicht allein lassen durfte. Die Besteuerung der Unternehmen war permanenten Änderungen unterworfen. Der Spitzensteuersatz stieg im Krieg auf über sportliche 90 %. Eigentumsrechte hatten es nicht leicht in dieser Zeit. Die Menschen nahmen es hin, sei es, weil sie nichts mehr zu verlieren hatten, sei es, weil die Verzweiflung ihnen den Glauben an eine höhere Vernunft der Technokraten nahelegte. Die unsichtbare Hand wurde auch bei den Angelsachsen durch den Taktstock der staatlichen Bürokratie ersetzt. Beatrice Webb, eine der prominenteren Schülerinnen von Keynes, schrieb 1936 das wie eine Drohung betitelte Buch *Soviet Communism: A New Civilisation*, in dem allen Ernstes Stalins Russland als echte Alternative gehandelt wurde. Keynes, der mit einer Russin verheiratet war und die Realität dort gut abschätzen konnte, mochte ganz anderer Meinung sein, aber die mit seinem Namen verbundene Schule, die sich in den angelsächsischen Ländern verbreitete, entfernte sich mit schnellen Schritten von der Marktwirtschaft. Nur eine Minderheit von Ökonomen konnte sich mit der Theorie von Keynes und der Praxis des New Deal nicht abfinden. Ihnen sah diese Paarung aus wie der Weg in die Knechtschaft. Das weckte die antitotalitären Instinkte der Österreicher, deren Schriften schließlich den Boden bereiteten für das Potpourri an Gedanken, welches dem Neoliberalismus zugrunde liegt.

Zur schillerndsten Bannerträgerin der Bewegung wurde Ayn Rand, eine aus Russland stammende und in New York lebende Schriftstellerin und Philosophin, deren Familie im Zarenreich zu bescheidenem Wohlstand gekommen war und fliehen musste, als die Revolution auch den Kleinunternehmern an den Kragen wollte. Rand ging zunächst nach Hollywood, um Drehbuchautorin zu werden, und wurde nach und nach zu einer erfolgreichen Romanautorin, deren Weltbild deutlich von den Erfahrungen in der Sowjetunion geprägt war. Sie wurde politisch aktiv, lernte Ludwig von Mises kennen und mit ihm das politisch-ökonomische Weltbild der Österreichischen Schule, das ihr dank eines ausgedehnten Nietzschestudiums in der alten Heimat schnell plausibel war.

Im Zweiten Weltkrieg beginnt Rand, ihren größten (und zugleich letzten, 1957 erschienenen) Roman zu schreiben, *Atlas Shrugged*. Darin beschreibt sie den Zustand der USA in einer unbestimmten Zukunft, in der das Land in eine Diktatur mit stark sozialistischen und leicht faschistischen Zügen abgeglitten ist. Es wird beherrscht von einem Staat, der von Plünderern und Schnorrern geentert wurde, welche die Kreativen und die Macher ausbeuten. Die Plünderer kommen durch die Macht der (Steuer) Gesetze (welche von den Faulen für die Faulen gemacht werden) ans Ziel, während die Schnorrer sich darauf spezialisiert haben, ihren Mitmenschen Schuldgefühle einzureden. Aus dieser Welt verschwinden plötzlich immer mehr Unternehmer, und der Roman handelt über weite Strecken davon, wie die Heldin diesem Geheimnis auf die Spur kommt. Der Grund ist, so stellt sich spät heraus, ein Streik, in den die Helden der Ökonomie getreten sind. Sie überlassen die Taugenichtse sich selbst. Sollen sie doch sehen, wo sie bleiben. Ohne Unternehmer kann kein Staat prosperieren, denn die dumpfe Masse ist nicht in der Lage, zu erfinden, zu gründen, zu wagen und zu schaffen. Sie sind es, die letztlich die Gesellschaft tragen, wie im griechischen Mythos Atlas die Welt auf seinen Schultern trägt.

Die Unternehmer bauen sich in ihrem Versteck ihre eigene kleine Gesellschaft, wo es einfach und gerecht zugehen soll und wo vor allem die Menschen die Früchte ihrer Arbeit behalten dürfen. John Galt, der Organisator des Streiks, erklärt »das politische System, das wir bauen werden, ist in einem einzigen moralischen Grundsatz zusammengefasst: Niemand darf irgendwelche Vermögenswerte von anderen durch Gewalt bekommen.« Und weiter: »es können keine Rechte existieren ohne das Recht, diese in die Realität umzusetzen – zu denken, zu arbeiten und die Ergebnisse zu behalten – was bedeutet: das Recht auf Eigentum.« In dieser Logik ist der Steuerstaat, der den Menschen unter Zwang Opfer abverlangt, immer ein rechtloser Staat. »Wir streiken gegen Selbstaufopferung. Wir streiken gegen den Glauben an die unverdienten Belohnungen und unbelohnten Verdienste. Wir streiken gegen das Dogma, dass das Streben nach Glück böse ist.« Aber was passiert, wenn die produktiven, kreativen Elemente der Gesellschaft streiken? Sie bricht zusammen, die Lichter gehen aus. Das ist dann auch das Ende des Romans.

Jeder Staat ist gut beraten, seine Unternehmer zu pflegen, denn deren Eigenschaften sind selten und für den allgemeinen Wohlstand unverzichtbar. Das ist eine einfache Einsicht, die von Ayn Rand mit großem metaphysischem Aufwand untermauert wird, welcher insgesamt aber ganz überflüssig ist, angesichts der praktischen Evidenz des zu Beweisenden. Die große Radioansprache, die John Galt am Ende hält, ist voll von Spekulationen über die Verfassung des Seins, die Bedeutung von Freiheit und die Überlegenheit der Tugend. Dabei ist das Paradies, ganz wie bei Voltaire, fest im Diesseits verankert und voll von Eigentumsrechten: »Über Jahrhunderte wurde der Kampf um die Moral zwischen denen ausgetragen, die behaupteten, dein Leben gehöre Gott, und denen, die behaupteten, es gehöre deinen Mitmenschen – zwischen denen, die predigten, das Gute sei eine Selbstaufopferung für die Geister im Jenseits, und denen, die predigten, das Gute sei die Selbstaufopferung zugunsten der Inkompetenten auf Erden. Und niemand kam, um zu sagen, dass dein Leben dir gehört und dass das Gute ist, es zu leben.«

Die besten Formulierungen legt Rand dem Kupfermagnaten Francisco d'Anconia in den Mund: »Lauf' um dein Leben, wenn jemand dir sagt, dass Geld böse ist. Dieser Satz ist das Lepraglöckchen eines sich nähernden Plünderers.« Geld ist gut, die Essenz einer freien Gesellschaft und gewiss nicht etwas, dessen man sich schämen müsste: »Geld ist die materielle Form des Prinzips, dass Menschen, die mit einander zu tun haben, mit einander handeln müssen und einen Wert für den anderen geben müssen. Geld ist nicht das Werkzeug der Schnorrer, die sich ein Produkt durch Tränen verschaffen, oder der Plünderer, die es mit Gewalt nehmen. Geld gibt es nur, weil es Menschen gibt, die etwas produzieren. Hältst du das für böse? ... Kein Ozean von Tränen und nicht einmal alle Gewehre dieser Welt können das Papier in deiner Geldbörse in das Brot verwandeln, das du morgen zum Überleben brauchst ... Wann immer Zerstörer unter den Menschen auftauchen, fangen sie damit an, das Geld zu zerstören, denn Geld ist der Schutz der Menschen und die Basis für eine moralische Existenz. Sie nehmen den Menschen das Gold und lassen seinen Eigentümern nur einen falschen Stapel Papier ... Papier ist eine Forderung an einen Wohlstand, der nicht existiert, gestützt auf ein Gewehr, das auf diejenigen zielt, die ihn produzieren sollen. Papier ist ein Scheck, den die Plünderer per Gesetz auf ein Konto ausstellen, das nicht ihres ist: auf die Tugend ihrer Opfer.« Geld ist, mindestens für alle, die welches haben, zweifellos eine feine Sache, die sie auch gerne behalten. Das würden die Plünderer und Schnorrer, würden sie etwas leisten und sich nicht nur auf die Arbeit der Zugtiere verlassen, ebenfalls so sehen.

Gute Ideen haben schrecklich zu leiden, wenn sie von zweitklassigen Musen, Praktikern oder Revolutionären vereinnahmt werden. Was eine reiche Ernte sein könnte, wird von ihnen wie von einem Heuschreckenschwarm gefressen und entwertet. So richtig die Ablehnung der Planwirtschaft und das Misstrauen gegen die Eingriffe des Staates in das Leben der Menschen im Allgemeinen und in die Wirtschaft im Besonderen ist, so töricht wurde sie in ihrer radikalisierten Form.

Ayn Rand wurde zur Lichtgestalt der Neoliberalen. Sie sammelte einen Kreis von Jüngern um sich, den sie, mit großartigem Humor, »das Kollektiv« nannte und der sich wöchentlich zu philosophisch-ökonomischen Debatten traf. Ein später prominentes Mitglied des Kreises war Alan Greenspan, der es zum obersten Wirtschaftsberater von Präsident Ford und dann zum Chef der US-Notenbank brachte. Während die Linken in Europa noch über den Marsch durch die Institutionen diskutierten, hatten ihn die Neoliberalen schon lange angetreten. Greenspan leitete die *Federal Reserve Bank* in der festen Überzeugung, die Finanzmärkte wüssten schon selbst am besten, was gut für sie sei. Der Staat solle nicht versuchen, die Märkte zu steuern, und wenn es zu Blasen käme, so ließen sich diese sowieso nur im Nachhinein diagnostizieren, weshalb die Aufgabe der Zentralbank nicht in der Verhinderung von Exzessen bestehe, sondern allenfalls in der Linderung der Konsequenzen. In seiner 2007, kurz vor der Implosion des Finanzsystems erschienenen Autobiographie kommt Greenspan nicht aus dem Schwärmen für Rand (die er sogar zu seiner ersten Vereidigung ins Weiße Haus einlud) hinaus und bekennt, wie viel er ihr von seinem Weltbild verdankt.

Zum öffentlichen Gesicht und wirkungsmächtigsten Vertreter des Neoliberalismus wurde Milton Friedman, 13 Jahre jünger als Hayek, ein Ökonom von hohem Rang mit hervorragenden Beiträgen zum Thema Inflation und Geldpolitik, der ein großes kommunikatives Talent mitbrachte und über das Fernsehen einer breiten Masse seine Warnungen vor dem Kollektivismus und sein Lob der Freiheit näher brachte. Er konnte sogar (vielleicht auch: besonders) Beamte von der Überflüssigkeit fast aller Regierungstätigkeit überzeugen. Hayek konnte sich durchaus für ein allgemeines Grundeinkommen erwärmen und für ordnende Eingriffe des Staates im Falle eines Marktversagens. (Um wenig anderes geht es ja in der modernen Makroökonomie: In welchen Bereichen und wie weit ist es machbar und sinnvoll, vom *Laisser-faire* der freien Märkte Abstriche zu machen?) Friedman war deutlich radikaler, wurde im Lauf seiner Karriere immer extremer und kam schließlich zu der im Kern anarchistischen Auffassung, dass der Staat eigentlich alles falsch macht, was er anfasst. Wie ein sehr großer Tollpatsch meint er es vielleicht gut, aber es wäre besser, wenn er zu Hause bliebe und die Welt auf seine Hilfe verzichten würde. Innere und äußere Sicherheit sind seine Aufgaben, aber darüber hinaus ist er nach Friedman überflüssig.

Friedman übernahm Hayeks Argument, wonach ein wenig Sozialismus automatisch in die Knechtschaft führen musste. Unter Sozialismus verstand er aber bereits ganz harmlose Dinge wie öffentliche Schulen, Bauvorschriften oder staatlich festgesetzte Standards für die Ausbildung von Ärzten. Oder die staatliche Zulassung von Medikamenten. Wenn ein Medikament wirkungslos oder schädlich ist, wird es sich schnell herumsprechen und der verschreibende Arzt wird aus Sorge um seinen Ruf bei den Patienten die Finger davon lassen. Wenn es wirksam ist, dann sollte nicht ein jahrelanger Genehmigungsprozess den sofortigen Einsatz des Medikaments verhindern.

Friedman hängte die Schwelle zum Sozialismus beziehungsweise zu dem, was dorthin führt, so niedrig, dass praktisch jede Alternative zu seinem Weltbild automatisch unter dem Verdacht des Totalitarismus stand. Damit tat er seiner Lehre keinen Gefallen, denn ihr kam die Fähigkeit abhanden, kluge Argumente der Gegenseite aufzunehmen und dadurch selbst besser zu werden. Sie versuchte sich die Mühe des besseren Arguments durch das Wohlgefühl moralischer Überlegenheit zu ersparen. In letzter Konsequenz führte dies zu einem lässigen Umgang mit den Details der guten Sitten und gab Friedman die Möglichkeit, auch mit einem Diktator wie Augusto Pinochet in Chile ohne sichtbare Bedenken ins Gespräch über Ökonomie zu kommen.

Beeindruckend ist dabei jedenfalls das Selbstbewusstsein, das Ökonomen wie Friedman (aber nicht nur er) auf Feldern entwickeln können, von denen sie nichts verstehen. Wie er auf die Idee kommt, den Zulassungsprozess von Arzneimitteln beurteilen zu können, ist nicht ganz klar. Jedenfalls sieht er sich durch die Kenntnis ewiger ökonomischer Prinzipien im Besitz eines universalen Werkzeugs für das Verständnis aller menschlichen Angelegenheiten. Geistig ist Friedman, wenn er den engeren Bereich der Ökonomie verlässt, damit nicht weiter als die Hegelianer und Marxisten. Auch diese versuchen die Welt zu erklären, indem sie ein Prinzip, welches sie einmal gefunden haben, über alles stülpen, was ihnen begegnet, und insbesondere über alles, was sie schon immer gestört hat. Bei Hegel war es die Dialektik und die Geschichte, bei Marx der Klassenkampf.

Der Schritt hinüber zu Bakunin ist nicht groß. Der wesentliche Unterschied ist die Liebe zum Eigentum, ohne das der Neoliberale seine Existenz nicht vollenden kann. Dazu, und nur dazu, benötigt er den Staat. Die Anarchisten benötigen ihn nicht einmal dafür. Vielleicht verkörpert Bakunin tatsächlich den konsequent zu Ende gedachten Neoliberalismus.

Die Gebildeten unter den Liberalen (zu denen auch Karl Popper zählte) haben um die Neoliberalen in der Regel einen sehr weiten Bogen gemacht. Sie formulierten ihr Misstrauen gegenüber dem planenden Staat anders und vielschichtiger als die Jünger von Ayn Rand. Eines der schöneren Beispiele hierfür ist Isaiah Berlins schmales Buch *Der Fuchs und der Igel*. Berlin war ebenfalls ein in England gestrandeter Exilant und ein Freund und Wegbegleiter von Popper. Beide hatten schlechte Erfahrungen mit totalitären Regimen gemacht und zählten in einer Zeit, in der zu viele Intellektuelle mit kollektivistischen Phantasien spielten, zu den wichtigsten Verfechtern der liberalen Demokratie. *Der Fuchs und der Igel* ist offiziell eine Interpretation von Tolstois *Krieg und Frieden*, eigentlich aber ein ganz eigenständiger Essay über das Wesen der Freiheit.

Tolstoi beschreibt – insbesondere in Berlins Interpretation – die Napoleonischen Feldzüge als ein Ereignis, das einer inneren Notwendigkeit gehorcht. Die Armeen schwappen von Westen nach Osten und wieder zurück, wie Wasser in einer Badewanne, in die man zu schwungvoll eingestiegen ist. Niemand hat Kontrolle über das große Geschehen oder die kleinen Details der Feldzüge. Die Kaiser, Könige und Feldherren meinen zwar, furchtbar wichtig zu sein und ihre Zeitläufte lenken zu können, aber ihre Macht und Freiheit ist eine Illusion. »Die Vorsehung hat alle diese Menschen, die ihre persönlichen Ziele erreichen wollten, genötigt, an der Verwirklichung des einen ungeheuerlichen Ergebnisses mitzuwirken, von dem kein Einziger (weder Napoleon noch Zar Alexander, noch überhaupt irgendeiner der am Krieg Beteiligten) auch nur die geringste Ahnung gehabt hätte.« Gleich dem rutschend verdrängten Badewasser, das keine Wahl hat und nur den von außen wirkenden Kräften gehorcht, mussten die Franzosen nach Russland marschieren, ebenso wie die Russen anschließend nach Westen ziehen mussten. Für den Menschen, je mehr er sich auf seine Freiheit einbildet, ist das schwer zu akzeptieren, aber Tolstoi kann in den großartigen Plänen der großartigen Schlachtenlenker nichts anderes entdecken als eben dies – Einbildung. So schildert er etwa die Dynamik, die zum Brand von Moskau führt: Es gibt niemanden, der die Stadt anzünden will, und doch liegt das Feuer in der Logik der Ereignisse. Die weitgehend aus Holz gebaute Stadt wird auf einen Schlag von ihren Einwohnern verlassen, die erobernde Armee stellt sich die Sinnfrage und fühlt sich zunehmend auf verlorenem Posten, dazu ein Machtvakuum und nachlassende Disziplin, und mittendrin ein Kaiser, dem das vermeintlich unterworfene Volk einfach nicht huldigen will – wie soll es da nicht zum Brand kommen?

Im Rahmen dieser Entwicklungen sieht Tolstoi den Menschen – und insbesondere Napoleon – als weitgehend ohnmächtige Figur. Wir sind, in Berlins Worten, »Teil eines viel größeren Zusammenhangs der Dinge, als wir verstehen können.« Der Kaiser der Franzosen bildet sich zwar ein, seine Feldzüge kolossal zu planen, und rechnet sich seine Siege in vollem Umfang zu. Aber: »Was sind große Männer? Es sind gewöhnliche Menschen, die so unwissend und so eitel sind, dass sie die Verantwortung für das Leben der Gesellschaft übernehmen.« Und was passiert tatsächlich auf dem Schlachtfeld? Es hauen und schießen und stechen Männer aufeinander ein. Dabei denken sie an keine Strategie. Was entscheidet die Schlacht? Entscheidend ist, ob der russische Grenadier bei Borodino dem

Beschuss standhält, ob er die Gefahr ignoriert und weiter kämpft oder ob er davonläuft, weil er nicht enden will wie seine Kameraden, die schon von einer Kugel zerrissen wurden. Die größte Strategie, der beste Plan hilft nichts, wenn der Grenadier nicht mehr kann oder nicht mehr will. Schlachten werden durch Umstände entschieden, auf die der Stratege keinen praktischen Einfluss haben kann. Es sind die Details, die Launen der Natur, die dem Leben seine Wendungen geben. Großartige Entwürfe gelingen, wenn sie gelingen, aus dem falschen Grund – weil es sowieso nicht anders kommen konnte. Daher konnte Napoleon in St. Helena nie verstehen, warum er, der gefühlt größte Feldherr aller Zeiten, auf einer kleinen Insel im Südatlantik den Lebensabend zwischen Pinguinen und Engländern verbringen musste.

»Fatalismus in der Geschichte ist unvermeidlich«, schreibt Tolstoi zu Anfang des dritten Buches von *Krieg und Frieden*, »will man irrationale Phänomene (das heißt Phänomene, deren Sinn wir nicht begreifen können) erklären ... Ein jeder Mensch lebt für sich, nutzt seine Freiheit, um seine persönlichen Ziele zu erreichen, und empfindet mit seiner ganzen Existenz, dass er jede beliebige Handlung auf der Stelle ausführen oder auch lassen könnte; doch kaum vollbracht, wird diese in einem bestimmten Augenblick ausgeführte Handlung unwiederbringlich zum Bestandteil der Geschichte, wo sie nichts Freies mehr bedeutet, sondern etwas Prädestiniertes.«

Napoleon fehlt, was Isaiah Berlin »praktische Weisheit« nennt, also die »Erkenntnis des Unvermeidlichen, dessen, was, so wie unsere Welt nun einmal ist, geschehen musste oder, umgekehrt, so nicht sein oder geschehen konnte, oder warum manche Pläne unvermeidlich zum Scheitern verurteilt sind, obwohl es keinen beweisbaren oder wissenschaftlich feststellbaren Grund dafür gibt. Die seltene Fähigkeit, dies zu sehen, wird mit Recht als ›Realitätssinn‹ bezeichnet, als ein Sinn für das, was zueinander passt oder nicht zusammen bestehen kann, und dieses Gefühl hat viele Namen: Einsicht, Weisheit, praktischer Sinn, Sinn für die Vergangenheit,

Kenntnis des Lebens und des menschlichen Charakters.« In einem Wort, Pläne und Planwirtschaft werden dem bunten Leben allenfalls aus Zufall gerecht.

Männern der Ökonomie geht es oft wie Tolstois Napoleon. Die großen ökonomischen Entwicklungen sind von ihnen kaum zu beeinflussen, auch wenn die Excel-Tabellen, durch die sie die Wirklichkeit in Form bringen, gleich einem grandiosen Schlachtplan stets den nahen Sieg verheißen. Die wirtschaftliche Entwicklung hängt von technologischen Fortschritten ab, von der Erfindung des Wendepflugs, des mechanischen Webstuhls, des Verbrennungsmotors, des Internets. Welche Regierung, welches Großunternehmen hätte je beschlossen, so etwas zu erfinden? Großprojekte wie die Mondlandung oder der Bau einer Atombombe lassen sich beschließen, und dabei können neue Technologien und Erkenntnisse entstehen. Aber welches diese sind, steht erst hinterher fest, wenn die Sieger sich gegenseitig gratulieren und sich die Kette der Zufälle und Notwendigkeiten als Verdienst zuschreiben.

In der wirtschaftlichen Entwicklung hängt so viel von kulturellen und institutionellen Gegebenheiten ab, dass staatliche Planung kaum erfolgreicher sein kann als ein Kampf gegen Windmühlen. Das ist der ökonomische Subtext von *Der Fuchs und der Igel*. Ob die Beamten korrupt sind, ob die Gerichte Recht sprechen, ob das Eigentum garantiert ist, ob die herrschende Klasse sich weitgehend selbst bedient oder ob ehrliche und offene Konkurrenz herrscht – die entscheidenden Faktoren kann keine Behörde beeinflussen.

Jeder Unternehmer weiß, dass Excel ein sehr schmeichelhaftes Medium ist, in dem alles gut aussieht und alle Summen aufgehen. Ob ein Geschäftsplan aber gelingt oder eine Idee funktioniert, hängt von den Menschen ab, die das Produkt machen, es hängt von der Zeit ab, die reif sein muss, es kann an der Produktion, am Vertrieb, an der Werbung, am Wettbewerb, an den Behörden oder einfach daran scheitern, dass die Idee im Kern töricht war, ohne dass einer der Beteiligten sich getraut hätte, es zuzugeben. Wirtschaft ist immer ein Ausprobieren des Möglichen. Ganz wie bei Napoleon in *Krieg und Frieden*. Unternehmen wie Apple oder Nestlé könnten niemals in Kasachstan gegründet oder geführt werden. Und ein Land wie Bulgarien wird von keinem noch so ehrlichen, wohlmeinenden und kompetenten Regierungschef in eine Schweiz oder ein Singapur verwandelt werden. Da machen die Bulgaren nicht mit.

Wenn wir eher mit unbeschwertem Sinn als mit sorgenvoller Mühe
und nicht so sehr in gesetzgebotener als in wesensentsprungener
Tapferkeit bereit zum Wagnis sind, so haben wir davon nur Vorteil:
Künftige Not macht uns nicht vorher schon Sorge, und ist sie da, so zeigen
wir uns nicht weniger wagemutig als solche, die sich immer abmühen.

THUKYDIDES, DER PELOPONNESISCHE KRIEG, II, 39, 4

KEYNES UND DIE »GREAT TRANSFORMATION«

Die Ökonomie ist Spiegel und zugleich Ausdruck ihrer Zeit. Die Philosophie hat bis in das Zeitalter der Aufklärung hinein den Rahmen abgesteckt, den die Menschen benötigen, um sich in der Welt zu orientieren, um all der Unordnung, Ungerechtigkeit, Grausamkeit, Schönheit, Güte und Wahrheit einen Sinn und eine Richtung zu geben. Etwas heimlich, als fände sie es unpassend und als würde sie nur einem unwiderstehlichen Naschzwang folgen, hat die Ökonomie die Deutungsfunktion von der Philosophie bei allen gesellschaftlich relevanten Themen übernommen. Ökonomen sagen uns heute, was die Gesellschaft zusammenhält, warum Demokratien besser sind als Autokratien, warum wir wie handeln, warum wir neidisch, altruistisch oder eitel sind, was gerecht und ungerecht ist. So veröffentlichte etwa Steven Levitt, der heute in Chicago unterrichtet, unter dem etwas entschuldigenden Titel *Freakonomics* eine Reihe von Studien, in denen er erklärt, warum die Legalisierung der Abtreibung in den 1970er Jahren zu einem Rückgang der Kriminalitätsrate in den 1990er Jahren geführt hat. Oder warum Drogendealer meistens bei ihrer Mama wohnen, oder warum Lehrer und Sumoringer einen Hang zum Schummeln haben. Früher wären das Themen für Ethiker, Politiker oder eben Philosophen gewesen – wenn nicht gar für Literaten. Ökonomen sind heute öffentliche Intellektuelle geworden, wie einst Voltaire, nur können sie sich nicht mit so viel Esprit ausdrücken.

Der Einfluss funktioniert aber auch umgekehrt. Die Erkenntnisse und Wahrheiten der Ökonomie sind Kinder ihrer Zeit und haben wenig von der Ewigkeit, die sie meistens für sich beanspruchen. So wurde die klassische Ökonomie des 19. Jahrhunderts in eine Welt von Gewissheiten hineingeboren, die leider nur für zwei Generationen galten. Vielleicht ließ sie sich von den rüschenbesetzten Kleidern und glänzenden Soireen ihrer Zeit blenden, vielleicht von den grandiosen, in ihrer Nützlichkeit bis heute nicht übertroffenen Erfindungen. Die Ökonomie des 19. Jahrhunderts beschrieb eine nach den Schemata von Angebot und Nachfrage, Unternehmer und Arbeiter, Oben und Unten, Globalisierung und Wachstum geordnete Welt, wie sie damals, aber auch nur damals, tatsächlich existierte.

So konnte es auf Dauer an der Ökonomie nicht vorbeigehen, dass der Weltgeist im ersten Drittel des 20. Jahrhunderts deutlich alterte. Die Veränderungen waren teilweise schleichend und nicht gleich ersichtlich, eröffneten sich nur sensiblen Naturen, bis die große Katastrophe des Ersten Weltkriegs die Sinne allgemein schärfte und dem viktorianisch-wilhelminischen Idyll der vorletzten Jahrhundertwende ein unschönes und offensichtliches Ende bereitete. Der Krieg brach die ehernen Gesetze der alten Ordnung und hinterließ ein verarmtes, ruderloses, mit sich selber ratloses Europa. Sozialisten und Gewerkschafter – Kräfte, denen das Bürgertum mit tiefem Misstrauen begegnete – strebten an die Macht und übernahmen sie teilweise ganz. In Russland wurde Marx' Traum und Bakunins Albtraum wahr. Fast überall setzte sich eine demokratische Regierungsform durch, meist sogar mit allgemeinem Wahlrecht.

Der offensichtlichste Sargnagel der alten ökonomischen Ordnung war das Ende des Goldstandards, der bis dahin als Symbol und Schmiermittel des Wohlstands gelten konnte. Für das Besitzbürgertum war Gold das ideale Zahlungsmittel: Man konnte überall auf der Welt damit einkaufen und war vor plötzlichem Wertverlust durch Abwertung und/oder Inflation geschützt, so dass man sich sicher sein konnte, auch in Zukunft noch shoppen zu können. Besitzbürger betrachteten den Staat von jeher mit Misstrauen, da dieser immer irgendwie pleite war und ein Interesse daran hatte, sich durch Steuern oder Inflation (welche die Staatsschulden entwertet) am Vermögen der Wohlhabenden zu vergreifen. Solange die Währungen zu einem festen Kurs jederzeit in Gold eingetauscht werden konnten, solange also Soll und Haben letztlich auf Gold lauteten, waren die Früchte des bürgerlichen Fleißes wenigstens vor der schleichenden Entwertung geschützt, denn die Währung blieb stabil.

So viel das Bürgertum über die Inflation redete, gab es doch noch einen anderen, unausgesprochenen, mindestens ebenso wichtigen Grund für die Liebe zum Goldstandard, also zu der Restriktion, dass der Staat nicht unsinnig viel mehr Währung in Umlauf bringen durfte, als er über Goldreserven verfügte. Wenn ein Land aus irgendwelchen Ineffizienzen heraus zu teuer produzierte, so importierte es bald mehr als es exportierte. Wenn beispielsweise der deutsche Schraubenzieher billiger war als der gleich gute italienische, wurden über kurz oder lang viele Schraubenzieher aus Deutschland nach Italien geliefert und entsprechend viel Gold (bzw. an Gold gekoppelte Währung) floss in die umgekehrte Richtung. Irgendwann ging das Gold (und damit auch das Geld) zur Neige und die Menschen (in diesem Fall die Italiener) saßen ohne beides da. In dieser Situation konnten sie Schulden machen (was nur für einen begrenzten Zeitraum ging, bis die Gläubiger den Braten rochen und kein Geld mehr nachschossen) oder billiger produzieren, bis die heimischen Schraubenzieher günstiger waren als die deutschen. Das einfachste, schnellste und sicherste Mittel, wettbewerbsfähig zu werden, war in dieser Situation die Senkung der Löhne. Gewiss ließen sich auch Produktionsprozesse oder die Infrastruktur optimieren, aber das brauchte Zeit. Also war das erste und beste Mittel, aus einer Wirtschaftskrise zu kommen, den Anpassungsdruck an die Arbeiter und Angestellten weiterzureichen. Wer ein Vermögen hatte, musste unter den Bedingungen des Goldstandards in schlechten Zeiten lange nicht so leiden wie die Lohnempfänger. Das war die eigentliche Magie des Goldstandards für die Besitzbürger.[5]

Das Ende des Goldstandards, der im oder kurz nach dem Ersten Weltkrieg von allen bedeutenden Wirtschaftsnationen außer den USA aufgegeben wurde, war äußeres Zeichen einer Entwicklung, die der österreich-ungarische Historiker und Soziologe Karl Polanyi im Jahr 1944 als *The Great Transformation* beschrieb. Die sozialen Kosten eines Systems fester Wechselkurse waren nicht mehr tragbar, denn die Machtverhältnisse und Institutionen des 19. Jahrhunderts hatten sich aufgelöst, bei den Verlierern des Ersten Weltkriegs mehr als bei den Siegern. Jene schrieben nun das Gold in den Wind und druckten Papiergeld, wodurch die Renten, Wechsel, Anleihen, Pfandbriefe, »Kriegsanleihen« (»Siegesanleihen« bei den Franzosen, »Freiheitsanleihen« bei den Amerikanern) und was sonst noch zur finanziellen Grundausstattung des sparenden Bürgertums gehörte, wertlos wurden. Wenn stabile, an das Gold oder sonst eine Währung gekoppelte Wechselkurse nur um den Preis sinkender Löhne zu haben waren, musste es nicht verwundern, wenn in den neuen Demokratien gelegentlich die Abwertung (auf Kosten der Besitzbürger) der Lohnsenkung (auf Kosten der Arbeiter) vorgezogen wurde. In einer demokratischen Ordnung, in der die Arbeiterschaft bei den Regierungsgeschäften mitreden konnte, kam es nicht mehr automatisch zu der für das Besitzbürgertum günstigsten Lösung. Demokratien zogen, vor die Wahl gestellt, mitunter den inneren Frieden dem Erhalt stabiler Wechselkurse vor.

Wer sein Leben und sogar sein Vermögen über den Ersten Weltkrieg und die in den Verliererländern folgende Inflation gerettet hatte, konnte sich glücklich schätzen. Das Erbteil der Erleichterung, wenn sie mit Vergessen einhergeht, ist aber nicht Vorsicht, sondern Übermut. Und so war die Stimmung in den 1920er Jahren bald wieder richtig gut und Staaten, die der Meinung waren, sie seien wieder ganz die alten, kehrten unter dem Jubel des Bürgertums zum Goldstandard zurück (die USA hatten ihn nie verlassen). Den Unternehmen ging es gut, denn der Konsum, der während des Krieges ausfallen musste, wurde nun nachgeholt. Gleichzeitig waren neue Techniken entwickelt worden, die eine massenhafte Produktion von Konsumgütern erlaubten. Plötzlich wurden fließbandgefertigte Automobile für große Teile der Mittelschicht, und sei es über Kredite, erschwinglich. Im Jahr 1929 wurden in den USA bereits 5,4 Millionen Autos produziert. Die Versorgung der Städte mit Elektrizität machte es unmöglich, auf neuartige Geräte wie das Radio zu verzichten. In den USA, wo das Einkommen sehr ungleich verteilt war und viele sich vieles nur auf Pump leisten konnten, versiebzigfachte sich in der Dekade nach 1919 das Volumen der Konsumentenkredite. Allen ging es besser, vom Arbeiter bis zum Fabrikdirektor. Die Jahre waren nicht satt, sondern von Optimismus und Mut und Lebensfreude geprägt, befreit von den bösen Geistern des Krieges. Im Dezember 1928 konnte der scheidende Präsident Coolidge, in seiner letzten Rede zur Lage der Nation, unter allgemeinem Applaus, verkünden, dass es »noch nie einen so angenehmen Ausblick auf die Lage der Nation gegeben hat, wie er sich heute darzubieten scheint. Zu Hause haben wir Ruhe und Zufriedenheit ... und so viele Jahre des Wohlstands wie noch nie ... Wir können mit Zufriedenheit auf die Gegenwart, und mit Optimismus in die Zukunft blicken.«

Gute Stimmung und lockeres Geld können nicht ewig halten, und so platzte die Blase irgendwann, erst auf den Kurszetteln, dann in den Köpfen. Im Oktober 1929 begannen die Aktien an der Wall Street ihren Fall ins Bodenlose, knapp 90% sollten sie insgesamt verlieren in den folgenden drei Jahren. Anders als bei früheren Krächen zog die Börse aber die ganze Wirtschaft mit in den Abgrund. Es verschwand nicht nur papierener, sondern auch produzierender Wohlstand im Nichts. Es stellte sich kein Gleichgewicht ein, sondern es ging immer weiter abwärts, in absurde Tiefen. Von der Fähigkeit der Märkte, von selbst zu hohe und zu niedrige Preise zu korrigieren, war nichts mehr zu merken.

So entstand zwischen 1929 und 1932 eine Abwärtsspirale, die sich in nackten Zahlen etwa so beschreiben ließ: Die Industrieproduktion ging in den USA um 46% zurück, in Großbritannien um 23% und in Deutschland um 41%. Die Großhandelspreise gingen in den USA um 32% zurück, in Großbritannien um 33 % und in Deutschland um 29 %. Der Außenhandel ging in den USA um 70 % zurück, in Großbritannien um 60 % und in Deutschland um 61 %. Die Arbeitslosigkeit stieg in den USA um 607 %, in Großbritannien um 129 % und in Deutschland stehen am Ende 12 Millionen Beschäftigten 6,1 Millionen Arbeitslose gegenüber.

Der Staat machte beinahe alles falsch. Präsident Hoover hatte sowieso nie viel Sympathie für die Spekulanten und fand es nur gut und gerecht, dass sie nun ihr Geld verloren. Damit lag er moralisch goldrichtig, vertiefte aber das Elend der Opfer. Die *Federal Reserve* brauchte bis Februar 1930, um die Zinsen von 6 % auf 4 % zu senken. Der Kongress verabschiedete im Juni den *Smoot-Hawley Tariff Act*, der massive Schutzzölle einführte und einen Handelskrieg auslöste, bei dem am Ende alle verloren. Großbritannien verließ 1931 den Goldstandard und milderte so die Krise deutlich ab, aber die USA waren fest entschlossen, ihn zu verteidigen, und *erhöhten* daher die Zinsen. Das vertiefte die Rezession und beschleunigte den Zusammenbruch des Bankwesens.

Die Opfer waren gewaltig und heute kaum noch vorstellbar. Deutschland versuchte es mit einer Deflationspolitik und senkte per Notverordnung Löhne, Mieten und Preise. Dadurch hoffte es, billiger zu produzieren als das Ausland und durch den Export aus der Krise zu kommen. Ausländische Waren wurden unerschwinglich und die auf Reichsmark, Gold oder Dollar lautenden Schulden konnten kaum noch bedient werden. Der Druck auf die Bevölkerung wurde extrem und sie begann sich zu radikalisieren. Die Engländer machten es mit der Abkehr vom Gold etwas besser, aber dennoch war die Situation katastrophal. Es kam zu einer Reihe von Hungermärschen aus den Industriestädten des Nordens nach London. Etwa 200.000 Menschen wurden in Arbeitslagern untergebracht, die teilweise bis 1939 in Betrieb blieben. In den USA traf es die Landbevölkerung am härtesten. Durch die Halbierung ihrer Preise mussten die Farmer massenweise aufgeben. Zehntausende verloren ihr Land, ihre Arbeit, ihre Zukunft, ihre Würde und zogen in die Slums der Großstädte. John Steinbeck beschrieb in *Früchte des Zorns*, wie sich ein Treck bildete von hungrigen und verzweifelten Menschen, die von Oklahoma nach Kalifornien zogen. Dort nahm das Elend aber kein Ende und manche Formulierung las sich, als sei in den achtzig Jahren, seit Zola den *Germinal* schrieb, nichts geschehen: »How can you frighten a man whose hunger is not only in his own cramped stomach but in the wretched bellies of his children? You can't scare him – he has known a fear beyond every other.«

Nichts ist schlimmer für eine Wissenschaft, als wenn sie die eigentlich interessanten Phänomene auf ihrem Gebiet nicht erklären kann. Die Klassische Ökonomie fiel mit der Weltwirtschaftskrise in ein tiefes Loch, denn das Drama entzog sich ihrer Vernunft. Sie sah sich vor ein existenzbedrohendes Problem gestellt. Ihre Welt war die der freien Märkte im Gleichgewicht, in der jedes Produkt seinen Käufer fand und in welcher der Wohlstand sich von allein einstellte, wenn man die Menschen nur wirtschaften ließ, wie sie es für richtig hielten. Das Gleichgewicht wurde gehalten von der wirtschaftlichen Vernunft der Menschen, deren Streben nach Nutzen sie berechenbar machte. Unerklärlich waren der Klassischen Ökonomie die Abwärtsspirale der Weltwirtschaftskrise, die anhaltende und immer weiter wachsende Arbeitslosigkeit, die allgemeine Instabilität.

Die Ökonomie musste zwar nicht neu erfunden werden, aber sie hatte eine Sinnkrise. Der Wohlstand, von dem sie im Kern handelt, verschwand am helllichten Tag, aber die Ökonomen konnten weder sich noch anderen umfassend erklären, was vor aller Augen passierte. Der Wissenschaft vom Wohlstand drohte auf peinliche Weise ihr Thema abhandenzukommen.

Der Mann der Stunde, der Retter der Zivilisation, war John Maynard Keynes. Er war einer der seltenen Ökonomen, wie zuvor Adam Smith und John Stuart Mill, die denken konnten wie ein Philosoph. Er war selbst Sohn eines Ökonomen, wuchs in der elitären Welt von Cambridge auf, ging in Eton zur Schule und studierte ab 1902 am King's College in seiner Heimatstadt. In seiner Jugend erlebte er noch den vollen Glanz und die steife Pracht des viktorianischen Weltreichs, als dessen moralisches Rückgrat und intellektuelle Krönung sich Englands alte Universitäten verstanden. Ein gewisses, schwer zu verbergendes Überlegenheitsgefühl gegenüber Freund und Feind, eine Neigung zur Scholastik, eine saubere gesellschaftliche Fassade als Schutz für einen radikal unabhängigen Geist und eine große Neugier für das ganze Weltgeschehen waren das Erbe seiner Herkunft, das er nie abgelegt hat.

Seine Neigungen galten zunächst eher der Philosophie und der Mathematik, was nicht verwundern musste angesichts charismatischer und tiefsinniger Persönlichkeiten wie Bertrand Russell (der Keynes den »schärfsten und klarsten Verstand« zuschrieb, dem er je begegnet sei), G. E. Moore und Ludwig Wittgenstein, die zu Anfang des 20. Jahrhunderts in Cambridge die Analytische Philosophie erfanden. In Keynes' erstem Universitätsjahr erschienen Moores *Principia Ethica* und Russell puzzelte bereits an seinen *Principia Mathematica*, beides auf ihre Weise epochemachende Werke, welche die beinahe unangefochtene hundertjährige Dominanz von Utilitarismus und deutschem Idealismus in der englischen Philosophie beendeten. Keynes beschrieb 1938 in dem kurzen Text *Meine frühen Überzeugungen* die Wirkung und den Einfluss, die Moore auf ihn und seine Generation hatte: »Er war aufregend, erheiternd, der Beginn einer Renaissance, ein neuer Himmel öffnete sich über einer neuen Erde, wir waren die Vorläufer einer neuen Ordnung, wir hatten vor nichts Angst. Vielleicht haben wir, weil wir damit aufgewachsen sind, selbst in unseren düstersten und schlimmsten Augenblicken nie eine gewisse Elastizität verloren, welche die jüngere Generation niemals besessen zu haben scheint.« In Cambridge wurde er erzogen »mit Platons Konzentration auf das Gute an sich, mit einer scholastischen Subtilität, die Thomas von Aquin übertrumpfte, in calvinistischer Zurückgezogenheit von den Freuden und Erfolgen des Jahrmarktes der Eitelkeiten und gedrückt von allen Leiden Werthers«. Moores Welt war die der reinen Motive zum guten Handeln, unbefleckt von »Macht, Politik, Erfolg, Reichtum, Ehrgeiz; das ökonomische Motiv und der ökonomische Maßstab spielten in unserer Philosophie eine noch geringere Rolle als für den Heiligen Franziskus (der zumindest für die Vögel Kollekten durchführte)«. Bei Moore war es wichtig, gut zu *sein* – Gutes zu *tun* war intellektuell lange nicht so aufregend.

Wie damals in Cambridge schon fast allgemein üblich, ging auch Moore in seiner Ethik von der Untersuchung der Sprache und ihrer grundlegenden Begriffe aus. »Gut« war ein nicht weiter reduzierbarer Begriff, ebenso wie »grün« – entweder wusste man, was damit gemeint war, oder nicht. Jedenfalls war es sinnlos zu versuchen, jemandem zu erklären, was das Gute oder das Böse oder das Grüne war, wenn er es nicht selbst sah. Man erkannte es entweder gleich oder gar nicht. Davon ausgehend erklärte Moore, dass nur geistige Zustände wertvoll sein können und dass darunter »die Freude am zwischenmenschlichen Kontakt und an schönen Objekten« am höchsten zu bewerten seien. Daraus folgt, dass richtige Handlungen darauf ausgelegt sind, in diesem Sinne erstrebenswerte Zustände (am besten: Geisteszustände) hervorzubringen. »Nur um dieser Dinge willen – damit so viele wie möglich von ihnen zu irgendeiner Zeit existieren – ist es gerechtfertigt, dass jemand privaten oder öffentlichen Pflichten nachkommt«. Keynes hat sich das sehr zu Herzen genommen.

Was Moore formuliert, steht in deutlichem und bewusstem Gegensatz zum Utilitarismus Benthams und Mills, der wenig Platz für geistige Zustände hatte. Keynes nennt die »Bentham'sche Tradition [... den] Wurm, der am Innersten der modernen Zivilisation knabbert und der für den gegenwärtigen moralischen Verfall verantwortlich ist.« Grundproblem des Utilitarismus ist »die Überbewertung des ökonomischen Kriteriums«, welches die Augen für den Reichtum des Lebens verschließt und in letzter materialistischer Konsequenz im Marxismus enden muss.

Die Philosophie, mit der Keynes sozialisiert wurde, war also ein Bekenntnis für die Zivilisation von Cambridge und gegen den Utilitarismus, der eigentlich die Philosophie der Ökonomen war und ist. Das war die Spannung, der er zeitlebens nicht entkam und die ihn sozusagen zu einem fehlfarbenen Ökonomen machte. Der Idealismus Moore'scher Prägung behauptete, dass der Mensch keineswegs nur nach seinem Nutzen strebte und dass er es auch nicht tun müsse, um gut oder glücklich zu werden. Im Leben geht es um die guten Bewusstseinszustände, von denen wir alle wissen, welche sie sind, wenn wir Zeit mit Freunden oder geliebten Menschen verbringen oder Kunst betrachten oder ein Werk schaffen oder eine Inspiration haben. Was da die Kategorie des Nutzens soll, ist unklar, denn er ist völlig nebensächlich. Wirklich gut geht es uns nur, wenn unser Wohlgefallen interesselos ist.

Zeit seines Lebens umgab sich Keynes mit Menschen, die dieser sehr elitären Geisteshaltung verhaftet waren. Er war fester Bestandteil der Bloomsbury Group um Virginia Woolf, E. M. Foster und Lytton Strachey, wo er immer wieder in eine der Schönheit und dem Guten verpflichtete Welt abtauchen konnte, wenn die Geschäfte in der Wissenschaft, an der Börse oder in der Politik mal wieder mühsam waren. Diese Umgebung war ein Biotop für moderne Individualisten, sie war ein Schirm gegen den Materialismus eines immer mehr in ökonomischen und kollektivistischen Kategorien verwobenen Zeitgeistes. Das war die Zivilisation, für die es sich zu kämpfen lohnte und deren Erhalt Keynes immer wieder als seine Aufgabe wahrnahm. Aber er unterschied sich dadurch von seiner elitären Clique, dass er einen ununterdrückbaren Wirklichkeitssinn hatte, der es ihm unmöglich machte, sich ausschließlich mit dem Schönen, Guten und Wahren zu beschäftigen. Er wollte hinaus in die Welt, die er zwar als Bedrohung der Zivilisation von Cambridge und Bloomsbury ansah, aber auch als eine Herausforderung, die er gerne annahm.

Mit Unverständnis reagierten seine Freunde, als Keynes beschloss, nicht an der Universität zu bleiben, sondern eine Laufbahn als Regierungsbeamter zu verfolgen. Auf diese praktische Ader hatte bereits der Umstand hingewiesen, dass Keynes in Cambridge zum Vorzeigeschüler von Alfred Marshall, dem bedeutendsten Ökonomen in England seit Mill, geworden war. So ging er im Jahr 1906 erst ins India Office und wechselte mit dem Ausbruch des Ersten Weltkriegs ins Finanzministerium. Dort war er mit der Sicherstellung der äußeren (vornehmlich amerikanischen, von JP Morgan koordinierten) Finanzierung der Kriegsanstrengungen beschäftigt. Dabei lernte er viel über den Umgang mit den Sensibilitäten der Kapitalmärkte, über die ständig wechselnden emotionalen Zustände der Finanziers und über die Abhängigkeit der Politiker (»practical men«) von ihren Ideengebern. Er stieg schnell auf in der Hierarchie, wurde erst wichtig, dann unverzichtbar, obwohl er mit der Bewegung der Wehrdienstverweigerer sympathisierte und wahrscheinlich, in wilhelminischer Diktion, vaterlandsloser Geselle genug gewesen wäre, um selbst zu verweigern, hätte man ihn einberufen. Glücklicherweise kam es nicht zum Äußersten, denn er brachte eine einmalige Kombination von analytisch-theoretischer Brillanz und Sinn für das praktisch Machbare mit, die durch nichts und niemanden zu ersetzen war.

Nach dem Krieg wurde Keynes Teil der britischen Delegation bei den Friedensverhandlungen in Versailles. Er konnte aber mit Lloyd George, dem Premierminister, nicht viel anfangen, hielt ihn für unehrlich und misstraute ihm. Umgekehrt wurde diese Abneigung mit ebensolcher Herzlichkeit erwidert, aber das Schatzamt konnte unmöglich auf seinen besten Kopf bei den Verhandlungen verzichten. Keynes litt sehr in Versailles, denn er sah sich umgeben von Machtpolitikern, denen es nicht um die Stabilisierung Europas und die Wiederherstellung der Zivilisation ging, sondern um nationale Egoismen, um die nächste Wahl und um persönliche Macht. Von Keynes gibt es wunderbare Beschreibungen über den Verlauf der Verhandlungen, über die Akteure, nicht nur auf der Seite der Alliierten, sondern auch auf der Seite der Verlierer, wo er streckenweise das Gefühl hatte, in dem Hamburger Bankier Carl Melchior den einzigen vernunftbegabten Gesprächspartner in dem ganzen eitlen Verhandlungszirkus zu haben.

Schließlich war ihm das aber zu wenig und er verließ kurz vor der Unterzeichnung des Vertrages die Delegation, um ein Buch zu schreiben über all das, was in Versailles seiner Meinung nach schief gelaufen war. In *The Economic Consequences of the Peace* klagte er die wirtschaftliche (und die daraus folgende politische) Destabilisierung Zentraleuropas an, die aus den Reparationsforderungen resultierte. Diese machten es den Verlierern auf Generationen unmöglich, auf einen grünen Zweig zu kommen. Wenn die Alliierten die Deutschen und Österreicher melken wollten, mussten sie diesen erst die Möglichkeit geben, ihre Wirtschaft wieder aufzubauen und selbst zu Wohlstand zu kommen. Sollte die Kuh fette Milch geben, so musste man sie auch fressen lassen. Der Versailler Vertrag werde aber nicht nur finanziell nichts bringen – einem nackten Mann kann man nicht in die Tasche fassen –, er werde, so Keynes, auch zu einer politischen Radikalisierung in Zentraleuropa und einem neuen, noch größeren Krieg führen. »Die Politik, Deutschland für eine Generation zu versklaven, das Leben von Millionen von Menschen zu entwürdigen und das Glück einer ganzen Nation zu verhindern, ist abscheulich – abscheulich, sogar wenn es möglich wäre, sogar wenn wir uns dabei bereichern könnten, sogar wenn es nicht dazu führen würde, dass das zivilisierte Leben in Europa zerfällt.« Keynes sah in der Politik der Sieger die Zerstörung eben jener Zivilisation, von der am Ende sein geliebtes Cambridge abhing.

Das Buch verkaufte sich überraschend gut und verschaffte Keynes einen gewissen finanziellen Spielraum. Es machte ihn zwar bei der Regierung und in den besseren Kreisen unmöglich, aber dennoch wurde er zu einem *public intellectual*, einem in der breiten Öffentlichkeit wahrgenommenen Vordenker. Er kehrte nach Cambridge zurück, wo er zu unterrichten und publizistisch zu wirken begann. Nicht minder nahe lag es aber, seinem im Schatzamt entwickelten Interesse für die Kapitalmärkte professionell nachzugehen und als Investor in der Londoner City zu arbeiten. Bis zum Zweiten Weltkrieg, als er plötzlich auch in Regierungskreisen wieder sehr gefragt war, teilte er seine Zeit zwischen diesen drei Tätigkeiten auf, als Universitätsökonom, als Publizist und als Investor an der Börse.

Dort konnte Keynes beobachten, wie der Mensch tickt, wenn er unter Stress versuchen soll, seinen Nutzen zu maximieren. Tatsächlich fand er im Handelssaal keine kühlen Rechner, sondern nur Menschen, die verwirrt und emotional wurden, wann immer eine ruhige Hand gefragt war. Für das Geschehen an den Börsen entwickelte er die Theorie, wonach nicht die Aktien stiegen, die günstig bewertet waren, sondern vielmehr solche, die sich in den Augen der Allgemeinheit großer Beliebtheit erfreuten. Aktien oder Rohstoffe, bei denen viele Spekulanten davon ausgingen, dass sie steigen würden, wurden von eben diesen gekauft, und was gekauft wurde, stieg im Kurs. Es waren nach Keynes' Auffassung also eigentlich die Erwartungen der Marktteilnehmer, welche die Kurse antrieben, nicht die tiefsinnigen Analysen rationaler Akteure. An der Börse lernte Keynes, wie wichtig die Rolle von Erwartung, Spekulation und Emotion bei ökonomischen Entscheidungen war.

Keynes wurde berühmt und wohlhabend, baute eine beachtliche Gemäldesammlung auf (er ersteigerte 1917 in Paris, als dort das Grollen der Kanonen zu hören war, ein Bild von Cézanne für 327 Pfund, was auch damals kein stolzer Preis war), heiratete eine russische Primaballerina, züchtete Rosen und war äußerlich so angepasst, wie man es nur wünschen konnte. Intellektuell und finanziell war er aber immer zu etwas Verwegenem bereit.

So kam es, dass Keynes mal wieder sein Geld (nicht die Bilder) verspielt hatte, als in New York der Krach losging. Er hatte im Vorjahr mit Spekulationen auf dem Rohstoffmarkt erheblich verloren, aber wer als Spekulant im Jahr 1929 kein Geld zum Investieren hatte, mit dem meinte es das Schicksal jedenfalls gut. Keynes ging das Desaster persönlich nichts an, er konnte es aus der Distanz betrachten, zergliedern und sich einen Reim darauf machen. Das Ergebnis war nichts weniger als ein magnum opus, die *Allgemeine Theorie der Beschäftigung, des Zinses und des Geldes*, eine Rahmenerzählung für eine Welt, in der nicht nur verkrustete Volkswirtschaften wie die britische unter einer Depression leiden konnten, sondern auch eine jugendlich-dynamische wie die amerikanische, die dem Ideal des freien Marktes sehr viel näher kam.

Keynes erfand damit die *Makroökonomie*, die Betrachtung der Wirtschaft aus der Vogelperspektive, in der nicht der einzelne Betrieb im Zentrum steht, sondern zusammenfassende Begriffe wie *Gesamtnachfrage* oder *Bruttoinlandsprodukt*. Die Theorie der Klassik, wie sie nach Adam Smith und Ricardo formuliert wurde, war darin nur noch ein Spezialfall für normale und ruhige Zeiten.

Was in der Weltwirtschaftskrise neben Keynes auch noch allen Nicht-Ökonomen auffiel, war das mit allen Sinnen und beiden Händen zu fassende Marktversagen, das Verschwinden der unsichtbaren Hand, das die klassische Theorie einfach nicht begreifen konnte und wollte. Paul Samuelson, einer der bedeutendsten Ökonomen nach dem Zweiten Weltkrieg, erinnerte sich später an die staunenden Studenten, denen die Professoren allen Ernstes erklärten, es gebe eigentlich keine Arbeitslosigkeit, nur zu hohe Löhne, die vom Arbeiten abhalten, sowie einen natürlichen Hang zur Freizeit. Die Schlangen von Arbeitslosen vor den Suppenküchen, die man vom Hörsaal aus dem Fenster beobachten konnte, existierten also eigentlich gar nicht.

Arbeiter und Angestellte geben in der modernen Welt schon bei relativ geringfügigen Lohnkürzungen erheblich weniger Geld aus. Damit entsteht ein Problem, das früher nicht aufgetreten war, als die meisten Menschen sowieso nur das Nötigste zum Leben hatten (und daher ihre Ausgaben kaum reduzieren konnten) oder, wenn sie elegant und privilegiert waren, lieber Schulden machten, als den Lebensstil an ein geschrumpftes Einkommen anzupassen. Durch den steigenden Wohlstand immer größerer Schichten haben die Arbeitnehmer eine neue Stellung und Funktion in der Wirtschaft: Sie sind als Konsumenten unverzichtbar geworden, denn ihre Kaufkraft ist eines der Schwungräder, die das System in Bewegung halten. Das ist in Rousseaus Augen vielleicht ein Abstieg, aber ökonomisch bedeutet es eine neue Welt. Die Wirtschaft ist 1930 auf ganz andere Weise als 100 Jahre zuvor darauf angewiesen, dass die Bevölkerung nicht nur arbeitet, sondern die Produkte auch kauft. Wenn die Löhne tatsächlich auf Hungerniveau fallen, wer kauft dann die Autos, die Kühlschränke, die Radios, die Töpfe und die Tücher? Wenn die Löhne weit genug fallen – und in einer modernen Gesellschaft ist das nicht sehr weit –, geht sehr schnell auch die Produktion zurück, denn die Unternehmer sehen ja, dass es weniger Käufer gibt, und schrumpfen ihren Betrieb auf das neue Maß. Was sollen sie auch sonst tun, weiter produzieren und hoffen?

Keynes führt den Nachweis, dass sich Märkte auf einem Niveau einpendeln können, das keineswegs optimal ist und viel Potential ungenutzt lässt. Ein marktwirtschaftliches System kann sich auch bei Unterbeschäftigung im Gleichgewicht halten, allerdings in einer von Arbeitslosigkeit und Armut gekennzeichneten Balance, die mehr eine Falle als ein Zustand der Harmonie ist. Grund ist die mangelnde Nachfrage. Wenn die Menschen ihr Geld lieber behalten (wie in jeder Krise), muss der Unternehmer nicht investieren, denn er wird seine Waren sowieso nicht los. Und seine Angestellten haben nun noch mehr Grund, ihre Ersparnisse zu horten, denn ihre Arbeitsplätze sind gefährdet. Ein Betrieb, in den nicht investiert wird, ist innerlich wurmstichig und keinem Angestellten bleibt dieser Todeshauch verborgen. In einer solchen Lage wird weniger produziert als möglich und der Wohlstand ist geringer als er sein könnte. Das kann zermürbend lange dauern, wenn der Markt nicht von selbst aus dem Schlamassel kommt und die Menschen sich in ihren traurigen Verhältnissen einzurichten beginnen. So ist es die *Erwartung* einer wieder in Gang kommenden Konjunktur und einer hoffentlich kaufkräftigen Kundschaft, welche die Produktion und damit auch die Beschäftigung bestimmen. In marxistischer Terminologie und grob vereinfachend könnte man sagen: Das Bewusstsein bestimmt das Sein; viel wichtiger als die öde Realität ist die Interpretation derselben, denn diese entscheidet über unser Wollen und Tun. Die *Erwartungen* treten, in Form und Funktion eines *Deus ex machina*, in der *General Theory* neben die bis dahin ausschließlich betrachteten zählbaren Größen wie Kapital, Produktivität und Arbeit. An dieser Stelle findet sich auch der Grund, warum ökonomische Vorhersagen so oft falsch sind: Die Erwartungen und die Psychologie spielen eine wesentliche Rolle, sind aber nur sehr schwer in Zahlen zu fassen.

Die Theorie geht, in dürren, skelettartigen Buchstaben, die das Wesentliche wie ein Röntgenbild beschreiben, etwa so: Die Produktion beziehungsweise das Einkommen (Y) in einer Volkswirtschaft ergibt sich aus dem, was konsumiert (C) und was investiert (I) wird. Also Y = I + C. Die Sparquote (S) ist das, was übrig bleibt, wenn man vom Einkommen den Konsum abzieht. Also S = Y – C. Setzt man in die letztere Formel die erstere ein, so erhält man S = I, also die Aussage, dass die Ersparnisse gleich den Investitionen sind. Was die Leute auf die Bank tragen, wird an jemand anderen verliehen, der es investiert (eine Fabrik baut, eine Wohnung kauft etc.).

Aus diesen Formeln lässt sich, ohne dass es weh tut, einiges ablesen. Die Klassiker hatten noch angenommen, man könne nicht genug sparen, denn sparen sei eine Tugend und gottgefällig, und je mehr gespart werde, desto mehr werde investiert, und je mehr investiert werde, desto größer werde der Wohlstand. Keynes hingegen sagt, dass auch zu viel gespart werden kann, wenn nämlich die Produktion (Y) nicht nachkommt. Steigen die Ersparnisse (S) deutlich mehr als die Produktion (Y), so folgt aus S = Y – C, dass der Konsum (C) also abnehmen muss. Nimmt der Konsum ab, so schrauben die Unternehmer ihre Investitionen zurück, denn wer produziert schon gern auf Halde? Gehen Investitionen (I) und Konsum (C) zurück, so ist auch ihr Ergebnis, die Produktion bzw. das Volkseinkommen (Y = I + C), und damit auch die Beschäftigung rückläufig.

Das lässt sich auch als Sparparadoxon (*paradox of thrift*) formulieren. Für den Einzelnen ist es rational, zu sparen und Geld für schlechte Zeiten zurückzulegen. Und wenn die schlechten Zeiten angebrochen sind, ist er gut beraten, sein Erspartes zurückzuhalten und so wenig wie möglich auszugeben, man weiß ja nie, wie lange die Krise dauert. Daraus ergibt sich eine *Liquiditätspräferenz*: In unsicheren Zeiten legt man sein Geld nicht über einen längeren Horizont an, sondern hat es gern sofort verfügbar, beispielsweise unter der Matratze oder im Küchenschrank. Was für den Einzelnen vernünftig ist, ist aber in diesem Fall nicht gut für die Gesamtheit. Denn dessen Konsumverzicht bedeutet einen Rückgang der Nachfrage, und der Rückgang der Nachfrage lässt den Mut der Unternehmer sinken und die Arbeitslosigkeit steigen. Daraus folgt, dass zwar der Einzelne sparen kann, nicht aber eine geschlossene Volkswirtschaft. Denn die reduzierten Ausgaben des einen sind die reduzierten Einnahmen des anderen. Geht der Konsum allgemein zurück, so sinken Produktion und Einkommen insgesamt und in der Krise muss dann doch wieder jeder an seine Ersparnisse und die vorhergehende Entsagung ist für die Katz.

Bis dahin hatte man keinen großen Unterschied gemacht zwischen dem privaten Haushalt und dem Staatshaushalt. Nun stellt sich aber heraus, dass sie, jedenfalls zum Teil, nach unterschiedlichen Prinzipien funktionieren. Ein Privathaushalt kann fast immer ohne Schaden die Ausgaben um 5 % kürzen. Ein Staat kann es nicht, denn er ist schnell in der Gefahr, die Nachfrage und damit die Wirtschaft insgesamt entscheidend zu schwächen. Damit macht er sich die Steuerbasis kaputt und unterläuft die eigenen Sparbemühungen. Ablesen kann man das in der Gegenwart an den sehr unterschiedlichen Entwicklungen der britischen und der amerikanischen Wirtschaft nach der großen Finanzkrise des Jahres 2008. Die Briten waren tugendhaft und sparten im Haushalt, was zu sparen war. Die Amerikaner sparten allenfalls ungewollt, weil sich der Kongress nicht auf eine Linie im Haushalt einigen konnte. Die Briten sind heute (2013) weit davon entfernt, die Wirtschaftsleistung des Jahres 2007 wieder zu erreichen, während die spendableren Amerikaner (ähnlich wie die Deutschen) schon längst einen neuen Höchststand erreicht haben. Und Großbritannien ist heute von einem ausgeglichenen Haushalt sehr viel weiter entfernt als die USA (und Deutschland). Genau das predigt Keynes: Man kann einen Staatshaushalt nicht wie einen privaten Haushalt allein durch

Sparen konsolidieren. Makroökonomie ist etwas anderes als Betriebswirtschaftslehre.

Wenn das Problem die Nachfrage ist, muss hier auch die Lösung ansetzen. Keynes ist ein praktisch denkender Mensch. Der Staat kann intervenieren, um die Gesamtnachfrage stabil zu halten. Wenn seine Bürger sparen, dann muss der Staat eben Geld ausgeben, denn, wie man vom *paradox of thrift* weiß, führt allgemeines Sparen zu allgemeinem Wohlstandsverlust. Entscheiden die Bürger eines Landes, ihr Vermögen zu horten und auf billigere Preise oder bessere Zeiten zu warten, muss der Staat sich Geld leihen und die Nachfrage ersetzen. Ist die Stimmung gut, so kommt es zu einem großen *Multiplikatoreffekt*. Dieser funktioniert etwa so: Jeder Euro, den der Staat ausgibt, ist irgendjemandes Einkommen. Baut er Straßen, so bekommen Bauarbeiter ein Gehalt, das sie selbst mindestens zum Teil ausgeben. Was der Bauarbeiter ausgibt, ist dann das Einkommen von wieder jemand anderem, etwa einem Schankwirt oder einem Milchbauern. Von diesem Einkommen gibt der Milchbauer wiederum einen Teil aus, etwa für eine Landmaschine, und so weiter. Der Euro, den der Staat in die Hand nimmt, schafft also nicht nur eine Nachfrage von *einem* Euro, sondern von deutlich mehr – unter welchen Bedingungen wie viel mehr, darüber wird bis heute lebhaft debattiert.

Auch an dieser Stelle weicht Keynes ganz entscheidend von der Klassik ab. Jeder, der Smith gelesen hat, weiß, warum der Staat sich besser aus der Wirtschaft heraushält. Der Einzelne weiß am besten, was für ihn gut ist, und wenn der Staat ihn bevormundet, kommt nicht größtmöglicher Nutzen für den Einzelnen und allgemeiner Wohlstand dabei heraus, sondern Korruption und Ineffizienz. In der transformierten Welt des 20. Jahrhunderts kann der Staat aber nicht mehr tatenlos zusehen, wie die Nachfrage kollabiert und die Wirtschaft ruiniert wird. In Keynes Sicht kann der Staat nicht nur sinnvoll intervenieren, er muss es auch, wenn Gefahr im Verzug ist. *Laisser-faire* kann nicht mehr das Einzige sein, was dem Staat zum Thema Wirtschaftspolitik einfällt.

Der Keynesianismus wäre – unter anderem Namen, in anderer Gestalt – in den 30er Jahren in jedem Fall aufgekommen, er lag in der Luft. Roosevelt hat den New Deal ab 1933, das Paradebeispiel für praktische Politik im Sinne von Keynes, in Amerika weitgehend unbeeindruckt vom späteren Namensgeber durchgezogen. In Japan reagierte die Regierung auf die Weltwirtschaftskrise mit der Abwertung des Yen und einem kreditfinanzierten staatlichen Ausgabenprogramm reinsten Wassers. Das Land konnte als einzige marktwirtschaftliche Nation zwischen 1929 und 1933 sogar ein deutliches Wirtschaftswachstum verzeichnen.[6] Keynes' Entwurf prägte die Wirtschaftswissenschaft der nächsten Generation, weil er synthetisieren, weiterentwickeln und formulieren konnte, was seiner Zeit auf der Zunge lag, nicht weil er in einer einsamen Schreibstube den großen Wurf für sich allein gewagt hätte.

Keynes war selbst im Schatzamt als Staatsdiener damit betraut, die Wirtschaft so zu steuern, dass sie die finanziellen und physischen Ressourcen für den Krieg liefern konnte. Er machte die Erfahrung, dass der Staat, sofern er über gebildete, kompetente, wohlmeinende und unbestechliche Beamte verfügt (Keynes hatte da wohl sich selbst vor Augen), lenkend eingreifen kann, ohne ruinierend zu wirken. Die Eingriffe müssen kurzfristig und auf Ausnahmesituationen wie eine Weltwirtschaftskrise beschränkt bleiben, aber wenn die Alternative zur Intervention eine allgemeine Depression ist, so sei's drum. Denn so lange die Staatsintervention begrenzt bleibt und gut gezielt ist, fügt sie der freien Marktwirtschaft keinen dauerhaften Schaden zu. Keynes hält den Kapitalismus nicht für krank – Weltwirtschaftskrise hin oder her –, sondern nur für instabil. Das Wirtschaftssystem muss also nicht geändert, sondern nur vernünftig reguliert werden, um ein attraktives Gegenmodell zu Planwirtschaft und Sozialismus zu sein.

Alle langfristigen Pläne sind sowieso sinnlos. Die Modelle der Ökonomie funktionieren, wenn überhaupt, nur im Zwielicht der Wahrscheinlichkeit, in einer unstetigen, nicht kontinuierlichen und daher kaum berechenbaren Welt. Für Keynes ist die Mathematik zwar die richtige Sprache für wirtschaftliche Zusammenhänge. Verabschiedet man nämlich die Zahlen aus der Wirtschaft, dauert es mit dem Niedergang nicht lange. Ökonomen müssen mit Zahlen spielen wie kleine Kinder mit der Sprache, sie sind ihr Zugang zur Realität. Aber die Menschen machen am Ende ja doch, was sie wollen, und alle Versuche, die Erwartungen zu modellieren, die ihre Entscheidungen treiben, sind von vornherein zum Scheitern verurteilt. Keynes hegt daher große Sympathie für kurzfristige Lösungen. Lieber ein effektives Flickwerk als eine grandiose Theorie, der die Realität abhanden kommt oder deren Wahrheit sich erst in einer unbestimmbar fernen Zukunft zeigt. »Auf lange Sicht sind wir alle tot. Die Volkswirtschaftslehre macht es sich zu leicht und macht ihre Aufgabe zu wertlos, wenn sie uns in stürmischen Zeiten nur sagen kann, dass, nachdem der Sturm lang vorüber ist, der Ozean wieder ruhig sein wird.« Praktiker sind meistens froh, wenn sie abschätzen können, wie ihre Geschäfte in den nächsten sechs Monaten laufen, alle größeren Pläne und weiteren Horizonte sind etwas für Theoretiker und Politiker.

Das Verhalten der Menschen ist immer ungewiss. Die Klassische Ökonomie macht einen Fehler, wenn sie glaubt, menschliches Verhalten allein nach der Logik der Nutzenmaximierung in einer Welt knapper Güter modellieren zu können. Aber so wie die Newton'sche Mechanik das Funktionieren der erlebten Welt beschreibt, und trotzdem nur ein Spezialfall der Relativitätstheorie ist, muss auch eine *Allgemeine Theorie* Unschärfen aushalten. Die Menschen agieren in einer unsicheren Welt und ihre Investitionen sind immer von der Angst vor einer Zukunft begleitet, die vielleicht ganz anders wird, als erhofft. Genau genommen ist die Unsicherheit so groß, dass kein vernünftiger Mensch eine Investition tätigen würde, deren Horizont länger als fünf oder zehn Jahre ist. Nur der Unternehmergeist, der *animal spirit*, kann ein solches Verhalten erklären. So ist es, wie man seit Keynes weiß, eine der vornehmsten Aufgaben der Wirtschaftspolitik und der Zentralbanken, den *animal spirit* wach zu halten und die Unternehmer zum Investieren zu animieren, indem man ihnen den Glauben an große Gewinne und eine goldene Zukunft gibt.

Die Angst vor dem Verlust des *animal spirit* sitzt der ganzen von Weltkrieg und Wirtschaftskrise geprägten Generation im Nacken und es kann nicht überraschen, dass das Thema in der Literatur der Zwischenkriegsjahre immer wieder zur Sprache kommt. Hans Castorp, der Held aus Thomas Manns *Zauberberg*, ist 24 Jahre alt, gesund und munter und kommt in ein Sanatorium nach Davos, um dort seinen kränkelnden Vetter auf drei Wochen zu besuchen, bevor er als Volontär in eine Schiffswerft eintreten soll. Die Atmosphäre erweist sich aber als allzu ansteckend. All die hüstelnden, schlaffen, fiebrigen, »innerlich wurmstichigen« Gestalten von schlechter allgemeiner Konstitution und ungesunder Hautfarbe haben auf Castorp eine Sogwirkung, der er sich nicht entziehen kann, und so wird aus einem Hans im Glück ein leicht kränkelndes Wesen, ein ernsthafter Teilnehmer an endlosen Liegekuren, der schließlich sieben Jahre im Sanatorium bleibt. Dem Kaufmannsberuf begegnet er zwar mit »Respekt«, aber er kann das Zählen und Wägen und Vorteilsuchen einfach nicht spannend finden. Lieber ergeht er sich in ausführlichen Betrachtungen über die göttliche Körperlichkeit des Menschen, lauscht den Debatten des fortschrittsgläubigen Aufklärers Settembrini mit dem katholisch-sozialistisch-jüdischen Jesuiten Naphta, verliebt sich in die türenschlagende, brotkügelchenrollende Clawdia Chauchat, der er in ihrer Liebesnacht die Identität von Krankheit und Wollust erklärt, und bleibt doch bei all diesen Aufregungen immer fest in seinem unökonomischen Paralleluniversum.

Dasselbe Thema hatte Mann schon in den *Buddenbrooks* bespielt, dort ist der kleine Hanno Buddenbrook vom Gegenteil der *animal spirits* beseelt. Er blickt »mit einem ebenso zagen wie ablehnenden Ausdruck« in die Welt, ist zur maßlosen Enttäuschung seines Vaters nicht im entferntesten zum Kaufmann geboren, da er weder mit Zahlen umgehen noch unter Druck (beim Klaviervorspiel) Leistung bringen kann. Hanno wird auf dem

Schulhof nur hin und her geschubst von den kräftigeren, rauflustigen Jungen und entzieht sich der Verantwortung durch einen frühen Tod.

Oder im *Tod in Venedig*: Die Geschichte beginnt damit, dass der Schriftsteller Gustav von Aschenbach, der sowieso schon nicht den Biss seiner Vorfahren geerbt hat, seine schöpferische Kraft verliert und von Selbstzweifel befallen ist. Er beschließt, dass es Zeit für einen Tapetenwechsel ist, und fährt nach Venedig, um auf andere Gedanken zu kommen. Dort verliebt er sich in einen schönen Jüngling und in gewisser Weise findet Aschenbach in den fernen verbotenen Blickkontakten, was er gesucht hatte. Diese Liebe macht es ihm unmöglich abzureisen, obwohl er vom Ausbruch einer Cholera-Epidemie erfährt, die das Leben der Einwohner gefährdet. So wird der Jüngling zum Todesengel. Am Ende lässt Aschenbach ganz die Vernunft fahren, verliert sich in den Spekulationen Platons über die Schönheit und die Liebe und ergibt sich schließlich in sein Schicksal.

Die Mann'schen Figuren geben ein unendliches Anschauungsmaterial von kultivierten, sympathischen Menschen ohne jeden Unternehmergeist, die sich gegen die Realität nicht wehren können. Die 1920er Jahre sind auch die Zeit, in der Sigmund Freud, ein Lieblingsautor Thomas Manns, seine Theorie um das Gegenteil vom *animal spirit*, den *Todestrieb*, bereichert. Stand bis dahin das Lustprinzip (das utilitaristische Streben nach Lustgewinn und der Vermeidung von Unlust) unangefochten im Vordergrund, so kommen Freud nun Zweifel, ob das wirklich alles ist. In *Jenseits des Lustprinzips* erkennt er, dass dem Menschen eine Lust zu Aggression und Destruktion innewohnt, auch eine Tendenz zur Selbstzerstörung. Manchmal leidet der Mensch gerne, es macht ihm Spaß, sich zu kasteien, und er tut mitunter auch ganz bewusst ökonomisch sinnlose Dinge. Es gibt Spieler, denen es völlig klar ist, dass sie ihr Geld verlieren werden, und die sich dennoch das Erlebnis nicht nehmen lassen, mit Wonne zu tun, worüber ein Ökonom nur den Kopf schütteln kann. Das allzu einfache Menschenbild der Ökonomie bedurfte damals – wie wohl auch heute wieder – der Ergänzung durch eine moralische und emotionale Facette. Der

Mensch besteht nicht nur aus Ego und Lust, er will geliebt werden und nicht peinlich sein; er ist nicht immer Schnäppchenjäger oder Karrierist, sondern auch mal ein lustloser Tropf auf dem Sofa oder ein guter frommer Mann oder eine treu sorgende Tochter.

Mit wurmstichigen und todessehnsüchtigen Menschen konnte die Ökonomie vor Keynes nicht viel anfangen, aber genau die in der Literatur und Psychologie der 1920er Jahre beschriebene Geisteshaltung ist am Werk, wenn Unternehmer oder Konsumenten sich andauernd Gedanken machen, was alles schief gehen kann. Die Liste der Bedenken ist immer zu lang für eine Entscheidung über den Tag hinaus. Das ist die wesentliche Eigenschaft eines Unternehmers (wenn auch nicht seine einzige): der Mut, der *animal spirit*, etwas zu beginnen, obwohl man der Zukunft nur ihren Charme und ein Traumbild abgewinnen kann und keine Zahlen, derer man sich sicher sein könnte.

Wozu das Ganze? Zunächst natürlich, um eine Theorie zu haben, mit der sich die Weltwirtschaftskrise begreifen und beenden lässt. Keynes hat neben dem ganz praktischen aber immer auch ein moralisches Ziel vor Augen. Die Ökonomie erschöpft sich für ihn nie in einer Handlungsanweisung, wie sich möglichst viele Sachen (im Jargon: *Stock Keeping Units*) produzieren lassen. Er will sie zu dem tauglich machen, wozu sie am Ende da ist. Sie soll den Boden bereiten für das, was Keynes *Zivilisation* nennt und die für »Manieren, Artigkeit und eine gewisse Klugheit« steht, wenn man Kant glauben darf. Zweck der Ökonomie ist nicht nur die Erhöhung der Produktivität, sondern in erster Linie die Schaffung der Bedingungen für ein anständiges Leben. Darin besteht doch der Wohlstand, dass wir kultiviert, höflich und moralisch sein können, dass wir Raum und Freiheit haben für alle Aspekte des Lebens, ohne Angst vor der Krise. Dass wir die Liebe zum Geld hinter uns lassen und uns Höherem widmen können. Kunst und Wissenschaft kultivieren uns. »Die Liebe zum Geld als Besitz – im Unterschied zur Liebe zum Geld als Mittel im Umgang mit den Freuden und Realitäten des Lebens – wird [, sobald ein allgemeiner Wohlstand erreicht ist,] als das erkannt werden, was sie ist, als eine etwas widerliche Morbidität, eine jener halbkriminellen, halbpathologischen Neigungen, die man mit einem Schaudern an die Spezialisten für Geisteskrankheiten abgibt ... Aber Vorsicht! Die Zeit ist jetzt noch nicht reif. Für mindestens weitere 100 Jahre müssen wir uns und allen anderen vormachen, dass Schönheit hässlich und Hässlichkeit schön ist. Denn Hässlichkeit ist nützlich und Schönheit ist es nicht. Habsucht und Wucher und Vorsicht müssen noch für eine Weile unsere Götter sein. Denn nur sie können uns aus dem Tunnel wirtschaftlicher Notwendigkeit ans Tageslicht führen.« Die Anzahl der SKUs in unseren Läden können dazu immer nur das Mittel sein, nie ein Selbstzweck. Am Ende geht es um die erstrebenswerten Zustände, wie Moore sie hier so schön formuliert hat, um das Gute und den dazu nötigen Geisteszustand. Der Wohlstand ist damit eigentlich von moralischer Natur, und zwar wirklich, nicht Ursache oder Folge der Zivilisation, sondern mit ihr ein und dasselbe.

Die Ökonomie ist die Wissenschaft, die den Wohlstand ermöglichen soll, dessen ethische Dimension die Zivilisation ist. Ihr Sinn ist es, die wohlstandsbedrohenden Krisen zu verhindern. Dabei geht es nicht so sehr um den materiellen Schaden. Es gibt genügend Ökonomen, die Rezessionen und Zusammenbrüche als reinigende Gewitter sehen, als Marktphasen, die nötig sind, um die schwachen Spieler auszusortieren. Fabriken lassen sich nach jedem Krieg und jedem Zusammenbruch wieder aufbauen. Wesentlich ist etwas anderes: Hat die Barbarei einmal die Zivilisation zerstört – und das geht schnell –, so lässt sie sich nicht ohne weiteres wieder aufbauen. Das ist die Lehre aus dem Elend nach dem Ersten Weltkrieg, vor dessen Vertiefung Keynes bei den Verhandlungen in Versailles gewarnt hatte. Und es ist ebenfalls die Lehre aus der Weltwirtschaftskrise, die in vielen Ländern zu einer Radikalisierung und überall zur Verrohung der Sitten geführt hatte. Eine Welt, der die Zivilisation abhandengekommen ist, lässt sich nicht leicht wiederherstellen.

Aus diesem Geist entwickelt Keynes eine Theorie für eine Wirtschaftsordnung, in der die Konjunkturzyklen geglättet und die schweren Krisen ganz vermieden werden sollen. Es könnte uns die Zivilisation kosten,
wenn wir der wirtschaftlichen Entwicklung einfach ihren Lauf lassen.
Der Wohlstand der Fabriken umfängt die Zivilisation wie die wattierte
Tapete eines Salons, die ohne das Leben darin keinen Sinn hat. Um der
Zivilisation willen muss der Wohlstand erhalten bleiben, und die Aufgabe
des Staates ist es daher, bedrohliche Krisen zu verhindern. Es ist dieser
Begriff vom Wohlstand, der Keynes' Theorie ihre Gestalt gibt. G. E. Moore,
der Philosoph der guten Geisteszustände, wäre stolz gewesen auf seinen
Schüler.

Milton Friedman's misfortune was that his policies had been tried.

JOHN KENNETH GALBRAITH

DER TURMBAU ZU ISLAND

Im Herbst des Jahres 2008 war die Zivilisation wieder mal am Ende. Wie so etwas aussieht, versteht man vielleicht am besten vom Rand der Zivilisation her. Also aus Island. Die dortige Ausprägung der Großen Finanzkrise (GFC) und die sich daran nahtlos anschließende Staatsschuldenkrise war wie das Sahnehäubchen der Entwicklung, von fern gesehen interessant, dann doch etwas ölig im Abgang. Das Land wird gerne von Genetikern als großes Laboratorium gesehen, denn dort sind in den letzten 1.100 Jahren nicht viele Fremde vorbeigekommen mit dem Gedanken, sich zu vermehren, und so ist die Bevölkerung heute im Wesentlichen mit sich selbst verwandt. Das macht die Isländer anscheinend zu einem recht speziellen Volk, und vieles, was dort in der GFC geschehen ist, hat eine ganz eigene Färbung, aber es büßt darum nicht den Beispielcharakter ein.

Michael Lewis, der wohl amüsanteste Kommentator des Geschehens an den Finanzmärkten, stellte in einem langen Artikel für *Vanity Fair* die Geschichte folgendermaßen dar: Der Human Development Index sah Island bis zum Jahr 2008 auf Platz eins, eine Insel des Fortschritts, die vielleicht etwas wild aussah, mit einer hervorragend ausgebildeten Bevölkerung, einem ausgezeichneten Gesundheitswesen, gleichgestellten Frauen und auch sonst allem, was sich ein Sozialarbeiter nur wünschen konnte. Für die vielen Akademiker, die sich auf der Insel befanden, gab es aber nicht viel Verwendung, denn Island lebte von der Fischerei, in der mit

Erfahrung mehr zu holen ist als mit Diplomen. Islands Gewässer waren außerordentlich reich an Nahrung, und sobald das Kühlschiff erfunden war und der Fisch zur Exportware aufstieg, wurde das Land immer wohlhabender. Der zweite Segen, den die Natur für Island bereit hielt, war die Energie, die im vulkanischen Boden steckte, sich allerdings nicht exportieren ließ wie Öl oder Gas. Glücklicherweise reichte es, um die amerikanische Firma Alcoa mit einem Ofen anzusiedeln, in welchem Aluminium gewonnen wurde. Aber auch das konnte ökonomisch irgendwie nicht alles sein, so war wohl das Grundgefühl.

Grundsympathisch sind die Isländer nicht nur, weil sie es mit großer Beharrungskraft auf einem objektiv nicht sehr einladenden Stück Land aushalten, sondern weil sie sich interessante Stücke der Tradition erhalten haben, die andernorts in Europa längst der Christianisierung zum Opfer gefallen sind. So spielt das Huldufólk, auch Elfen genannt, nach wie vor eine gewisse Rolle in der seelischen Verfassung des Landes. Nur 28 % der Bevölkerung halten die Existenz von Elfen für unwahrscheinlich, 55 % gehen von ihrer Existenz aus. Elfen sind feinstoffliche schimmernde Wesen, grau gekleidet mit schwarzen Haaren, und bewohnen Steine, Bäume und Hügel, ganz wie ihre nahen Verwandten, die Gnome und Trolle. Aus diesem Grund musste sich Alcoa, bevor der Ofen errichtet werden konnte, von einem regierungsamtlichen Experten bescheinigen lassen, dass der Bauplatz nicht von Elfen bewohnt war.

In Island traf Ende der 1990er Jahre dreierlei aufeinander: Geld, die Kultur der Wikinger und eine unterforderte Bevölkerung. Der Katalysator, der diese Elemente dazu brachte, miteinander zu reagieren und etwas völlig Neues hervorzubringen, war das Investmentbanking.

Es ergab sich, dass eine Reihe junger Isländer in den USA studiert und dort gelernt hatten, Wohlstand mit Kredit zu schaffen und Bilanzen so zu schreiben, dass sie nach etwas aussehen. Sie waren, das liegt ganz in der Natur der Sache, unerfahren und hungrig, als sie die im Jahr 2002 privatisierten heimischen Banken übernahmen. Sie überzeugten ihre Landsleute, sich in Yen und Schweizer Franken zu 3% zu verschulden, um das Geld in Isländischen Kronen zu 15,5% anzulegen. Die Zentralbank hatte nichts dagegen, denn auf Island hatte man sich entschlossen, die Lehren des Neoliberalismus in die Praxis umzusetzen. Es wurde weitgehend auf Regulierung verzichtet, die Steuern wurden gesenkt, der Staat zog sich aus der Wirtschaft zurück. David Oddsson, der Ministerpräsident in dieser Zeit, war ein glühender Verehrer Milton Friedmans und benötigte sonst keinen ökonomischen Hintergrund, denn seine Berufung war die Poesie, der er auch in den tiefsten Krisenmonaten noch nachging. Da war er dann schon Präsident der Zentralbank, und er wird wohl auf absehbare Zeit der letzte Poet auf diesem Posten bleiben.

Zunächst hatte sich die Sache gut angelassen: Zwischen 2003 und 2007 stieg der isländische Aktienmarkt um das Neunfache. Ganz schuldenfrei war das nicht zu machen, aber wie jeder Asterix-Leser weiß, haben Wikinger vor nichts Angst, und so häuften sie unbekümmert Verbindlichkeiten von 140 Milliarden Dollar an, das entsprach dem 13-fachen der jährlichen Wirtschaftsleistung oder, um es auf die persönliche Ebene zu bringen, 424.000 Dollar für jeden der knapp 330.000 Einwohner der Insel. Die Haushalte verschuldeten sich mit 213% ihres verfügbaren Einkommens, die Banken nahmen etwa 50 Milliarden Euro Schulden im Ausland auf. Mit dem vielen schönen Geld gingen isländische Banker und Hedgefondsmanager auf Einkaufstour durch die Welt, traten unter markigen Namen wie »Thor« auf, erstanden Fluggesellschaften, Einzelhandelskonzerne, andere Banken, Fußballmannschaften und eigentlich alles außer Aluminium und Fisch – wovon sie zwar schon genug hatten, wovon sie aber wenigstens etwas verstanden hätten. Zu den hohen Preisen, welche sie für ihre Trophäen zahlten, schrieben sie diese auch in ihre Bilanzen, die immer größer wurden und immer mehr Schulden vertrugen.

Angetrieben von einer sehr lockeren Geldpolitik in den USA, stiegen durch die niedrigen Zinsen alle Vermögenswerte, so wie die Flut im Hafen alle Boote hebt, die tauglichen und die weniger tauglichen. Und solange alles immer teurer wurde, war es eine feine Sache, Aktien, Rohstoffe, Beteiligungen etc. zu haben, und sei es auf Pump. Nur als die Musik zu spielen aufhörte und kein Stuhl in der Nähe war, hätte man wissen müssen, dass der Hebel des Kredits in beide Richtungen wirkt, nach oben wie nach unten. So war 2008 plötzlich nur noch einen rostigen Nagel wert, was eben noch als die Investition des Jahrhunderts galt, und im Bankensystem liefen Verluste in Höhe von 100 Milliarden Dollar auf. Damit hatte der Poet an der Spitze der Zentralbank nicht gerechnet. Die Banken kollabierten, die Isländische Krone fiel um zwei Drittel gegenüber Dollar und Euro und die Regierung musste um Hilfe bei ihren nordischen Nachbarn und dem Weltwährungsfonds bitten. Als Schuldige machte die Politik wie stets das internationale Finanzkapital aus, Hedgefonds, die durch ihre Wetten auf den baldigen Niedergang Islands diesen selbst herbeigeführt hätten. Oddsson sprach von »skrupellosen Händlern, die sich entschlossen haben, das Isländische Finanzsystem zum Zusammenbruch zu bringen.« Dabei war dazu nur ein Dichter nötig als Chef der Zentralbank, ein Philosoph als Wirtschaftsminister und ein Tierarzt als Finanzminister, in einem Land mit der Bevölkerungsstärke von Bielefeld.

Die Schulden fielen nun dem Staat vor die Füße. Jede der drei großen Banken Islands war für sich schon zu groß, um gerettet zu werden, aber in einer kühnen und fatalistischen Geste beschloss die Regierung, sie alle zu verstaatlichen. Wenn einem Land die Banken abhandenkommen, können keine Löhne mehr gezahlt werden, die Konten der Firmen verschwinden und jeder Handel, der über den Tausch gegen Walfischzähne hinaus geht, kommt zum Erliegen. Das Land fällt zurück in die Wikingerzeit, lebt wieder vom Fischfang. Da die Regierung jedoch ebenfalls nicht das Geld hatte, um die Auslandsschulden der Banken zu bedienen, wurden deren Gläubiger *rasiert*, das heißt, sie warten bis heute auf ihr Geld (oder wurden von der heimischen Einlagensicherung entschädigt). Damit das wenige verbliebene Kapital nicht ganz verschwand, solange unklar war, wer welche Lasten trägt, wurden Kapitalverkehrskontrollen eingeführt (ähnlich wie beim Zusammenbruch Zyperns im Frühjahr 2013). Der Staat ist seither bemüht, die Zivilisation zu retten, die Kultur, die Gewohnheiten und Traditionen, das Huldufólk, die Ausbildungsstätten, die soziale Sicherheit, den freundlichen Umgang miteinander.

So ähnlich, im Verhältnis zur Bevölkerungsgröße nur viel unbedeutender, verlief die GFC in den USA und Teilen Europas, hier noch vermehrt um eine zermürbende Währungskrise. Diese Dramen sind oft genug erzählt worden, in bemerkenswert vielen Versionen, auf die wir an dieser Stelle sämtlich verweisen wollen, um auf den eigentlich bemerkenswerten Umstand hinzuweisen, dass die ökonomische Debatte, wie aus dem Schlamassel von GFC und Eurokrise herauszukommen sei, heute im Wesentlichen nach denselben Mustern und mit den gleichen Argumenten verläuft wie vor 80 Jahren das Ringen um den Umgang mit der Weltwirtschaftskrise. Das ist etwas ernüchternd für alle, die an den Fortschritt der Menschheit geglaubt hatten – aber wer möchte sich zu dieser Gruppe noch zählen lassen? Es ist, als käme man nach vielen Jahren wieder in seine Stammkneipe und als stünden dort nach wie vor dieselben Typen mit den gleichen Getränken in der Hand und redeten über eben jenes Thema, das vor ihnen schon ihre Väter bewegt hatte. Die Beleuchtung ist noch immer schlecht, sie taucht die Szene in einen Dunst, in welchem sich alle Gäste sichtlich wohl fühlen. Alle kennen einander, wissen genau Bescheid über Vorlieben und Verletzlichkeiten, und ginge es bei ihren Gesprächen nicht um die Ehre, so könnten sie sich gut verstehen.

In einer Ecke der Wirtsstube sitzen Menschen mit eher konservativem Weltbild, die Sparfüchse, die durch Glück oder Fleiß erfolgreich und wohlhabend geworden sind und nun um ihr verliehenes Geld fürchten. Der Wohlstand der Nation, so führen sie mit ernsten Gesichtern aus, bestehe in ihren Ersparnissen und bis in die Frühe Neuzeit hinein sei es nie bezweifelt worden, dass die Größe des Schatzes in den Kellern des Königs das entscheidende Maß der Prosperität sei. Jener entstehe durch die peinliche Erfüllung der bürgerlichen Pflichten (Verträge einhalten! Für sich selbst die Verantwortung übernehmen!) und durch die konsequente Anwendung der bürgerlichen Tugenden (Sparen, Arbeiten, Sparen, Arbeiten). Jede Abweichung sei hier eine falsch verstandene Toleranz. Rechtschaffene Leute müssten dem Kollektiv von Herzen misstrauen, das ja doch nur immer an die Früchte der Arbeit der ehrlichen Bürger wolle, in diesem Fall durch die Missachtung der geltenden Schuldverhältnisse, wodurch die Eigentumsrechte und damit der allgemeine Wohlstand in Gefahr gebracht würden. Die Lösung der gegenwärtigen Krisen bestehe in der Sanierung der öffentlichen Haushalte durch Sparen, denn wären nur die Finanzen glaubwürdig, dann würde die Furcht weichen und der Zins von allein sinken, es werde wieder investiert, die Schulden abgearbeitet und so siege am Ende die alte Tugend über die schlaffe Lässigkeit. Da in Europa die Gläubiger, verkörpert durch die strengen und sparsamen Deutschen, die Oberhand hätten, würden dort durch eine allgemeine Haltung des Verzichts die öffentlichen Haushalte bald ins Lot kommen und der allgemeine Wohlstand wiederhergestellt. Ein Forderungsverzicht nach hellenischem Muster lade nur zu Wiederholungstaten ein, und eine Entwertung der Schulden durch Inflation zersetze die wirtschaftliche und moralische Substanz Europas. So führe kein Weg an der pünktlichen Einhaltung des einmal Versprochenen vorbei.

Am Tresen des Gasthauses stehen die Retter der Zivilisation, denen die bürgerlichen Tugenden nicht ganz so viel gelten, die am Glauben an das Gute in den Menschen und insbesondere in sich selbst festhalten. Bei den Worten vom Wirtstisch wird ihr Atem immer flacher, manche schütteln den Kopf und wieder andere fühlen sich herausgefordert von einer Rede, die sie nicht anders als rückständig und borniert empfinden können. Sie haben die Schriften und die Haltung von Keynes verinnerlicht, wonach es auf die Erhaltung der Organe der Wirtschaft ankomme, auf die Fähigkeit zu produzieren, auf die Netzwerke von kleinen und großen Betrieben, die eine arbeitsteilige Wirtschaft erst so effizient machten. Die

Schulden*reduktion* sei das eigentliche Problem, nicht die Schuldenmacherei, so sagen sie, denn die Ausgabe des einen sei das Einkommen des anderen, und umgekehrt. Wenn nun beide gleichzeitig versuchten, ihre Schulden zu reduzieren, indem sie ihre Ausgaben kürzen, werde bei beiden das Einkommen fallen, und so seien sie umso weniger in der Lage, ihren Verpflichtungen nachzukommen. Wollte man das Schuldenproblem also nicht noch verschärfen und Massenarbeitslosigkeit provozieren, so müsse man die Sparsamkeit auf gute Zeiten verschieben. Natürlich könne dabei, wenn man es ungeschickt anstelle, der Sparfuchs in das Mahlwerk der Inflation geraten – aber am Tresen ist man, nach sorgfältiger Abwägung, bereit, dieses Risiko für seine Mitmenschen einzugehen. In den USA halte man es dieser Tage bereits mit Keynes und könnte dabei auf gute Erfolge verweisen, welche sich in Europa nirgendwo einstellten. Die Behauptung, Zentralbank und Regierung würden das Problem mit Geld zuschütten, sei eine irreführende Polemik und angesichts der wissenschaftlichen Fundierung dieses Vorgehens unangemessen.

Da werde man noch sein blaues Wunder erleben, höhnt es zurück vom Wirtstisch, wo sich die Gesichter bei dieser Gegenrede leicht gerötet und die Arme vor den Bäuchen verschränkt haben. Eine Pleite sei eine Pleite und werde über kurz oder lang auf schlimme Weise enden, da helfe alle Gesundbeterei und Beschwörung des *animal spirit* in der Tradition von Keynes nichts. Die Wahl stelle sich zwischen Inflation, Stagnation und Offenbarungseid. Die Inflation sei das gängigste Mittel, der Schuldner zahle dabei seinen Gläubigern schlechtes Geld zurück, mit dem dieser sich nichts mehr kaufen könne. Inflation bedeute die Enteignung des spar- und strebsamen Mittelstands und wirtschaftliche (und in der Konsequenz auch politische) Unsicherheit. Wer die Geschichte kenne, wisse genau, dass der Staat sich fast immer auf diese Weise seiner Verpflichtungen entledige, weshalb der ehrliche Bürger gut beraten sei, sein Vermögen in Gold oder Immobilien zu investieren, deren Wert sich auch im Zustand der allgemeinen Entwertung unfehlbar erhalte.

Sollte der Staat die zweite mögliche Option wählen und seine Schulden nach und nach tatsächlich zurückzahlen, so bedeute dies höhere Steuern für die Bürger und entsprechend weniger Investitionen und weniger Konsum, denn woher sonst solle das geplagte Steuersubjekt das Geld nehmen? Das führe in eine jahrelange Stagnation, die viel Wettbewerbsfähigkeit und damit Wohlstand koste, denn in dieser verlorenen Zeit schliefen die konkurrierenden Nationen nicht (man denke nur an den frischen, von Sozialversicherung unbeleckten Fleiß der Asiaten) und seien in der Lage, sich zu erneuern und Märkte zu gewinnen. Die dritte Möglichkeit sei schließlich der Offenbarungseid: Wenn die Schulden nicht gezahlt würden, sei dies für irgendjemanden eine Enteignung, aber eine solche, die Anwälte für viele Jahre in Lohn und Brot setze. Schlampiger Umgang mit Eigentumsrechten erzeuge eine Unsicherheit, die langfristig ebenfalls viel Wohlstand koste – Argentinien sei hier ein Beispiel, an welches sich allzu viele Besitzbürger am Wirtstisch noch heute schaudernd erinnerten: Ein mit Öl, Erzen und fruchtbaren Böden gesegnetes Land schaffe es immer wieder, durch Enteignungen (normalerweise der Anleihegläubiger des Staates, zuletzt aber auch der ausländischen Industrieunternehmen und der einheimischen privaten Pensionsfonds) und Inflation das Pro-Kopf-Einkommen unter dem Niveau des kriegszerrissenen Libanon zu halten.[7] So fliehe das Kapital aus diesem reichen Land, es werde nicht investiert und es entstehe keine Industrie, die über die Ausbeutung der Natur hinausgehe.

Die Intellektuellen vom Tresen verbitten sich nun, mit regierungsamtlichen Räubern in einen Topf geworfen zu werden, und bestellen vorsichtshalber noch ein Bier. Natürlich solle und müsse (nach dem Moralverständnis Immanuel Kants) jeder die Schulden zurückzahlen, die er zu bedienen versprochen habe. Aber was, wenn der Schuldner es nicht könne – oder nur auf Kosten des allgemeinen Wohlstands (was in den Augen der Utilitaristen und Konsequentialisten höchst unmoralisch wäre)? Die Standardtheorie der Ökonomen, wie sie sich seit Keynes etabliert habe und die auch in der gegenwärtigen Krise gut funktioniere, halte aber noch einen anderen Ausweg offen, den die satten Goldsparer vom Wirtstisch bislang verschwiegen hätten. Die Lösung des Schuldenproblems liege im Wachstum. Wenn eine Wirtschaft wachse, könne sie Schulden leichter tragen. Wie einfach die Dinge werden, wenn die Wirtschaft Eigendynamik entwickle, zeige sich am Beispiel Englands, das im Jahr 1816, nachdem die Schlacht bei Waterloo einen fast 125-jährigen Kriegszustand mit Frankreich beendet hatte, mit einer Schuldenquote von 240% der Wirtschaftsleistung nach konventionellen Maßstäben pleite gewesen sei. Die Zinszahlungen allein hätten etwa die Hälfte des Staatshaushalts ausgemacht. Aber die Verschuldung habe nicht in die Katastrophe geführt, sondern sich in der Industriellen Revolution von selbst aufgelöst. Eineinhalb Generationen später sei dank des starken Wachstums die Staatsschuld bereits auf 90% der Wirtschaftsleistung gesunken, und niemand habe sich mehr unwohl gefühlt. Der Staat solle daher auch heute, solange es sinnvoll sei und die Märkte es erlaubten, Schulden machen, um die Nachfrage zu stabilisieren. In Theorie und Praxis sei es richtig, Wachstum durch Abschaffung von Privilegien für Arbeitnehmer und Unternehmen, Bestrafung von Korruption, Freude am Wettbewerb und die Entlassung geistloser Regierungschefs voran zu bringen. Der Unternehmergeist und das Gewinnstreben seien nach wie vor die beste Hoffnung auf wirtschaftlichen Erfolg. Mit einer Abwärtsspirale aus wegbrechender Nachfrage, verschwindenden Arbeitsplätzen, kollabierenden Steuereinnahmen und entsprechend immer größeren Haushaltslöchern sei niemandem geholfen. Ein Staat lasse sich nicht sanieren wie ein Unternehmen, in welchem es hinreichen möge, die Kosten zu senken. Über diesen Horizont müsse man auch am Wirtstisch irgendwann hinausschauen.

Wachstum sei übrigens nicht nur die einfachste Lösung für jedes Schuldenproblem, sondern im Gegenteil, in vielen Fällen sei der Mangel an Wachstum überhaupt erst der Grund des Übels. In Italien oder Japan sei die sehr flaue wirtschaftliche Entwicklung der letzten Jahrzehnte nicht durch hohe Schulden verursacht worden, sondern umgekehrt sei der Schuldenberg eher als die Konsequenz einer wachstumsfreien Periode zu sehen.

Vom Wirtstisch wird dies heftig bestritten, es sei keineswegs ausgemacht, ob die Stagnation die Schulden verursachte oder ob es gerade umgekehrt sei. Am Tresen solle man den Ball flach halten, man sei da mit der Verwechslung von Ursache und Wirkung in der Gefahr, sich lächerlich zu machen. Japan sei aber jedenfalls ein mahnendes Beispiel, dass es nicht reiche, über Schulden die Nachfrage zu stabilisieren – dadurch allein entstehe noch keine wirtschaftliche Dynamik, wie man dort in den letzten zwanzig Jahren habe feststellen können.

An dieser Stelle können wir guten Gewissens das Gasthaus verlassen, die Debatte dauert, wie erwähnt, nun bald achtzig Jahre und angesichts der schlechten Luft und der schummrigen Beleuchtung ist ein Ende nicht abzusehen. Aber wir gehen mit dem Eindruck, dass das Wachstum, das bei Mill und vielen anderen sensiblen Gemütern einen so schlechten Ruf hat, einer weiteren Untersuchung wert ist, dass es eine zweite Chance verdient hat, wenn man das so sagen darf. Das Wachstum und die zweite Chance sind die Lebensthemen des Joseph Schumpeter.

SCHUMPETER

Wien entsprach dem Fin-de-siècle-Klischee mehr als jede andere europäische Metropole, denn dort lebte irgendwie, revolutionsvergessen, die Alte Welt noch weiter. Der Kaiser Franz Joseph saß seit 1848 auf dem Thron, umgeben von einem Adel, der dank seiner böhmischen Besitzungen an seinem Lebensstil nichts hatte ändern müssen. Die Industrielle Revolution galt als unfein und wurde von Intellektuellen und Aristokraten gleichermaßen mit der Massengesellschaft und der Ingenieurwissenschaft in Verbindung gebracht. Die Hüte der Damen waren noch groß, die Taillen noch wespenschlank und die Kirche noch aus tiefer Seele erzkatholisch. Am Rande des Reichs, in Norditalien, Böhmen und Budapest mochte Industrie und Bürgertum entstehen, aber in Wien war kaum jemand gestimmt, das alles ernst zu nehmen. Die Stadt wurde zwar rapide elektrifiziert, die Banquiers, Industriellen und Rechtsanwälte spielten eine immer größere Rolle, die Einkommen und der Lebensstandard auch der breiten Masse verbesserten sich erheblich – aber es blieb doch klar, wer ein Parvenü war und wer nicht. Die alte Ordnung, die in England, Frankreich und großen Teilen Deutschlands einen schweren Stand hatte, erhielt sich in Österreich und war – im Unterschied zu Russland – auf ihre alten Tage liebenswürdig geworden.

So ganz in Ordnung war diese Welt aber auch wieder nicht. Die Kaiserin war von einem Anarchisten ermordet worden und der Thronfolger,

Erzherzog Rudolf, hatte sich unter skandalösen Umständen das Leben genommen. Die Gesellschaft war erschüttert. Die Moderne ging eben nicht ganz an Wien vorbei, sie nahm nur andere Formen an, war elitär, kunst- und seelenverliebt. Sigmund Freud begann mit der Psychoanalyse, Georg Trakl dichtete expressionistisch, Karl Kraus erfand die Satire neu, im Palais Wittgenstein waren Clara Schumann, Gustav Mahler, Johannes Brahms und Richard Strauss gern gesehene Gäste. Ludwig Boltzmann entwickelte die statistische Mechanik und Ernst Mach philosophierte darüber. Gustav Klimt, Egon Schiele und Oskar Kokoschka malten den Übergang vom Jugendstil zum Expressionismus. Das geistige Wien spürte das Ende des *Ancien Régime*, sah das Heraufkommen des Industriezeitalters, wollte aber von Aufbruchstimmung nichts wissen und gab sich, todessehnsüchtig, lieber dem Weltschmerz hin, und, wenn es sich traute, auch der Dekadenz.

Philosoph der Stunde war Friedrich Nietzsche. Wie kein Zweiter konnte er über die Philister und Kleinbürger schimpfen, die im heraufdämmernden demokratischen Zeitalter ihre Stunde gekommen sahen. Die Massengesellschaft war in seinen Augen gelebtes Mittelmaß, kulturlos und flach. Nietzsche war aber auch die Antwort auf die bleiernen Hegelianer, die mit ihrer historischen Methode, ihrem Wortgeklingel von These, Antithese und angeblicher Synthese nicht nur der Philosophie, sondern fast allen Geisteswissenschaften den Blick verengt hatten. Historische Schulen im Geiste Hegels gab es insbesondere in den Staatswissenschaften (den Regierenden gefiel die These, das Wirkliche sei das Vernünftige), also in der Rechts- und Politikwissenschaft und in der Ökonomie. Wem der Status quo, das Hier und Jetzt, aber weder wirklich noch vernünftig noch erstrebenswert erschien, konnte sich an Nietzsches Verdammung der Geschichte als einer nutzlosen Führerin für die Zukunft erfrischen. Wer sich mit Hegel als Produkt und Teil eines großen unveränderlichen Stroms der Geschichte sah, dem blieb wenig zu tun und wenig zu hoffen: »Der historisch Gebildete ... hat nichts zu tun als fortzuleben, wie er gelebt hat, fortzulieben, was er geliebt hat, fortzuhassen, was er gehasst hat, und die Zeitungen fortzulesen, die er gelesen hat, für ihn gibt es nur eine Sünde – anders zu leben als er gelebt hat.« Treffender kann man nicht den Finger in die Wunde der Geschichtsauffassung Hegels legen. Nietzsche war, wie sein Zeitalter, elitär mit Wucht. Er hatte einen Sinn für den Weltuntergang, sein Ton war manisch oder depressiv, und immer schrieb er ein aufregendes Deutsch. Damit traf er den Nerv einer Gesellschaftsschicht in Endzeitstimmung, die das Entstehen der Massengesellschaft richtigerweise mit ihrem eigenen Untergang und unrichtigerweise mit dem des Abendlandes gleichsetzte.

Dieses Österreich brachte eine Schule von Ökonomen hervor, die den Untergang in ihr Programm aufnahm. Der Mann, der in seiner ökonomischen Theorie die Stimmung der Wiener wie ein Kaffeehausliterat reflektierte, der Philosophie und Ökonomie seiner Zeit in eine gemeinsame Schwingung zu bringen verstand, war Joseph Schumpeter.

Schumpeter hatte ein Leben, so aufregend es nur ein Ökonom führen konnte. Das Drama begann 1893 mit seiner Aufnahme am Theresianum in Wien, auf das auch die alten Familien ihre Kinder schickten, damit sie dort lesen und schreiben lernten. Schumpeter, dessen wenig bemerkenswerte Herkunft (er war Sohn eines früh verstorbenen Textilunternehmers) ihn dort zum Außenseiter machte, übernahm schnell den Habitus seiner Umwelt und war bald nur noch durch die hervorragenden schulischen Leistungen von seinen Kameraden zu unterscheiden. Er lernte reiten und fechten, knüpfte nützliche Freundschaften, entwickelte Witz und Charme und entdeckte seine Wirkung auf Frauen. Er übernahm Geschmack und Sitte einer Aristokratie, die ihre besten Tage gesehen hatte. Seit dieser Zeit war seine Lieblingskleidung der Reiteranzug – auch als Professor erschien er später gerne in Tweed und mit Reitpeitsche zur Vorlesung.

Ab 1901 studierte er Ökonomie an der Staatswissenschaftlichen Fakultät der Universität in Wien, wo man soeben einen akademischen Drachen erschlagen hatte. Dabei handelte es sich um die Historische Schule in der Ökonomie, die ganz im Geiste Hegels vertreten hatte, man müsse nur fleißig Daten sammeln, um so den ökonomischen Gesetzmäßigkeiten der Geschichte auf die Spur zu kommen. Wenn man aus dem Studium der Geschichte erst einmal wusste, wie die Ökonomie funktionierte, so ließ sich auch die Gegenwart damit beschreiben. Die historische Schule sah wirtschaftliche Zusammenhänge immer als Teil und Ergebnis einer räumlich und zeitlich konkreten historischen Situation. Die Hegelianer in der Ökonomie suchten nicht nach ewigen, im Gewand der Mathematik einherschreitenden Gesetzen, denn sie glaubten nicht an den *homo oeconomicus*. Der Mensch hatte nach ihrer Ansicht noch ganz andere Dinge im Kopf als die Maximierung des Eigennutzes und ließ sich daher nicht in ein einfaches Modell zwängen. So sah es die Historische Schule als ihre Aufgabe an, das Machbare und das Mögliche zu formulieren für konkrete Situationen.

Nun hatten sich an der Universität in Wien eine Reihe von Professoren (Carl Menger, Eugen von Böhm-Bawerk und Friedrich von Wieser) gefunden, die das ganz anders sahen. Sie schlugen in Stil und Methode eher nach der englischen Tradition. Nach ihrer Ansicht bestand die ökonomische Forschung nicht darin, kleinlich Daten aufzuklauben und daraus Gesetze zu pressen, sondern umgekehrt von der Theorie auszugehen und aus deren Warte die Welt zu beschreiben. Das Vernünftige aus der Wirklichkeit herauszulesen, die liebste Fingerübung eines jeden Hegelianers, schien der (später sogenannten) Österreichischen Schule ein finsterer Rückschritt in das Zeitalter vor David Ricardo und Adam Smith. In ihren Augen lagen die Dinge so: Es gibt die ökonomische Theorie, welche bestimmte Gesetzmäßigkeiten beschreibt, die sich nicht ändern durch irgendeine List der Vernunft. Arbeitsteilung ist sinnvoll, freie Märkte sind effizienter als Bürokratien, und die Verfolgung des Eigennutzes führt zur Produktion der Güter, welche die Leute kaufen wollen. Von diesen immergültigen Tatsachen ließ sich ausgehen, ein Theoriegebäude aufbauen und eine Wirklichkeit beschreiben, die sich nicht mit jeder Revolution änderte. Alles andere verdiente nicht den Namen Wissenschaft.

Die Österreichische Schule ging siegreich aus dieser Auseinandersetzung hervor, die Historische Schule verschwand in der folgenden Generation völlig. Eine entsprechend breite Brust hatten alle Ökonomen, die in dieser Zeit in Wien studierten, Schumpeters war aber wohl die breiteste.

Seine Biographen machen unnötig viel aus Schumpeters prägenden Jahren, in denen er eine Liebe zur Aristokratie, zur Elite im Sinne Nietzsches und zum Untergang entwickelt habe. Tatsächlich hat er fast ein Leben lang gebraucht, um seine Ideen zu entwickeln. Fest stand zu Anfang nur sein öffentlich formulierter Ehrgeiz, der begehrteste Liebhaber Wiens, der beste Herrenreiter Österreichs und der bedeutendste Ökonom der Welt zu werden. Mit Bedauern stellte er später fest, nur zwei dieser Ziele erreicht zu haben, und deutete an, dass es wohl mit der Reiterei nicht so ganz geklappt habe.

Schumpeter beendete sein Studium brillant und schnell und begab sich auf Reisen, wie es damals üblich war. In England fand er (anders als zuvor in Deutschland und Frankreich) Anschluss an die Gesellschaft, die er für angemessen hielt und heiratete, erst 24-jährig, aus einer Sektlaune heraus die um die Hälfte ältere Gladys Ricarde-Seaver, Tochter eines hohen Würdenträgers der Anglikanischen Kirche. Dieser Schwur konfrontierte ihn erstmals mit zwei Problemen, die ihn zeitlebens nicht mehr loslassen sollten: eheliche Treue und die Notwendigkeit, Geld zu verdienen.

Es gibt eine Notiz von Schumpeter, in der er sieben Ablenkungen aufzählt, die ihn im Leben vom Arbeiten abhalten. Auf Platz sieben kommt »Geld«, wobei wahrscheinlich der Mangel desselben gemeint ist. Auf Platz sechs »Reisen«, darüber »Politik« und auf Platz vier kommt »Wissenschaft (und Philosophie)«. Das sind alles gute Gründe, die jedem einleuchten müssen. Eigentlich interessant und bezeichnend ist, was Schumpeter wirklich abgelenkt hat: »Sport (und Pferde)« auf Platz drei, dann »Kunst (und Architektur)« und schließlich, unangefochten auf Platz eins, »Frauen«.

Das Gepäck voll mit den schönsten Anzügen aus der Savile Row, zog er mit seiner Frau nun weiter nach Kairo, das damals ein Ort für Glücksritter und Spekulanten war, ähnlich wie es heute die Arabischen Emirate sein mögen. Ägypten hatte seit der Eroberung durch Napoleon kolossale Fortschritte gemacht. Zuerst brachte der amerikanische Bürgerkrieg 1860/61 Ägypten als Baumwollexporteur ins Spiel (die Südstaaten waren als Lieferanten weitgehend ausgefallen). Dann brachte der Bau des Suez-Kanals noch mehr Geld, Know-How und europäische Sitte ins Land. Kairo war weitgehend elektrifiziert, es gab moderne Häuser, die Börse boomte und das Land fühlte sich auf Augenhöhe mit den Europäern. Die Stadt war polyglott, Engländer, Franzosen, Deutsche und Osmanen dominierten das gesellschaftliche Leben, das von *Fin de siècle* nichts wissen wollte und noch ganz optimistisch war. Das entsprach genau Joseph Schumpeters Geschmack.

Eben als die Schumpeters in Kairo ankamen, wendete sich aber das Blatt. Angefangen hatte es 1906 mit dem großen Erdbeben von San Francisco, das zu erheblichen Zahlungsverpflichtungen englischer Versicherungen geführt hatte und – über ein, zwei finanzielle Umwege – einen großen Crash an den Börsen der Welt auslöste. Glücklicherweise hatte Schumpeter aber ein juristisches Examen in Wien gemacht und konnte nun als Anwalt gut verdienen bei der Aufarbeitung der nach einem Zusammenbruch üblichen gegenseitigen Beschuldigungen und Forderungen. Darüber hinaus war er als Vermögensverwalter für eine Tochter des Khediven tätig (deren Einnahmen er in kurzer Zeit verdoppelte), saß, als wäre er in Wien, sehr viel in Kaffeehäusern und verlor dennoch nicht seinen Ehrgeiz als Liebhaber und als Ökonom aus den Augen.

Die Ehe blieb wohl nur wenige Wochen intakt, aber alles andere ging gut voran: Schumpeter verdiente gutes Geld in Kairo und schrieb sein erstes großes Werk, *Das Wesen und der Hauptinhalt der theoretischen Natio-*

nalökonomie, das 1908 herauskam. Auf dieser Grundlage konnte er die Koffer packen und nach Wien zurückkehren, wo er ein Jahr später zum Privatdozenten ernannt wurde.

So richtig anfreunden konnten sich die Professoren Wiens mit dem lustig gekleideten und skandalfreudigen Kollegen aber nicht. Man redete mehr über seine Frauengeschichten und über seine Angewohnheit, sich jeden Morgen eine volle Stunde lang zu putzen, als über seine wissenschaftlichen Beiträge. Über deren Brillanz waren sich seine Lehrer zwar einig, aber brillante Leute gab es in Wien vor dem Krieg allzu viele. So bekam er seine erste außerordentliche Professur in Czernowitz, von Wien aus gesehen am Ende der kakanischen Welt, mit einer neu gegründeten Universität von vielleicht 500 Studenten, wo Schumpeter nun erneut viel Zeit hatte für seine großen Ziele und kleinen Ablenkungen. Dort verfasste er sein zweites großes Buch, die *Theorie der wirtschaftlichen Entwicklung.* Daneben duellierte er sich siegreich mit dem Bibliothekar der Universität über die Frage des Zugangs der Studenten zu den Büchern und zeigte auch sonst Anzeichen von Ungeduld, den Ort wieder zu verlassen.

Im Jahr 1911, mit 28 Jahren, wurde Schumpeter schließlich ein richtiger Professor, ein Ordinarius, wenn auch nur in Graz. Studenten und Professoren leisteten erheblichen Widerstand gegen den bunten Vogel, aber es waren noch Kaisers Zeiten, und das nutzte Eugen von Böhm-Bawerk aus, ging zum Kaiser Franz Joseph und dieser setzte Schumpeter als Professor ein, basta. Graz war mit dem Zug nur zweieinhalb Stunden von Wien entfernt, das war erträglich. Gladys stellte sich unter Graz aber wohl etwas Ähnliches vor wie Czernowitz und ging zurück nach England. An Schumpeters Lebensstil änderte sich dadurch nichts.

Langsam wuchs sein Ruhm als Ökonom. Er wurde in die USA eingeladen auf eine Gastprofessur und galt schließlich auch im eigenen Lande etwas. Seine Leistung bestand in der Erklärung, wie Wachstum entsteht. Warum ist der Lebensstandard zwischen Christi Geburt und der Französischen Revolution im Wesentlichen gleich geblieben? Warum hat er sich seither so enorm verbessert? Für 90 % der Bevölkerung ging es zu 90 % der Zeit ums nackte Überleben – warum war das im Europa des 20. Jahrhunderts plötzlich nicht mehr der Fall? Zu Anfang des 19. Jahrhunderts war der Lebensstandard des damals reichsten Landes (der Niederlande) lediglich dreieinhalb mal so hoch wie in den ärmsten Ländern. Um 1900 lag der Unterschied fast beim Neunfachen. Was hatte zu diesem plötzlichen, enormen und historisch unvergleichlichen Wachstum des Wohlstands geführt?

Für Schumpeter ist der *Gewinn* der Schlüssel zum Verständnis dieser Phänomene. In einer stationären Wirtschaft, ohne Wachstum und ohne internen Konkurrenzkampf, gibt es nach Schumpeter auch keinen Gewinn. Der Unternehmer bekommt nicht mehr als den Lohn, den er als angestellter Manager bekommen würde. Der ganze Rest schmilzt dahin, weil die Löhne in der Stagnation ihr Maximum erreichen und etwaige Überrenditen der Unternehmen durch das Fehlen neuer Märkte unmöglich werden.[8] Gewinn und wirtschaftliche Dynamik (Konkurrenz und Wachstum) sind also zwei Seiten derselben Medaille: Ohne einander gibt es sie nicht.

Der Gewinn hatte in der Ökonomie seit jeher einen undurchsichtigen Status, denn es konnte nie ganz geklärt werden, warum er ausgerechnet bei demjenigen anfällt, der das Kapital bereitstellt. Man stelle sich eine Schaufel vor, mit der ein Acker bearbeitet wird. Der Landeigentümer bekommt einen Pachtzins, der Arbeiter einen Lohn und der Gewinn bleibt beim Unternehmer, der das Land gepachtet und dem Arbeiter die Schaufel in die Hand gedrückt hat. Aber warum? Sollte nicht der Konstrukteur der Schaufel auch etwas abbekommen? Sollte nicht der Arbeiter auch am Gewinn beteiligt werden? Ist es nicht reine Ausbeutung, wenn der ganze Gewinn bei dem Unternehmer bleibt, der nur das Geld für die Anschaffung der Schaufel und die Bezahlung von Lohn und Pacht zur Verfügung gestellt hat? Was macht ihn so wichtig?

Den vielen Antworten auf diese Fragen fügt Schumpeter eine ganz eigene hinzu. Der Unternehmer ist das einzige Glied in der Wertschöpfungskette, das sich nicht ersetzen lässt. Gewinn – und damit Wachstum und Wohlstand – entsteht durch Innovation, Kredit und Unternehmergeist. Diese drei Kräfte bewirken den wirtschaftlichen Fortschritt und sind ohne die Persönlichkeit des Unternehmers nicht zu haben.

Der Unternehmer ist in Schumpeters Universum das schaffende Element, welches der dumpf brütenden Masse, die vom Staat nur verwaltet wird, überlegen ist, ebenso wie den reinen Ästheten, die zwar ein höheres Bewusstsein und eine reinere Wahrheit haben mögen, aber am Ende nur in Schein und Oberflächlichkeit leben. So jedenfalls hätte es wohl Nietzsche formuliert, dessen Ideen bei Schumpeter immer wieder durchschimmern. Bei jenem, jedenfalls in der *Geburt der Tragödie*, sind die Kreativen eine vom Gott Dionysos beseelte Bande halbnackter, tanzender, weinlaubbekränzter und von den herrlichsten Drogen berauschter Visionäre. Das dionysische Prinzip schafft selbst keine schönen Formen, es ist ein ungezügelter, wilder Trieb, der sich unbedingt Ausdruck verschaffen will und so zum Motor des schöpferischen Prozesses wird. So beschreibt es Nietzsche und bei Schumpeter kommt es, durch die Wiener Caféhausphilosophen vermittelt und weichgespült,[9] in der ökonomischen Theorie an.

Konkret stellt Schumpeter sich die Entstehung des Wohlstands so vor: Am Anfang steht eine Innovation. »Der fundamentale Antrieb, der die kapitalistische Maschine in Bewegung setzt und hält, kommt von den neuen Konsumgütern, den neuen Produktions- oder Transportmethoden, den neuen Märkten, den neuen Formen der industriellen Organisation, welche die kapitalistische Unternehmung schafft.« Diese Innovation wird von einem von Dionysos beseelten Unternehmer aufgegriffen (oder von ihm selbst gemacht) und durch seine kraftvollen Hände wird allererst in die Wirklichkeit gebracht, was zuvor nur in den Köpfen existierte. Sein Unternehmen stellt dann ein Produkt her, das für eine gewisse Zeit und in gewisser Hinsicht konkurrenzlos ist – sonst wäre es ja keine Innovation – und mit hohen Gewinnmargen verkauft werden kann. So entstehen der Gewinn und die andere Seite der Medaille, das Wachstum. Ohne die Unternehmertypen gibt es im Wesentlichen Dienst nach Vorschrift, werden keine neuen Kontinente entdeckt (Kolumbus, auf Pump mit dem Geld der Spanier), gibt es keinen PC (Bill Gates) und kein iPhone (Steve Jobs). Tausend Bürokraten können nicht einen Carl Benz ersetzen. Der Unternehmer hat es im Kreuz, etwas Neues zu schaffen, mit den Konventionen zu brechen und die Gesellschaft weiterzubringen. Er macht die wirtschaftliche Entwicklung nicht nur möglich, sondern auch unberechenbar. Niemand kann vorhersagen, welche Innovation sich als nächste durchsetzen wird. Das macht den Unternehmer der Masse suspekt, aber jeder Versuch, ohne Unternehmer auszukommen, endet, so prophezeit es Schumpeter schon 1911, in bleierner Stagnation.

In seiner Vorstellung geht es unter Geschäftsleuten zu wie bei Darwin (der zu jener Zeit sehr in Mode war) in der freien Natur. Kooperation findet eigentlich nur in der Familie statt und die Regel ist, dass das innovative Unternehmen die älteren verdrängt. Wenn die weniger innovativen Firmen Glück haben, werden sie gekauft, viele verschwinden aber einfach vom Markt, indem sie Pleite machen. Schumpeter nennt das *Schöpferische Zerstörung.* »In der kapitalistischen Wirklichkeit ... zählt ... die Konkurrenz der neuen Ware, der neuen Technik, der neuen Versorgungsquelle, des neuen Organisationstyps ... – jene Konkurrenz, welche ... die bestehenden Firmen nicht an den Profit- und Produktionsgrenzen, sondern in ihren Grundlagen, ihrem eigentlichen Lebensmark trifft.« Das alte verschwindet und wird durch etwas Neues, Besseres ersetzt. Die Opfer des iPhones von Steve Jobs sind Firmen wie Nokia, Motorola und Blackberry, deren Produkte plötzlich alt aussehen. Aber so sicher, wie man in der Ökonomie nur sein kann, wird auch das iPhone eher früher als später von einer neuen Idee überflüssig gemacht. So entsteht wirtschaftlicher Fortschritt.

Warum aber war die Entwicklung seit der Industriellen Revolution so rasant, wie kommt es zu dieser gewaltigen Steigerung der Produktion und des Lebensstandards bis zum Vorabend des Ersten Weltkriegs? Der erste Grund ist der bereits erwähnte Unternehmer. Mit dem Aufstieg des Bürgertums können sich die Talente der Kaufleute auf ganz andere Weise entfalten als zuvor. Die Märkte können nicht mehr von Zünften blockiert und die Gewinne nicht mehr willkürlich vom Staat abgeschöpft werden. Das Bröckeln der Macht der Kirche bedeutet ebenfalls einen frischen Luftzug, denn Wissenschaft und Technik müssen nun nicht mehr bei Aristoteles stehen bleiben. Dank dieser Freiheiten kann der Unternehmer seine Innovationen etablieren und seinen Gewinn daraus ziehen. Der andere wesentliche Faktor, der die kapitalistische Gesellschaft vorantreibt, ist der *Kredit.* Der Unternehmer kann seine Innovation umso leichter am Markt etablieren, je leichter er an Geld kommt. Mit Hilfe eines Geldgebers kann er viel schneller und besser die nötige Organisation schaffen oder die nötigen Maschinen bauen, um die alten Gewohnheiten zu brechen und so das Wachstum zu realisieren. An den Kredit kommt er über die Banken, die Ressourcen von ihrer bisherigen Verwendung abziehen und in neue Produkte stecken.

Ohne deren Rolle bei der Bewertung und Abschätzung von Risiken kann die wirtschaftliche Entwicklung nur sehr viel langsamer oder gar nicht vorankommen. Es mag nach der GFC etwas schal klingen, aber ein guter Teil des gesellschaftlichen Nutzens der Banken besteht darin, dass sie gelegentlich etwas ausprobieren, neue Ideen und junge Unternehmen finanziell unterstützen. Sie müssen sich dabei ja nicht gleich ruinieren. Eine Bank, in der es nur darum geht, kein Geld zu verlieren, darf niemals mit einem Unternehmer reden. Ein aufregender, spielfreudiger, gelegentlich zusammenbrechender Finanzsektor ist Teil des Preises, den wir für den Fortschritt zahlen. Daher sollte man den Geldleuten, bei allem Verständnis für das rechte Maß von Aufsicht, nicht den *animal spirit* und die Freude an der Spekulation verderben. Man kann wirtschaftliche Aktivität zu Tode regulieren. Die Lust an der Tat und am Ausprobieren hat ihren Sinn, ebenso wie die Pleite und der außerordentliche Gewinn.

Damit sind alle wesentlichen Treiber benannt, die eine freie Wirtschaft weiter bringen und Wohlstand entstehen lassen. Alles andere ergibt sich daraus. Dem Unternehmer folgt ein Schwarm von Nachmachern, die seine Innovation kopieren und auch etwas von dem Wachstum abhaben wollen. Man denke an Samsung oder das chinesische Geschäftsmodell der letzten zwanzig Jahre. Auch die Nachmacher brauchen aber Kredit, um möglichst schnell an den Markt zu kommen, und so steigen die Zinsen (durch die erhöhte Nachfrage nach Geld), während gleichzeitig die Qualität der Schuldner schlechter wird (die Margen schrumpfen mit jedem neuen Wettbewerber). So kommt es zu den Zyklen von Boom und Crash, Gründerjahren und Wirtschaftskrisen. Die Zusammenbrüche sind wie eine gesunde kalte Dusche für die Wirtschaft, die sie aber letztlich weiter bringen. Der Kredit vergrößert die Auf- und Abschwünge, denn er hängt an so flüchtigen Kriterien wie Vertrauen, Reputation und Zukunftsaussichten, aber so lange die guten Zeiten die schlechten mehr als aufwiegen, bleibt bei allem zwischenzeitlichen Händeringen ein Fortschritt. Das Glätten der Zyklen und das Verhindern von großen Zusammenbrüchen, wie Keynes es vorsieht, behindert in Schumpeters Augen die Bereinigung der Märkte und der faulen Kredite und damit das Entstehen neuen Wohlstands und Wachstums.

Aus den jungen innovativen Unternehmen werden, falls sie ihre stürmische Jugend gut überstehen, große und gefestigte Organisationen. Den Unternehmern folgen die Manager, die den Erfolg verwalten und den Abstieg bremsen sollen. Die großen Unternehmen können sich selbst finanzieren, brauchen die Banken nicht mehr. Wenn sie es geschickt angestellt haben, ist ein Monopol oder ein Oligopol (beispielsweise Visa, Mastercard und American Express) entstanden, aus dem sich langfristig hohe Renditen erwirtschaften lassen, ohne dass ein Konkurrent sie streitig machen könnte. Solche Geschäfte können dann sogar Bürokraten verwalten – bis es zu einem Umbruch in den Märkten kommt und die alten großen Unternehmen mit der Innovation umgehen wie die Dinosaurier mit einem Meteoriteneinschlag.

Die Bedingung des Wohlstands ist seine Unsicherheit. Nur in einer Welt, in der die alten Unternehmen und der alte Wohlstand untergehen können, wo Neureiche den alten Eliten das letzte Hemd ausziehen, kann Wohlstand überhaupt entstehen. Nur in einer Welt wirtschaftlicher Dynamik und permanenter Umverteilung kann Gewinn existieren. Wo alles versichert ist, vorgezeichnet und festgelegt, wo jede Idee in ein Formular gefüllt und auf den Dienstweg gebracht wird, um dann in einer kleinen staubigen Schreibstube leise getötet zu werden, wo Manager um ihre Macht in der Hierarchie besorgt sind, gibt es nichts zu verteilen – oder, genauer gesagt, muss (mangels Wachstum) dann alles, was verteilt wird, zunächst jemand anderem weggenommen werden.

Schumpeter hatte, Nietzsche hin oder her, immer ein gewisses Faible für Marx. Der Marxismus war dann auch seine Eintrittskarte in die Politik, in die er sich ab 1916 einmischte, denn sein Ehrgeiz war noch lange nicht gestillt. Er machte sich einen Namen mit Friedensinitiativen und einem vehementen Eintreten gegen den Anschluss Österreichs an das Deutsche Reich. Als nach dem Ende des Krieges und dem Zusammenbruch der Monarchie sein Studienfreund Otto Bauer, Vertreter des linken Flügels der Sozialdemokratischen Partei und Begründer des Austromarxismus, Außenminister wurde, gelangte Schumpeter im März 1919 durch dessen Fürsprache als Finanzminister ins Kabinett.

Es war wohl ein Posten, den sonst niemand haben wollte, denn das Land war nicht nur dabei, sich aufzulösen, sondern auch pleite, hungrig und kalt. Es fühlte sich an wie die letzten Tage der Menschheit. Die Donaumonarchie zerlegte sich in ihre nationalen Einzelteile. Was vom Staat übrig blieb, war durch die Kriegsanleihen und die Reparationsforderungen der Sieger unrettbar verschuldet. Die Armee hatte bei einer Truppenstärke von knapp acht Millionen insgesamt etwa drei Millionen Tote und Verwundete zu verzeichnen sowie 1,7 Millionen Gefangene. Die Straßen Wiens waren voll von ausgemergelten Heimkehrern, Amputierten und Obdachlosen. Die Stadt konnte nicht mehr ausreichend versorgt werden. Die Alliierten hielten die Blockade bis zur Unterzeichnung eines Friedensvertrags aufrecht und die Landbevölkerung hortete lieber ihre Lebensmittel, als sie zu vorgeschriebenen Preisen in der Hauptstadt abzuliefern. In den Stadtparks wurden die Bäume gefällt, da es keine Kohle mehr gab. Zum Elend und zum Hunger kam im Herbst 1918 noch die Spanische Grippe.

Schumpeter war nicht nur aufgrund seiner guten Beziehungen zu den Linkssozialisten ins Kabinett gekommen, sondern weil er bereits vor Kriegsende unter dem Titel *Die Grenzen des Steuerstaats* eine Art Bewerbungsschreiben verfasst hatte. Darin setzt er auseinander, was ein Staat, dessen Finanzen völlig zerrüttet sind, tun kann. Er kann sich nicht über das normale Steueraufkommen sanieren, denn die Steuern müssten so hoch sein, dass sie entweder das wirtschaftliche Leben ersticken oder zu Steuervermeidungsstrategien führen würden. Die Höhe des Steueraufkommens hat eine natürliche Grenze, so viele Eintreiber der Staat auch losschickt. Schumpeters Vorschlag war daher, den Staat schlagartig durch eine einmalige Vermögenssteuer zu sanieren. Das ruiniert viele Fabrikanten und Grundbesitzer, die ihre Besitze zerschlagen müssten, um die Abgabe zu leisten. Aber Schumpeter konnte dem Ruin schon immer einen gewissen Charme abgewinnen. Es wächst dann eben etwas Neues, nicht zuletzt durch das ausländische Geld, das unweigerlich in einen Staat mit sanierten Finanzen und einer offenen Wirtschaft fließt. Durch das frische Geld wären auch nicht einmal schlechte Preise zu erwarten für die abzugebenden Vermögenswerte und die Zwangsverkäufe müssten nicht unbedingt in Tränen enden.

Das machte Schumpeter den Sozialisten grundsympathisch, ebenso wie seine Wertschätzung für Marx. Für sein eigenes Modell übernahm Schumpeter von diesem die Erklärung der inneren Dynamik des Kapitalismus, immer wieder das Bestehende zu zerstören und etwas Neues zu schaffen. Die Klassik erklärte Wachstum durch die Intensivierung des Handels und der Arbeitsteilung oder durch äußere Einflüsse wie technischen Fortschritt. In ihrer Liebe zu Maß und Gleichgewicht erfasste sie aber nicht den dionysischen Motor der wirtschaftlichen Entwicklung. Die Beschreibung der ungeheuren Kraft zur Veränderung, die dem Kapitalismus innewohnt, bewunderte Schumpeter bei Marx und brachte ihn nach dem Krieg seinen sozialistisch gestimmten Jugendfreunden nahe, die sich anschickten, in der jungen Republik Karriere zu machen.

Andererseits störte die Austromarxisten Schumpeters Auftreten, denn in all dem Elend pflegte er einen Lebensstil, der nicht auf Mitleid und Verbundenheit mit der Arbeiterklasse hindeutete. Während seine Kabinettskollegen in fadenscheinigen Anzügen und löchrigen Schuhen zu den Sitzungen kamen, schenkte Schumpeter seiner Toilette nach wie vor seine uneingeschränkte Aufmerksamkeit. Seine Anzüge bezog er wie immer aus der Savile Row in London, seine Einstecktücher waren weiterhin blendend weiß. Er hatte in Wien eine Suite im Hotel Astoria gemietet, eine Wohnung in der Strudlhofgasse und ein halbes gräfliches Palais. So viel Platz brauchte er, um seine Ablenkungen zu koordinieren, aber auch, um aufwändige Diners zu geben für Aristo- und Plutokraten. Bei diesen machte er offensichtlich auch Schulden, denn sein Ministergehalt gab nicht viel her.

Konservative wie Sozialisten misstrauten seiner Internationalität und seiner mangelnden Scheu vor der Berührung mit reichen Familien jüdischer Herkunft, wie den Rothschilds und Wittgensteins. Um ausländisches Geld in das darbende Österreich zu bringen, willigte Schumpeter in den Verkauf eines Teils der Holz- und Bergbauindustrie an die italienische Fiat-Gruppe ein, was einen Sturm der Entrüstung auslöste, da es als Ausverkauf an das internationale Großkapital und als Verrat an den nationalen Interessen gesehen wurde. Die Presse schoss sich auf Schumpeter ein, der ein gefundenes Fressen war. Er wurde nun allseits geschmäht und in keiner Partei hatte er eine Hausmacht. So war er bald nicht mehr tragbar, und im November 1919, nach nur etwas mehr als einem halben Jahr, wurde er von seinem Posten als Finanzminister entfernt.

Schumpeter hatte nun wieder mehr Zeit, sich über die Finanzierung seines Lebensstils Gedanken zu machen. Zum Abschied ließ er sich, an Stelle einer Pension, vom Parlament eine Banklizenz geben. Seine Überlegung dabei war etwa die folgende: Der Staat ist völlig überschuldet und kann seinen Verpflichtungen durch Steuereinnahmen nicht nachkommen. Eine Vermögensabgabe, so wie er sie vorgeschlagen hatte, stand ebenfalls nicht auf der Agenda, solange das Land von einer Regierung der nationalen Einheit, also unter Einschluss der Konservativen, regiert wurde. Ausländisches Kapital wollte man ebenfalls nicht haben. Die einzig verbleibende Möglichkeit, von den Schulden herunter zu kommen, lag also in der Enteignung der Gläubiger durch Inflation.

In der Inflation steht derjenige gut da, der Geld aufgenommen und sich dafür Sachwerte wie Aktien oder Rohstoffe oder Immobilien gekauft hat. Mit seiner Bank konnte Schumpeter leicht an geborgtes Geld kommen (z. B. die Spareinlagen der Bankkunden) und es in etwas Solides investieren. Dieser Handel ging sagenhaft gut auf, und auch als die Inflation (von zeitweise über 1.000 %) schließlich unter Kontrolle kam, stiegen die Aktien weiter. Schumpeter war bald wieder oben auf, leistete sich frische Pferde, neue Bekanntschaften und den alten Stil. Seine Reputation interessierte ihn nicht. Als ihn seine Geschäftspartner darum baten, etwas diskreter zu sein, fuhr er demonstrativ in einer offenen Kutsche durch das noch immer leidende Wien, auf dem einen Knie eine Blondine, auf dem anderen eine Brünette, und genoss den Ausflug sichtlich. Er war nun ein Investmentbanker.

Auch diese Episode konnte aber wohl nicht lange dauern, denn gewöhnlich werden diejenigen, die nach dem schnellen Geld greifen, meist auch durch das schnelle Geld ruiniert. Nicht anders war es bei Schumpeter, für den es ewig so hätte weiter gehen können. Beim Crash von 1924 verlor er nicht nur sein eigenes, sondern darüber hinaus auch geliehenes Geld. So schnell wie das Vermögen verschwanden auch die Freunde. Er wurde nun endgültig aus der Bank gedrängt und hatte kaum noch Aussichten, seine Schulden zu begleichen. Das Schicksal, das er durch Hochmut und Ehrgeiz herausgefordert hatte, wollte plötzlich seine Karten sehen. Aber immerhin hatte er nun auch eine praktische Anschauung seines Konzepts der schöpferischen Zerstörung wirtschaftlicher Existenz.

Den letzten Abschnitt seines Lebens verbrachte Schumpeter in den USA. Er verließ Europa und ging nach Harvard, wo er genug verdiente, um seine Schulden abzuzahlen, aber auch weit weg war von der Heimat, die ihm kein Glück beschert hatte. In Amerika kultivierte er mutlos trübsinnige Gedanken über das Ende einer Zivilisation, von der er schon immer geahnt hatte, dass mit ihr etwas nicht stimmen konnte.

Die 1940er Jahre waren überhaupt von schlechter Stimmung und Endzeitahnungen geprägt. Die totalitären Regimes schickten sich an, die Welt unter sich aufzuteilen und schienen es auch zu schaffen. Ihre Systeme sahen so aus, als könnten sie einen Staat durch ihre gewaltigen Militär- und Verwaltungsapparate besser organisieren als die liebenswert chaotischen und stets zerstrittenen Demokratien. Deren Führungspersonal war ohne technische Expertise und nur aufgrund ihrer regelmäßig unhaltbaren Versprechungen gewählt. Die meisten Intellektuellen des Westens waren tief beeindruckt und benötigten teilweise bis 1989, um aus ihrem dogmatischen Schlummer zu erwachen.

Von großem Einfluss war in dieser Zeit beispielsweise ein 1941 erschienenes Buch mit dem Titel *The Managerial Revolution* von James Burnham, einem bekehrten Trotzkisten, worin eine Zukunft gemalt wurde, in der die Regierungen weder sozialistisch noch kapitalistisch waren, sondern ein von Technokraten geführtes faschistisches Kollektiv. Die Wirtschaft würde bereits, so Burnham, von Managern, Geldleuten, Aktionären und anonymen Bürokratien beherrscht. Roosevelts New Deal hielt er für eine »Vorbereitung der USA auf einen relativ sanften Übergang zum Faschismus.« Auf diesem Weg sah er eine Reihe von Ländern, wobei die Sowjetunion, Deutschland und Italien offensichtlich am weitesten fortgeschritten waren. Der Totalitarismus war die natürliche Regierungsform für ein von Managern geführtes Gemeinwesen. Burnham prophezeite, am Ende würden die USA, Japan und Deutschland die Welt unter sich aufteilen, als autoritäre Führungsmächte. Das klang damals so plausibel, dass George Orwell diese Aufteilung der Welt in drei permanent Krieg führende Blöcke in seinem Klassiker *1984* übernahm, worin konkret nachzulesen war, auf was man sich einzustellen hatte im täglichen Leben.

Dieselbe dumpfe Stimmung und dieselbe freudlose Existenz beschreibt Joseph Schumpeter in seinem letzten zu Lebzeiten veröffentlichten Buch, *Kapitalismus, Sozialismus und Demokratie* (1942). Auch dort ist die entscheidende Frage: »Kann der Kapitalismus weiterleben? Nein, meines Erachtens nicht.« Der Kapitalismus geht mit der Unternehmerklasse unter. In einer immer stärker technisierten und bürokratisierten Welt ist der Unternehmertyp immer weniger gefragt, seine Durchsetzungskraft und seine Vision zählen nicht mehr viel in den großen Organisationen, welche die Wirtschaft immer stärker dominieren. Seine »individuelle Führerschaft, die aufgrund persönlicher Kraft und persönlicher Verantwortlichkeit nach Erfolg strebte« hat ihren sozialen Nutzen verloren. Die moderne Organisationsform der Aktiengesellschaft hat für den Eigentümer oder Unternehmer sowieso keinen Platz mehr, sie wird von einem anonymen Management geleitet, das sich zunächst einmal mit der Mentalität einer Heuschrecke um den eigenen Nutzen, dann erst um die Firma kümmert (wir erinnern uns an dieselbe Klage von Adam Smith). Die großen Konzerne können durch ihre Marktmacht dafür sorgen, dass kaum kleine Unternehmen nachwachsen. Die Monopolisten bringen so den Prozess der schöpferischen Zerstörung und damit der wirtschaftlichen Entwicklung zum Erliegen. Das geschieht mit dem Segen des Staates, der es gerne sieht, wenn die Wirtschaft in großen, leicht zu kontrollierenden Einheiten organisiert ist. Die Freiräume werden durch das Schrumpfen der unternehmerischen Freiheit und das Wachsen der Zentralbehörden immer kleiner. Bürokratien bündeln Macht, strukturieren Abläufe, kontrollieren, regieren durch und haben kein Verständnis für bunte Hunde. Freiheiten sind ihnen immer suspekt.

Das Marktsystem schaufelt sich sein eigenes Grab. Es krankt am selben Problem wie die Aufklärung überhaupt, deren Kind es ja ist. Es bringt keine Menschen hervor, die sich für Gott, König, Vaterland oder Freiheit in die Bresche schlagen. Dem *homo oeconomicus*, zu dem die Dynamik des Systems uns alle macht, kommt es am Ende nur darauf an, dass die Kasse stimmt. Mit solchen Leuten kann man Geld verdienen, und die Gesellschaft hat gut von ihnen gelebt. Wenn der Kapitalismus aber die Gesellschaft ganz durchdrungen hat und nur noch blutleere Bürokraten und Händler oder, noch schlimmer, weltfremde Intellektuelle das Sagen haben, gehen auch die Ideale verloren, dann weicht der Saft aus der Gesellschaft. Dann herrschen Bürokraten und die bürgerliche Welt ist zusammengebrochen. Wenn Schumpeter die Dynamik des Kapitalismus richtig prognostiziert, würgt der Motor des Wohlstands sich von selbst ab.

Er lässt sich anstecken von der Endzeitlogik der Epoche und stimmt nicht in den kämpferischen Idealismus der Neoliberalen ein. Der Ton seiner Schriften wird resignierend und kalt. Angetreten war er einst mit der Erklärung, wie das Bürgerliche Zeitalter einen so enormen materiellen Fortschritt schaffen konnte. Und er endet mit der Prognose, dass dieser Wohlstand nicht haltbar sein wird, dass er mit den Unternehmern und Großbürgern verschwinden wird in einer einförmigen trostlosen Welt.

Das Ende des Marktsystems ist auch das Ende des Wohlstands. Dieser ist in Schumpeters Theorie Ergebnis der Kreativität und der Gewinne der Unternehmer. Mit der Übernahme der Wirtschaft durch die managergeführten Monopolisten entsteht nichts Neues mehr, kommt die kreative Zerstörung zu einem Ende und die Welt mündet bestenfalls in einen stationären Zustand, in welchem bestenfalls nur noch umverteilt wird, aber kein Wohlstand mehr entsteht. Die Menschen fügen sich darein, weil es in der Logik der Dinge liegt und der freiheitsliebende Geist des Bürgerlichen Zeitalters verflogen ist.

Aber es ist nicht so gekommen. Der Sozialismus, die Manager und die Bürokraten haben allenfalls unvollständig die Herrschaft übernommen. Die Prophezeiung des Fortlaufs der Weltgeschichte hätte Schumpeter sich sparen können – wie alle Ökonomen und Philosophen seit Hegel. Dass es nicht so gekommen ist, wie befürchtet, hängt damit zusammen, dass das System der Schöpferischen Zerstörung letztlich das beständigere ist.

Eine stagnierende (auch *stationär* genannte) Wirtschaft unter der Kontrolle einer privilegierten Zentralbürokratie wirkt nur von außen stabil, innerlich besteht sie aus lauter frustrierten Existenzen, die nichts zu erwarten und nichts zu verteilen haben. Aus diesem Grund ziehen sich heute die modernen totalitären Regimes auf die wichtigsten Schaltstellen der Macht zurück und lassen den Unternehmern den Freiraum, den sie benötigen, um den Wohlstand zu schaffen, der eine Gesellschaft stabilisiert.

Und der Wohlstand hat sich ebenfalls nicht in Luft aufgelöst, im Gegenteil, er hat sich mit jeder Generation auf ein noch interessanteres Niveau gehoben, nicht nur in Nordamerika und Europa, sondern überall, wo es eine Marktwirtschaft gibt, die den Namen verdient.

Das Ende des Wohlstands ist ausgeblieben, geblieben ist aber die Frage, worin er besteht.

HINTER DEM SCHLEIER

Voltaires Verbindung von Ökonomie und Politik, welche sich in dem revolutionären Vorschlag äußert, das Staatswesen nach den kaufmännischen Kriterien von Verdienst und Effizienz zu ordnen, ist ein ganz hervorragender Erfolg, wer könnte das bestreiten? Unsere materiellen Probleme sind entweder gelöst oder eingebildet. Die Länder, in denen die Aufklärung ihren Lauf nehmen konnte, haben heute keine materiellen Sorgen, die man vor 100 Jahren als solche hätte erkennen können. Die kapitalistische Maschine produziert, was die Menschen haben wollen und in der Menge, in der es nachgefragt wird. Bei allen Ungerechtigkeiten, die es zweifellos gibt und die schmerzhaft sind für die Verlierer des Systems, sorgt der Wohlfahrtsstaat doch für einen gewissen Trostpreis. Bei aller Effizienzsteigerung ist parallel ein dichtes Sicherheitsnetz geknüpft worden, durch das niemand fallen muss. Ein Beobachter des Jahres 1848 hätte es heute schwer, sich zurecht zu finden. Libertäre und Anarchisten sind heute nicht mehr links, sondern rechts; die Ausbeutung ist heute aus dem wohlhabenden Teil Europas verschwunden oder jedenfalls kaum mit dem zu vergleichen, was Dickens und Zola vor Augen hatten. Der Lebensstandard (zusammengesetzt aus Ernährung, medizinischer Versorgung, Wohnung, Ausbildungsangebot, Freizeit, Lebenserwartung) des heute ärmsten Zehntels der Bevölkerung in den marktwirtschaftlich organisierten Ländern ist weit besser, als die Umstände des durchschnittlichen Haushalts vor 150 Jahren. Wir haben das, was man damals unter Wohlstand verstehen konnte, längst erreicht.

Und dennoch sind wir nicht dort angekommen, wo Voltaire uns ursprünglich haben wollte. Wir arbeiten noch immer, als müssten wir ein echtes wirtschaftliches Problem lösen, und die wenigsten von uns würden sich als wohlhabend bezeichnen. Der Wohlstand war als Ziel unseres Strebens gedacht, als Zustand der Ruhe und des Gleichmuts. Er sollte ein Ersatz für das jenseitige Paradies sein, an das immer weniger vernünftige Menschen zu glauben vermochten. Das Paradies war gleichwohl ein Ort, unter dem sich jede Religion etwas vorstellen konnte. Die Details sind in allen Kulturen etwas sensationsheischend, aber wie kann das anders sein, wenn der Phantasie so viel Platz gelassen wird? Der große Vorteil des Paradieses besteht ja darin, eben nicht der Himmel zu sein, wo es mitunter sehr streng und, wie man befürchten muss, etwas langweilig zugehen kann, sondern nur eine Vorstufe, wo erlaubt ist, was gefällt. So stellen sich die alten Ägypter das Paradies als idealen Jagd- und Fischgrund vor, die alten Griechen als einen Ort guter Gespräche, und im Islam ist das Paradies der Inbegriff alles dessen, was man sich auf Erden nur wünschen kann, auch wenn die irdischen Wünsche immer etwas phantasielos sind.

Demnach ist es kein Wunder, dass die Ökonomie sich etwas bedeckt hält bei der Frage, worin der Wohlstand besteht. Das Wenigste, das zum guten Leben gehört, ist, bei genauerem Nachdenken, materieller Natur und die Ökonomie kann damit nur über die Randbedingungen des Paradieses etwas sagen. Vielleicht sind wir durch die bunten Ausmalungen der Religionen verwöhnt, jedenfalls ist der Besitz großer Häuser, Autos oder Uhren kein Ersatz für eine zeitlos harmonische Existenz. Freundschaften, Gesundheit, Privatsphäre und ein ganzes Bündel ähnlich unverkäuflicher Dinge gehören ebenfalls zu einem gelingenden Leben. Das ist keine originelle Einsicht, aber sie ist offensichtlich schwer zu verinnerlichen. Andernfalls würde das Streben nach größeren Autos, Häusern, Uhren, Handtaschen und Sonnenbrillen sich langsam einem Ende zuneigen. Aber die

Menschen hören nicht auf, neidisch ihr Los mit dem ihrer Nachbarn zu vergleichen, und wer damit nicht aufhören kann, wird niemals glücklich im Augenblick verweilen. Wenn Wohlstand darin besteht, mehr zu haben als die anderen, dann bleibt der Masse der Menschen nichts als weiter zu arbeiten, in der leeren Hoffnung, irgendwann oben anzukommen.

Die Unzufriedenheit mit dem tatsächlich erreichten Wohlstand hängt aber nicht nur daran, dass er neben dem Paradies etwas blass wirkt. Wer seine materiellen Probleme tatsächlich gelöst hat, steht immer vor der Frage: Und jetzt? Wer reich geworden ist, mag sich sinnlose Dinge kaufen, Geltungskonsum betreiben, Aufmerksamkeit erregen, Trophäen sammeln und sich stolz um sich selbst drehen; wer lediglich wohlhabend geworden ist, mag sich Freizeit gönnen, Kreuzfahrten machen und Rosen züchten, aber all das erspart nicht die Frage, was eigentlich nach dem Erreichen des Wohlstands kommt. Kaum jemand, der ihn errungen oder gefunden oder ererbt hat, ist zufrieden damit in dem Sinne, dass er sagen könnte, das ist mir genug im Leben, das war's, ich bin jetzt durch und mache nur noch in Wohlstand. Wer angekommen ist, hat natürlich eine Weile Spaß an den Dingen, die er schon immer haben wollte. Aber dann macht sich für gewöhnlich die Sinnfrage breit. Wozu das alles? Wohlhabende Leute bemühen sich daher oft mit sehr viel Energie, ihrem Geld einen Sinn zu geben, durch Spenden, Wohltaten, soziales Engagement, Charities. Amerikanische Milliardäre geben besonders gerne einen großen Teil ihres Geldes weg, zumal sie dessen schlechten Einfluss auf ihre Kinder fürchten. Die Wenigen, die zu reinen Golfplatz-Existenzen werden, denen der Wohlstand zum Lebensinhalt geworden ist, werden ganz traurige Figuren, verlieren nach und nach die Lebensspuren in ihrem Charakter. Sie werden Opfer einer grundlegenden Eigenschaft des Wohlstands: Es ist nichts dahinter. Er verweist nicht über sich hinaus. Er hat an sich keinen Sinn.

Was also ist der Sinn des Wohlstands und damit der Ökonomie? Vielleicht ist es mit dem Erreichen des Wohlstands wie mit dem Erreichen der Wahrheit und des Wissens, worüber um 1800, nicht nur in Goethes *Faust*, viel nachgedacht worden ist. Friedrich Schiller beschreibt in seiner Ballade *Das verschleierte Bild zu Saïs*, wie ein junger Mann auf der Suche nach der Wahrheit zufällig nach Saïs in Ägypten kommt. Er hat eine mühsame und weite Reise hinter sich, denn das Sammeln von Wissen ist eine aufreibende Angelegenheit, die notwendig durch aller Herren Länder führt und sich dort allzu leicht im Detail verliert. Der Oberpriester im Tempel zu Saïs führt den Jüngling in eine Rotunde, in welcher ein großes verschleiertes Standbild der Göttin Isis steht. »Blickt er den Führer an und spricht: Was ist's, / Das hinter diesem Schleier sich verbirgt? / ›Die Wahrheit‹ ist die Antwort«. Dem Jüngling fällt ein Stein vom Herzen, kann er doch nun das Ende seiner Reise absehen.

Er will sich schon am Schleier der Göttin zu schaffen machen, da informiert ihn der Oberpriester über einen Orakelspruch, der eben dies verbietet. »Kein Sterblicher«, so die Warnung der Isis, »Rückt diesen Schleier, bis ich selbst ihn hebe. / Und wer mit ungeweihter schuldger Hand / Den heiligen, verbotnen früher hebt, / Der, spricht die Gottheit, – Nun? – Der sieht die Wahrheit.« Der Jüngling findet diesen Spruch albern, droht er doch mit eben dem, wonach er eigentlich strebt, droht mit der Belohnung. »Das fass' ich nicht, Wenn von der Wahrheit / Nur diese dünne Scheidewand mich trennte«, murmelt der Jüngling und geht schlafen.

Die Sache lässt ihm aber keine Ruhe, er wälzt sich auf dem Lager hin und her, bis er schließlich um Mitternacht aufsteht und sich ins Allerheiligste der Isis schleicht. Der Mond scheint bleich und silberblau, die Atmosphäre ist entschieden unheimlich, das schlechte Gewissen beißt den Jüngling noch einmal, aber die Verlockung ist zu groß. Er fasst den Schleier, ruft »Sei hinter ihm, was will! Ich heb' ihn auf« und erblickt – nun ja – die Wahrheit. Obwohl er mit nichts anderem als der Wahrheit rechnen konnte, erschüttert ihn der Anblick doch heftig. »Besinnungslos und bleich, / So fanden ihn am andern Tag die Priester / Am Fußgestell der Isis ausgestreckt. / Was er allda gesehen und erfahren / Hat seine Zunge nie bekannt. Auf ewig / war seines Lebens Heiterkeit dahin, / Ihn riss ein tiefer Gram zum frühen Grabe ... Weh dem, der zu der Wahrheit geht durch Schuld, / Sie wird ihm nimmermehr erfreulich sein.«

Unter Schillers Schülern und Verehrern brach natürlich sofort eine lebhafte Debatte aus, was um des Gottseibeiuns willen der Jüngling hinter dem Schleier gesehen hat. Angenehm kann es nicht gewesen sein. Und warum musste er die Wahrheit unbedingt für sich behalten, hätte er im Namen der Aufklärung seinen Mitmenschen nicht wenigstens einen Hinweis geben können?

Novalis, der als einer der Ersten den Übergang von der Klassik zur Romantik fand, fühlte sich zu einem Gegenentwurf veranlasst, *Die Lehrlinge zu Saïs*, worin er nicht ungesagt lassen wollte, was der Schleier verbarg. Die Geschichte ist dort etwas ausführlicher, sieht Novalis sich darin doch genötigt, seine ganze romantische Naturphilosophie auszubreiten. Held ist der Jüngling Hyacinth, der Besuch bekommt von einem Reisenden, der aussieht wie der Weihnachtsmann: »Es kam ein Mann aus fremden Landen gegangen, der war erstaunlich weit gereist, hatte einen langen Bart, tiefe Augen, entsetzliche Augenbrauen, ein wunderliches Kleid mit vielen Falten und seltsame Figuren hineingewebt.« Mit diesem Mann führt Hyacinth gute Gespräche, so dass er darüber ganz seine »von Herzen gute« Freundin Rosenblüte vergisst.

Als der alte Mann wieder verschwindet, lässt er ein Büchlein zurück, »das kein Mensch lesen konnte«. Das stachelt Hyacinth an, in die Welt zu ziehen und nach der Wahrheit zu suchen, die er an jenem Ort vermutet, »wo die Mutter der Dinge wohnt, die verschleierte Jungfrau.« Ohne große Umwege kommt er nach Saïs, wo er, von »unendlicher Sehnsucht« und »süßer Bangigkeit« erregt, sofort einschläft. Im Traum begegnet er dem Standbild und lüftet ohne viel zu fragen den »leichten, glänzenden Schleier«. Und was sieht er, was ist das Ziel seines Strebens und seiner Sehnsucht? Er erblickt Rosenblüte, nicht mehr und nicht weniger. Wahrheit und Erkenntnis sind nur durch das Herz zu haben, so die romantische Botschaft dieser Begegnung. In einem früheren Entwurf des Märchens hat Hyacinth einen anderen Anblick: »Er hob den Schleier der Göttin zu Saïs – Aber was sah er? Er sah – Wunder des Wunders – Sich Selbst.« Das wäre dann so zu deuten, dass die Wahrheit in der Selbsterkenntnis liegt.

Mit dem Wohlstand, dessen Geheimnis und inneres Wirken die Ökonomie sich zum Thema gemacht hat, verhält es sich nicht anders. Solange der Schleier unberührt bleibt, ist alles gut, wir können weiter arbeiten und müssen nicht viel über das Wo und Wie des irdischen Paradieses nachdenken. Das Verlangen, Eifern und Schaffen in dieser Welt erscheint dann weiter sinnvoll und endlich, und wir riskieren nicht die erschütternde Auflösung der Illusion, die uns ausgestreckt am Fußgestell des Standbilds zurück lassen müsste. Der Blick hinter den Schleier, die Erkenntnis der allzu flüchtigen Natur des Wohlstands, würde den *animal spirit* und den Fortschritt hin zu Fülle, Schönheit, Zivilisation und im Übrigen zu allem, was Voltaire am Herzen lag, zum Erliegen bringen. Es ist wohl besser, wir lassen den Schleier unberührt, damit all die ernsten Bemühungen der theoretischen und praktischen Ökonomen weiter gehen können, im Wirtshaus und auf dem Feld der wissenschaftlichen Ehre, als wären wir kurz davor, den Wohlstand mit Händen zu greifen und als sei er mehr als eine Leerstelle, ein Platzhalter, eine Erfindung. Der Wohlstand ist dann eine regulative Idee, die das Wollen, Sehnen und Meinen der Menschen in einen großen Zusammenhang ordnet, ohne selbst je in Erscheinung zu treten und greifbar zu werden. Er ist eine Phantasie, ein unbestimmtes Feld luftiger Vorstellungen, die sich aber immer auf uns selbst beziehen, oder auf unsere Liebe, was gleich gut ist. Er erschöpft sich nicht in der Fülle der Dinge, die uns allenfalls für eine Weile glücklich machen, denn es gibt in den Dingen kein Ende und kein Ziel.

Anmerkungen

1 Es gibt viele Aufenthaltsmöglichkeiten im Hause meines Herrn

2 Diese profane Zeit ist ganz für meine Sitten gemacht. / Ich liebe den Luxus und sogar die Laschheit, / Alle Freuden, die Künste jeder Art, / Das Eigentum, den Geschmack, die Zier: / Jeder anständige Mensch empfindet das so.

3 Der Weltwährungsfonds hat zu diesem Thema im Jahr 2011 eine ausführliche Studie (A. Berg, J. Ostry: *Inequality and Unsustainable Growth: Two Sides of the Same Coin?*) veröffentlicht, aus der pauschale Aussagen wie diese mit etwas hermeneutischem Ehrgeiz herauszuziehen sind. Schwellenländer brauchen danach in der Frühphase ihrer Aufholjagd die Ungleichheit – soziale Ungerechtigkeit –, um schnell eine Basis zu schaffen für das ausgeglichene Wachstum. Eine arme Gesellschaft, die auf Gleichheit Wert legt, bleibt in der Regel, was sie ist: eine arme Gesellschaft mit guten Vorsätzen.

4 In seinem Buch *Schulden* führt er einiges aus, das sich mit der Praxis nicht verträgt. Etwa meint er, die Akkumulation von US-Dollars durch die Chinesen sei eine Art Geschenk, wie es schon immer in China üblich sei vom Souverän an den Tributpflichtigen. Abgesehen davon, dass bei einer Summe von 3.000 Milliarden Dollar die Geschenk- und Symbolpolitik schon lange aufgehört hat, handelt es sich hier um eine Währungsmanipulation reinsten Wassers, welche Teil des Entwicklungsmodells ist, nicht um eine milde Gabe. An anderer Stelle ist Graeber nicht darüber im Bilde, dass der IWF sehr wohl Schuldenschnitte von privaten Gläubigern verlangt. Zuletzt im Fall von Griechenland und Zypern war dies sogar Vorbedingung für die Hilfen. Graeber hat eher eine Karikatur des Währungsfonds vor Augen als die real existierende Institution.

5 Wie die Magie noch heute wirkt, zeigt, als wäre die Zeit stehen geblieben, die Eurokrise. Der Euro ist eine Währung, die sich, wie das Gold, nicht beliebig vermehren lässt, denn die Europäische Zentralbank befindet sich außerhalb der Reichweite einzelner Regierungen. Und als einige gemütlichere Länder über die Jahre an Wettbewerbsfähigkeit, insbesondere gegenüber Deutschland, verloren und ihr Kapital schwinden und die Schulden steigen sahen, mussten auch sie sich die Frage stellen: Wie können wir günstiger produzieren, um mit den Deutschen mitzuhalten? Vor der Währungsunion hätte die Antwort gelautet: Wir werten unsere Währung ab, dann können wir uns zwar im Ausland weniger kaufen und die Waren, die wir importieren, werden teurer. Damit sinkt der Lebensstandard bei denjenigen, die gerne reisen und exotische Waren konsumieren. Aber die Fabriken können schlagartig billiger produzieren als die ausländische Konkurrenz und das Geld fließt wieder zurück.

6 Das japanische Beispiel ist besonders lehrreich, und jeder Keynesianer sollte es sich hinter die Ohren schreiben: Als der Finanzminister Takahashi Korekiyo 1934 versuchte, die staatlichen Ausgaben wieder zu reduzieren, um ein Überhitzen der Wirtschaft zu vermeiden, stieß er insbesondere beim Militär auf entschiedenen Widerstand. Im Februar 1936 wurde er von rebellierenden Offizieren ermordet und fortan war die Motivation in der Ministerialbürokratie, sich über Ausgabenkürzungen Gedanken zu machen gering. Die Inflationsbekämpfung setzte von nun an in Form von Preiskontrollen am Symptom an und nicht an der Wurzel. Bereits im Jahr der Veröffentlichung von Keynes großer Theorie konnte man also ihren Pferdefuß betrachten: Wie schwer sich der Staat tut, einmal beschlossene Ausgaben auslaufen zu lassen und das Defizit durch Kürzungen in guten Zeiten zu reduzieren.

7 Island ist mit seinem Offenbarungseid und der Abwertung der Krone ebenfalls nicht wirklich erfolgreich geworden: Die Isländer können durch den Fall der Krone nun zwar ihren Fisch billiger anbieten, aber dadurch pflanzt dieser sich nicht schneller fort und der Fang wird nicht größer. Die Kapitalverkehrskontrollen sind bis heute nicht aufgehoben (solche Maßnahmen werden immer als kurzfristig angekündigt und dann auf Jahrzehnte beibehalten), denn es ist noch immer nicht klar, wer wem was schuldet, und entsprechend sehnsüchtig blickt das Geld ins Ausland. Die alte Regierung wurde durch eine neue sozialdemokratische ersetzt, die erste in der Welt unter der Führung einer bekennenden Lesbe. Die Lage hat das auch nicht besser gemacht. Im Jahr 2013 wurden dann wieder die Konservativen mit deutlicher Mehrheit gewählt mit einem ehemaligen Fußballprofi an der Spitze. Die Insel macht keinen glücklichen Eindruck.

8 Dies leuchtet nicht unmittelbar ein, denn auch in einer stationären Wirtschaft können – so Böhm-Bawerk – Unternehmen Gewinne machen. Schumpeter wandte hiergegen ein, dass die Unternehmen in so einem Fall gar keine Verwendung für die Gewinne hätten ... aber für den Moment muss uns diese Debatte nicht weiter interessieren.

9 Nietzsches Geist und Weltsicht schimmert auch in einem Notizbuch durch, das Schumpeter mit Aphorismen füllt. Darin lässt er an der modernen Massengesellschaft kein gutes Haar: »Die Menschheit kümmert sich nicht wirklich um die Freiheit, die Masse begreift schnell, dass sie mir ihr nicht umgehen kann. Sie will gefüttert, geführt und amüsiert werden ...« Oder: »Gleichheit ist eine Idee der Unterdurchschnittlichen, aber sogar die Unterdurchschnittlichen streben nicht wirklich die Gleichheit an, nur dass niemand besser ist.« »Demokratie ist Regierung durch Lügen.« Schumpeter kleidete sich nicht nur wie ein Reaktionär, er war auch einer.

Quellenhinweise

Viele Texte sind in das vorliegende Buch eingeflossen, von denen hier nur die wichtigsten genannt werden, soweit sie nicht schon im Text Erwähnung gefunden haben.

Generelle Einführungen in das Leben und die Ideen der großen Ökonomen gibt es viele, herauszuheben ist *The Worldly Philosophers* von Robert Heilbroner, *Grand Pursuit* von Sylvia Nasar, sowie *Die Ökonomie von Gut und Böse* von Thomáš Sedláček. Das hier verwendete Standardlehrbuch zur Makroökonomie ist von Gregory Mankiw.

Voltaires *Briefe aus England* sind auf Deutsch von Rudolf Bitter herausgegeben. Für die biographischen Notizen hat neben dem *Leben des Voltaire* von Jean Orieux und *Voltaire* von A. J. Ayer insbesondere Lytton Stracheys Beschreibung *Voltaire and England* (in seiner Essaysammlung *Books and Characters, French & English*, London 1922) als Quelle gedient. Eric Beinhocker erklärt in *The Origin of Wealth. Evolution, Complexity and the Radical Remaking of Economics* die moderne Sicht des Wohlstands, die der des Voltaire erstaunlich ähnlich ist.

Die Mechanismen, wie Privilegien entstehen und eine Gesellschaft erstarren lassen, hat Mancur Olson in *The Rise and Decline of Nations* beschrieben.

Für die Kinderstube der Ökonomie liefert *Why Nations Fail* von Daron Acemoglu und James Robinson die Beispiele.

Für das Chinesische Wachstumsmodell verweisen wir auf *The Next Asia* von Stephen Roach, *China Shakes the World* von James Kynge, *The Party* von Richard McGregor, den Blog von Michael Pettis, sowie die zahlreichen Publikationen des in Singapur ansässigen Research-Hauses GaveKal. Die Vergleiche zur europäischen Entwicklung finden sich in Barry Eichengreen, *The European Economy since 1945*.

Über Rousseau gibt er selbst am besten Auskunft, in seinen *Bekenntnissen*. Zu den Frühsozialisten gibt es einen guten Überblick in der Marx-Biographie von Isaiah Berlin.

Zu Verteilung und Gerechtigkeit hat das Wesentliche Amartya Sen geschrieben, pars pro toto sei auf *The Idea of Justice* (eine Auseinandersetzung mit John Rawls: *A Theory of Justice*), *Development as Freedom* sowie *On Ethics and Economics* verwiesen. Joseph Schumpeters *Die Grenzen des Steuerstaates* beschreiben Geschichte, Sinn und Praxis der staatlichen Geldbeschaffung.

Über Bakunin gibt es zwei gute Biographien, die glücklicherweise mit vielen Originalzitaten versehen sind, von Ricarda Huch und Justus Franz Wittkop. Für alle, die das Original nicht scheuen: Der lesbarste Text von Bakunin ist auf Deutsch unter dem Titel *Gott und der Staat* herausgekommen. Mill hat eine Autobiographie geschrieben. Von seinen *Principles of Political Economy, with some of Their Applications to Social Philosophy* haben wir die achte Auflage verwendet, erschienen in London 1878.

Zur politischen Geschichte Europas im 19. Jahrhundert waren Golo Manns *Deutsche Geschichte des 19. und 20. Jahrhunderts* und Roberto Calassos *Untergang von Kasch* eine stete Inspiration.

Die ökonomischen, sozialen und politischen Umwälzungen in der ersten Hälfte des 20. Jahrhunderts beschreibt Karl Polanyi in *The Great Transformation*. Der zwischen Mill und Keynes wichtigste ökonomische Text sind die wegen ihres moralischen Tons immer noch lesenswerten *Principles of Economics* von Alfred Marshall. Barry Eichengreen erzählt das Ringen um stabile Währungen und den Goldstandard in *Globalizing Capital*. In *The Great Crash 1929* beschreibt John Kenneth Galbraith die Vorgeschichte der Weltwirtschaftskrise. Robert Skidelsky hat den biographischen Goldstandard geschaffen mit *John Maynard Keynes. Economist, Philosopher. Statesman*. Moderne Keynesianer gibt es heute wieder viele, herausgehoben seien George A. Akerlof und Robert J. Shiller: *Animal Spirits*, und, als Klassiker aus eigenem Recht, Hyman Minsky: *Stabilizing an Unstable Economy*.

Die Geschichte des Neoliberalismus scheibt Daniel Stedman Jones in *Masters of the Universe. Hayek, Friedman, and the Birth of Neoliberal Politics*. Neben den Romanen von Ayn Rand sind hier die wichtigsten Texte: Karl Popper: *The Poverty of Historicism* und *The Open Society and Its Enemies*; F. A. Hayek: *The Road to Serfdom*; Milton Friedman: *Capitalism and Freedom*. Und für alle, die Anekdoten mögen: Alan Greenspan: *Mein Leben für die Wirtschaft*. Bakunins Erben auf der Linken sprechen sich aus in Janet Byrne (Hg.): *The Occupy Handbook*. Die intelligente Gegenposition vertritt Gregory Mankiw in seinem Aufsatz *Defending the One Percent*.

Die Große Finanzkrise der Jahre 2008 und 2009 wird analytisch am besten behandelt in Raghuram G. Rajan: *Fault Lines*, und anekdotisch am besten beschrieben in Graydon Carter (Hg.): *The Great Hangover, 21 Tales of The New Recession*.

Den heutigen Zustand der Wirtschaft beschreibt Alan Blinder in *After the Music Stopped. The Financial Crisis, The Response, and the Work Ahead*.

Georg von Wallwitz,

geboren 1968 in München, studierte Mathematik und Philosophie in England und Deutschland, war Stipendiat der Studienstiftung des deutschen Volkes und ging nach seiner Promotion als Visiting Fellow nach Princeton. Seit 1998 arbeitet er im Fondsmanagement, zunächst bei der DWS in Frankfurt und seit 2004 selbständig als Mitinhaber einer Vermögensverwaltung in München. Er schreibt in regelmäßigen Abständen ein »Börsenblatt für die gebildeten Stände«. 2011 erschien im Berenberg Verlag sein Buch *Odysseus und die Wiesel. Eine fröhliche Einführung in die Finanzmärkte.*

© 2013 Berenberg Verlag, Sophienstraße 28/29, 10178 Berlin

Konzeption | Gestaltung: Antje Haack, Hamburg
Satz | Herstellung: Büro für Gedrucktes, Beate Mössner
Gesetzt aus der Res Publica und der Interstate
Abbildungen: Umschlagillustration von Christoph Niemann,
Frontispiz von akg-images: Jack Lemmon in »Irma la Douce«
Reproduktion: Frische Grafik, Hamburg
Druck und Bindung: CPI – Clausen & Bosse, Leck
Printed in Germany
ISBN 978-3-937834-63-4